高等职业教育“十四五”规划旅游大类精品教材

"十四五"职业教育国家规划教材

高等职业教育"十四五"规划旅游大类精品教材

酒店客房服务与管理（第二版）

主　编 ◎ 徐文苑

Hotel Room Service & Management (Second Edition)

华中科技大学出版社
http://press.hust.edu.cn
中国 · 武汉

内 容 提 要

本教材以“工学结合、教学做一体化”为编写原则，以满足职业岗位需求为目标，以培养学生的应用技能为着力点。根据酒店客房部门运行管理的特点，以任务为导向，坚持“为用而学”“能力为本”“够用适用”的原则，结合客房部门职业岗位的需求，将客房运行与管理的知识、技能要求分成8大模块、18个项目、40个任务分别进行阐述。每个任务前有相应学习目标、引例导入，中间穿插知识活页、同步思考、同步案例等，最后有基础训练与技能训练，可供学生学习和练习。本书还配套建设有数字化教学平台，核心知识点和技能点在书中配有二维码微课、动画资源、案例分析等，随扫随学。本教材主要适用于高等职业院校酒店管理与数字化运营以及旅游管理专业教学，也可作为酒店从业人员的培训和自学之用。

图书在版编目(CIP)数据

酒店客房服务与管理/徐文苑主编. —2版. —武汉：华中科技大学出版社，2022.4(2025.7重印)
ISBN 978-7-5680-8217-4

Ⅰ. ①酒… Ⅱ. ①徐… Ⅲ. ①饭店-客房-商业服务 ②饭店-客房-商业管理 Ⅳ. ①F719.2

中国版本图书馆CIP数据核字(2022)第063732号

酒店客房服务与管理(第二版) 徐文苑 主编
Jiudian Kefang Fuwu yu Guanli(Di-er Ban)

策划编辑：李 欢 李家乐
责任编辑：李家乐
封面设计：原色设计
责任校对：刘 竣
责任监印：周治超
出版发行：华中科技大学出版社(中国·武汉) 电话：(027)81321913
武汉市东湖新技术开发区华工科技园 邮编：430223
录 排：华中科技大学惠友文印中心
印 刷：武汉市籍缘印刷厂
开 本：787mm×1092mm 1/16
印 张：14
字 数：333千字
版 次：2025年7月第2版第7次印刷
定 价：49.80元

总序 Introduction

伴随着我国社会和经济步入新发展阶段，我国的旅游业也进入转型升级与结构调整的重要时期。旅游业将在推动并形成以国内经济大循环为主体、国际国内双循环相互促进的新发展格局中发挥独特的作用。旅游业的大发展在客观上对我国高等旅游教育和人才培养提出了更高的要求，希望高等旅游教育和人才培养能在促进我国旅游业高质量发展中发挥更大更好的作用。以“职教二十条”的发布和“双高计划”的启动为标志，中国旅游职业教育发展进入新阶段。

这些新局面有力推动着我国旅游职业教育在“十四五”期间迈入发展新阶段，高素质旅游职业经理人和应用型人才的需求将十分旺盛。因此，出版一套把握时代新趋势、面向未来的高品质规划教材便成为我国旅游职业教育和人才培养的迫切需要。

基于此，在教育部高等学校旅游管理类专业教学指导委员会和全国旅游职业教育教学指导委员会的大力支持下，教育部直属的全国重点大学出版社——华中科技大学出版社汇聚了全国近百所旅游职业院校的知名教授、学科专业带头人、一线骨干“双师型”教师和“教练型”名师，以及旅游行业专家等参与本套教材的编撰工作，在成功组编出版了“高等职业教育旅游大类‘十三五’规划教材”的基础上，再次联合编撰出版“高等职业教育‘十四五’规划旅游大类精品教材”。本套教材从选题策划到成稿出版，从编写团队到出版团队，从主题选择到内容创新，均作出积极的创新和突破，具有以下特点：

一、以“新理念”出版并不断沉淀和改版

“高等职业教育旅游大类‘十三五’规划教材”在出版后获得全国数百

所高等学校的选用和良好反响。编委会在教材出版后积极收集院校的一线教学反馈，紧扣行业新变化吸纳新知识点，对教材内容及配套教育资源不断地进行更新升级，并紧密把握我国旅游职业教育人才的最新培养目标，借鉴优质高等职业院校骨干专业建设经验，紧密围绕提高旅游专业学生人文素养、职业道德、职业技能和可持续发展能力，尽可能全面地凸显旅游行业的新动态与新热点，进而形成本套"高等职业教育'十四五'规划旅游大类精品教材"，以期助力全国高等职业院校旅游师生在创建"双高"工作中拥有优质规划教材的支持。

二、对标"双高计划"和"金课"进行高水平建设

本套教材积极研判"双高计划"对专业课程的建设要求，对标高职院校"金课"建设，进行内容优化与编撰，以期促进广大旅游院校的教学高质量建设与特色化发展。其中《现代酒店营销实务》《酒店客房服务与管理》《调酒技艺与酒吧运营》等教材获评教育部"十三五"职业教育国家规划教材，或成为国家精品在线开放课程(高职)配套教材。

三、以"名团队"为核心组建编委会

本套教材由教育部高等学校旅游管理类专业教学指导委员会副主任、国家"万人计划"教学名师马勇教授担任总主编，由中国旅游教育界的知名专家学者、骨干"双师型"教师和业界精英人士组成编写团队，他们的教学与实践经验丰富，保证了本套教材兼备理论权威性与应用实务性。

四、全面配套教学资源，打造立体化互动教材

华中科技大学出版社为本套教材建设了内容全面的线上教材课程资源服务平台，在横向资源配套上，提供全系列教学计划书、教学课件、习题库、案例库、参考答案、教学视频等配套教学资源；在纵向资源开发上，构建了覆盖课程开发、习题管理、学生评论、班级管理等集开发、使用、管理、评价于一体的教学生态链，打造了线上线下、课内课外的新形态立体化互动教材。

本套教材的组织策划与编写出版，得到了全国旅游业内专家学者和业界精英的大力支持与积极参与，在此一并表示衷心的感谢！编撰一套高质量的教材是一项十分艰巨的任务，本套教材难免存在一些疏忽与缺失，希望广大读者批评指正，以期在教材修订再版时予以补充、完善。希望这套教材能够满足"十四五"时期旅游职业教育发展的新要求，让我们一起为现代旅游职业教育的新发展而共同努力吧！

总主编

2021 年 7 月

前言（第二版）Preface

党的二十大报告指出，我们要办好人民满意的教育，全面贯彻党的教育方针，落实立德树人根本任务，培养德智体美劳全面发展的社会主义建设者和接班人，加快建设高质量教育体系，发展素质教育，促进教育公平。中国共产党第二十次全国代表大会对全面建设社会主义现代化国家、全面推进中华民族伟大复兴进行了战略谋划，对统筹推进"五位一体"总布局、协调推进"四个全面"战略布局做出了全面部署。深入学习宣传贯彻党的二十大精神，推动党的二十大精神进课堂、进教材、进头脑，引导青年学子努力成为堪当民族复兴重任的"复兴栋梁、强国先锋"。教材是学校教育教学、推进立德树人的关键要素，是国家意志和社会主义核心价值观的集中体现，是解决"培养什么人、怎样培养人、为谁培养人"这一根本问题的核心载体。

推进党的二十大精神进教材作为当前和今后一个时期的重要政治任务，做好党的二十大精神进教材工作意义重大，事关"为党育人、为国育才"的使命任务，事关广大学生的成长成才，事关全面建设社会主义现代化国家的大局。应加强整体设计，采取有力措施，及时全面准确在教材中落实党的二十大精神，充分发挥教材的铸魂育人功能，为培养德智体美劳全面发展的社会主义建设者和接班人奠定坚实基础。

本教材是在2017年华中科技大学出版社出版的《酒店客房服务与管理》的基础上进行修订的。为了使本书更加完善，进一步适应酒店业发展的要求，反映酒店业的最新发展动态和高等职业教育的最新成果，我们在第一版教材的基础上进行了修订。

教材修订的主要工作及特色包括以下几点。

（1）重组整合原有教材内容。我们保留了原书的框架体系和主要特色，对部分章节进行了必要的修订。内容由9个模块缩减为8个，压缩和删减了部分章节内容，如布草房与洗衣房管理，删减了一些较为复杂的计算公式,降低了学习难度。

(2) 教材编写遵循教材建设规律和职业教育教学规律、技术技能人才成长规律,紧扣产业升级和数字化改造,满足技术技能人才需求变化,依据职业教育国家教学标准体系,对接职业标准和岗位(群)能力要求。体现“新知识、新技术、新工艺和新材料”,反映国内外酒店业的新观点和新经验。更新了部分案例,增加了“数字化、智能化”的内容,与酒店行业接轨。

(3) 在保持原书体系、风格的基础上,教材内容对接行业标准,结合岗位需求,以客房部典型工作任务、案例等为载体组织教学单元。将课程内容重构为8大模块、18个项目、40个任务,以适应结构化、模块化专业课程教学要求。每个任务前有知识、能力、思政目标及引例导入,中间穿插知识活页、同步思考、同步案例等,最后有基础训练与技能训练,可供学生学习和练习。符合学生认知特点,充分满足项目学习、案例学习、模块化学习等不同学习方式要求,有效激发学生学习兴趣。

(4) 配套数字化资源,使用更加灵活方便。配有多媒体课件、案例分析、微课、动画等,随扫随学,更好地为教学提供服务。

本书由天津职业大学徐文苑主编,负责大纲制定、编写及审校工作。本教材的编写得到了华住集团的大力支持,华住集团的陈雯经理提出了指导意见,并负责校企合作具体事宜。在编写过程中,曾多次听取业内有关专家、教师的意见,并得到一些酒店的支持和帮助,在此一并表示感谢。限于编写时间和水平,本书在编写中难免存在不足之处,恳请指正。

编　者

2022年1月

前言 Preface

“客房服务与管理”是高职高专旅游管理和酒店管理专业学生的一门专业主干课程。《酒店客房服务与管理》从酒店客房各岗位的任务和职业能力分析入手，以各岗位实际工作任务为引领，以岗位职业能力为依据，结合中、高级客房服务员职业资格证书的考核要求组织编写，旨在提高学生客房服务与管理的知识和技能的同时，培养学生的综合职业能力，满足学生职业生涯发展的需要。

工学结合人才培养模式的核心是基于工作过程来开发课程体系(教学内容)。在这一理念的指导下，本教材探索实施了基于工作过程的教材开发模式。与现有教材相比，本教材具有以下三个方面的特点：第一，基于工作过程，针对行业需要，为学生设计出典型工作任务，构建任务驱动的课程体系；第二，与行业、企业合作，共建基于工作过程的实训教材；第三，“教、学、做”一体化的编写思路。教材结构打破传统的课程学科体系，以项目为单元组织教学内容，以具体的服务过程贯穿整个教学过程，让学生“做中学”，而做的内容即是目前酒店客房服务与管理中须掌握的程序、方法，需要解决的是学生未来上岗后面临的真实问题，符合高职学生的认知规律。

本教材是为了适应高职高专酒店类工学结合教学体系改革的需要，以“工学结合，教、学、做一体化”为编写原则，以满足职业岗位需求为目标，以培养学生的应用技能为着力点。本教材根据酒店客房部门运行管理的特点，以任务为导向，坚持“为用而学”“能力为本”“够用适用”的原则，结合客房部门职业岗位的需求，将客房运行与管理的知识、技能要求分成九大模块分别进行阐述，即走进客房部、客房产品设计、客房清洁保养、客房对客服务、计划卫生与公共区域清洁保养、布草房与洗衣房管理、客房安全管理、客房成本控制、客房部基层管理。每个任务前有知识目标与能力目标、引例，中间穿插知识活页、同步思考、同步案例，最后有基础训练与能力训练,可供学生学习和练习。本教材主要适用于高等职业院校酒店管理以及旅游管理专业教学,也可供酒店从业人员的培训和自学之用。

本教材由天津职业大学徐文苑主编,重庆三峡职业学院潘多副主编。徐文苑老师负责大纲制定、全书的统稿及审校,并具体负责模块二、五、六、七、八、九的编写工作,潘多老师负责模块一、三、四的编写工作。本教材在编写过程中,曾多次听取业内有关专家、教师的意见,并得到一些酒店的支持和帮助,在此一并表示感谢。限于时间和水平,本教材在编写中难免存在不足之处,恳请广大读者指正。

编　者

2017 年 3 月

模块一　走进客房部

模块二　客房产品设计

模块三　客房清洁保养

模块四　客房对客服务

模块五　计划卫生与公共区域清洁保养

模块六　客房安全管理

模块七　客房成本控制

模块八　客房部基层管理

二维码资源目录

注:动画/微课视频仅供学习参考之用,未与正文完全一一对应,内容以教材为准。

模块一

走进客房部

Zoujin Kefangbu

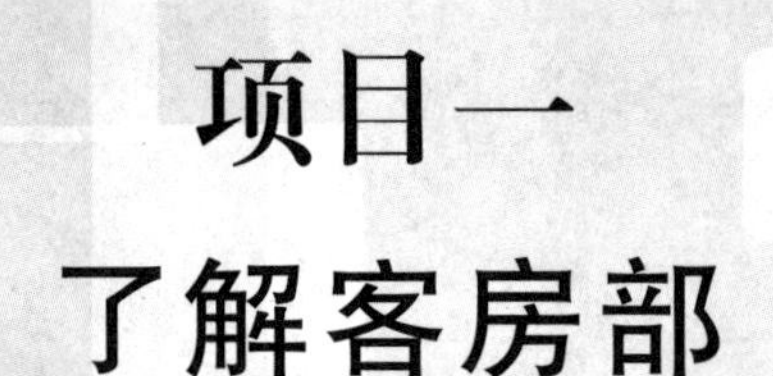

项目一 了解客房部

学习目标

素质目标:

培养职业兴趣,树立“四个自信”意识。

知识目标:

1. 了解客房部的作用与任务。
2. 熟悉客房部的业务特点。

能力目标:

能够理解客房服务与管理的内在含义与要求。

引例:小王的服务

背景与情境:服务员小王第一天上班,被分在酒店主楼12层做值台。他刚经过三个月的岗位培训,对做好这项工作充满信心,一个上午的接待工作也非常顺利。

午后,电梯门打开,“叮当”一声后走出两位客人。小王立刻迎上前去,微笑着说:“先生,您好!”他看过客人的房卡后接过他们的行李,一边说:“欢迎入住本酒店,请跟我来”,一边领着他们走进客房。小王给客人准备了两杯茶放在茶几上,说道:“先生,请用茶。”接着他又用手示意,一一介绍房内的各种设备设施。客人表示他们是第一次来本地,想到处转一转。小王想,应该给客人一些好的推荐,于是他把本地的一些有名的景点、路线、小吃都给客人做了详细的介绍。客人微笑着说:“谢谢你,没有你的推荐,我们还真是不知道该怎么办了!”小王说:“这是我应该做的,如果你们还有什么不清楚的,请随时找我!没其他事我就先出去了,祝你们住得开心!”客人说:“暂时没什么事了,谢谢!”小王接着退出了客房。

思考:客房部是怎样的一个部门,小王的服务对你有何启示?

酒店是客人到达目的地后寻求的主要设施，客人对客房的需求当属首位，客房是游客异乡的家。对酒店而言，客房是其必不可少的基本设施，是酒店的主体部分，客房产品是酒店经营的最主要的产品，满足客人住宿的需求是客房部的最主要的功能。

任务一　熟悉客房部的主要任务

一、客房部的概念

客房是酒店的基本设施，是酒店商品不可缺少的组成部分。客房是以出租和劳务获得经济收入的特殊商品，是客人的“家外之家”和“第二办公室”。客房并不单指房屋建筑，而是一个综合性的概念：房间形体是它的外壳，设备用品及精美装修是它的实体，客房服务是其价值组成的主要部分。

客房部是现代酒店的一个重要部门。客房部又称房务部或管家部，是酒店向客人提供住宿服务的部门，为住店客人提供各种客房服务项目，负责客房设施设备的维修保养，并承担着客房和酒店公共区域的清洁卫生工作。客房服务质量的好坏直接影响客人对酒店产品的满意度，也对酒店的声誉和经济效益产生重大影响。

二、客房部的任务

微课：
熟悉客房部的
主要任务

客房部的任务主要包括以下几个方面。

（一）做好清洁卫生工作，为客人提供舒适的环境

客房部是为客人提供服务的主要部门之一，其主要任务就是“生产”清洁、卫生、舒适的客房商品，为客人提供热情周到的服务。同时，客房部还要负责酒店公共区域的卫生及设施设备的维护保养工作。清洁卫生在酒店的经营管理中具有特殊的意义，它是酒店商品使用价值和服务质量优劣的重要标志。酒店还必须给客人创造一个安静的环境，使客人得以很好地休息。如果酒店噪音很大，客人休息不好，就会导致客人的不良心态，影响客人的情绪。一般来说，客房的噪音或对客人的干扰主要有以下四个方面：一是存在环境噪音而酒店客房的隔音措施不佳所引起的干扰；二是服务工作不当所引起的干扰，如服务员进房时机不当等；三是客房设备不良所产生的噪音等；四是客人之间的互相干扰，如深夜电视机音量过大，在房间内大声说笑等。所以，客房部必须制定科学合理的服务规程，加强控制，尽可能减少噪音和各种干扰，为客人提供安静的环境。

现在人们外出旅行，不仅需要休息的场所，更希望得到精神上的享受。酒店的良好气氛，舒适、美观和整洁的环境，都要靠客房部员工的辛勤劳动来实现。因此，加强房务管理，组织员工做好每间客房的装饰布置、环境美化、清洁卫生、用品管理,保证客房清洁、美观、舒适、静雅、安全,提供优良的住宿服务,就是客房管理的重要任务。

(二)做好客房接待服务,提供安全保障

客人在酒店生活的主要场所和停留时间最长的地方是客房。除了安静地在客房休息外,客人还有着其他多样的活动内容。例如,有的客人利用客房接待来访亲朋,有的客人利用客房商谈业务等。切实做好客房接待服务,以使客人的各种需求得到满足,是客房部工作的重要内容。同时客房的接待不仅限于客人在酒店入住期间,还应包括客人到来之前和客人离去之后为客人提供的服务。

另外,安全需要是客人基本的需求之一。客房是为客人提供休息的地方,不论何时都要保持楼层的安全,防止不法分子进入客房,保证客人的生命、财产安全,为客人提供一个安宁的环境,才能使客人有安全感。

(三)降低劳动消耗,获得良好经济效益

客房中的物品不但种类较多,而且需要量也比较大。物资用品及其他费用开支是否合理,直接影响客房部和酒店的经济效益。为此,在客房管理过程中,要认真研究投入和产出的关系。要加强设备维护保养,合理制定消耗定额,加强用品管理,努力降低管理费用和能源消耗,定期做好消耗核算,分析经营效果,从而获得良好的经济效益。

(四)搞好协调配合,保证客房服务需要

客房服务的质量,不仅与客房部内部管理有关,而且还受其他有关部门的影响。例如总台和为客房部服务的物品供应、设备维修等部门。这些部门的工作能否跟得上,质量是不是过硬,对客房服务质量会产生很大的影响。所以,在服务过程中还必须加强客房部与前厅、餐饮、工程、财务、保安等各部门的协调配合,才能保证客房管理各项工作的协调发展,为保证和提高客房部服务质量创造良好的条件。

任务二　了解客房部的作用和业务特点

酒店的基本功能是向客人提供食宿,满足其旅居生活的基本需要。客房是客人旅游投宿的物质承担者,也是酒店经济收入的主要来源之一。在我国旅游酒店的建筑结构中,客房的建筑面积一般占总面积的60%以上。它既是酒店的基本设施和存在的基础,又是酒店档次和服务质量的重要标志。

一、客房部的作用

客房是酒店的主体,是酒店存在的基础。客房部是酒店的主要组成部门,在酒店中占有重要地位。

(一) 客房是酒店存在的基础

酒店的主要功能是满足客人吃和住的需求,这也是酒店产生的基础。未来酒店不管形态和趋势怎么变化,都需要满足这两个基本需求。从这个意义上来说,有客房便能成为酒店,所以客房是酒店存在的基础。

(二) 客房是酒店的主体部分

客房不仅是酒店存在的基础,也是酒店的主体部分。首先,从建筑面积上看,客房面积普遍占到酒店总建筑面积的70%—80%;其次,从固定资产来看,绝大部分酒店的固定资产集中在客房部,酒店经营活动所必需的设备和用品也大部分集中在客房部;最后,从人力资源配备上看,如果加上与客房业务直接相关的前厅部员工,则客房部员工约占到酒店总员工数的1/3以上。因此,一个酒店所拥有的客房总数往往成为整个酒店人员编制的依据。客房数量越多,人员编制就越多,一般按每间客房1.2—1.5人来配备。客房是酒店的主体部分,客房数量也因此成为衡量酒店规模与接待能力的最重要的指标。

(三) 客房收入是酒店经济收入的主要来源

酒店的经济收入主要来源于三个部分,即客房收入、餐饮收入和综合服务设施收入。其中,客房收入是酒店收入的主要来源,而且客房收入较其他部门收入而言更稳定。客房收入一般占酒店总收入的50%左右。从利润来看,因客房成本比餐饮和商场都小,所以其利润是酒店利润的主要来源。

客房部也是带动酒店其他部门经营活动的纽带。现代酒店是一个综合性的消费场所,客房在自身创收的同时,在带动餐饮、康乐等其他设施效益的发挥方面也起着重要的作用。因此,客房销售也是带动其他部门经营活动的关键。

(四) 客房服务质量是酒店服务质量的重要标志

客房是客人在酒店中逗留时间最长的地方,客人对客房的清洁卫生质量更为敏感。因此,客房卫生是否清洁,服务人员的服务态度是否热情、周到,服务项目是否周全、丰富等,对客人有着最直观的影响,是客人衡量“价”与“值”是否相符的主要依据。所以,客房服务质量是衡量整个酒店服务质量、维护酒店声誉的重要指标,也是酒店等级水平的重要标志。

此外,酒店的大堂、电梯、公共卫生间等公共区域的清洁与保养工作,都是由客房部的公共区域保洁员(PA)承担完成的。而酒店公共区域的卫生状况、设施设备的完好程度,不仅成为住店客人,也成为任何一个抵达酒店的非住店客人评价酒店质量的主要依据。因此,客房部的经营管理和服务水准直接影响着客人对酒店的印象,往往成为客人衡量整个酒店服务质量的重要指标。

二、客房部的业务特点

(一) 以时间为单位出售客房使用权

客房商品的销售属于以无形的时间为单位的商品销售形态。其与其他商品最大的区别在于只出售使用权,而商品的所有权不发生转移。客房部员工一方面应尊重客人对客房的

使用权,向客人提供各类客房服务;另一方面,也应保护酒店对客房的所有权,做好客房设施设备、物资用品的保管和维护工作。

客房商品是以时间为单位出售的,所以其价值实现的机会如果在规定的时间内丧失,就意味着其价值将永远失去。因而酒店的客房被称为世界上较易失去价值的商品之一。客房部应确定科学的客房清扫程序,加速客房的周转,及时为前厅销售提供合格的产品。

(二)繁杂性与随机性

客人入住酒店后,大部分时间将在客房内度过。客房是客人休息、工作、会客、娱乐、存放行李物品及清理个人卫生的场所。不同客人的身份地位不同,生活习惯不一样,文化修养与个人爱好也各有差异,对客房服务的要求也是多方面的,所以这就使客房部业务具有很强的繁杂性和随机性。客房部的管辖范围较广,除了客房部的业务外,一般还负责绿化以及布件的洗涤、发放工作。而且客房的卫生与服务工作也比较琐碎,从客房的整理、物品补充、查房、设施设备的日常维修保养到各项客房服务,都具有很强的随机性。

(三)私密性高

客房是客人在酒店的私人领域,客房业务对私密性的要求很高。服务员未经客人同意不能随意进入客房,要做到尽量少打扰客人,而且服务人员不能随意移动、翻看客人物品,应尊重客人的隐私权。

项目二
熟悉客房部机构设置与业务分工

学习目标

素质目标:

1. 强化职业素养、责任意识和担当意识。
2. 树立科学发展观,培养团队协作与沟通意识。

知识目标:

1. 了解客房部机构设置的原则。
2. 熟悉客房部各主要岗位的业务分工与岗位职责。
3. 熟悉客房部与各主要业务部门的协调。

能力目标:

1. 能够初步设计客房部组织机构。
2. 能够与各业务部门保持良好的合作关系。

引例:他们都是维修工

动画:
他们都是维修工

背景与情境:太原市某酒店南楼805号房是一间长包房,住着两位客人,他们是一家合资企业的德方工程技术专家。一天晚上,两位德国客人从餐厅搬来一箱易拉罐啤酒及几个冷盘,分别坐在自己的床沿上,靠着电控柜兴致十足地对饮起来。两人酒量极好,一个劲地猛喝,不多时,喝空的易拉罐就堆了一大堆。突然,整个房间的灯熄灭了,一团漆黑,两人连声呼叫服务员。

当班服务员小严闻讯赶来,了解情况后,发现原来是客人喝酒时不小心打翻了一罐啤酒,酒水洒在电控柜台面上,顺着缝隙渗进柜内,造成了短路。小严当即安慰客人,请他们放心,他一定设法尽快修复。小严马上跑到办公室,找到正在值班的客房部孟经理和主管小郑,报告了刚才的意外事故。孟经理和小郑二话没说,打开旁边的工具箱,熟练地取出螺丝刀、手电筒、试电笔、电源接线板、电吹风等工具,赶到805房现场。只见他们打着手电筒,熟练而迅速地拆下电控柜侧面的盖板,用干布、卫生纸把柜内的水分吸干,再从外面楼层引进电源接通电吹风,对准受潮处猛吹,只用了5分钟就吹干了。刹那间,房间里一片光明。“哦!”两位客人禁不住欢呼起来,连声道谢,并竖起大拇指一个劲地称赞。

思考:客房设施设备的维修保养工作主要由谁来负责?如何加强客房部与工程部之间的沟通与协调?

客房部的工作质量关系到整个酒店的对外形象和市场声誉,而分工合理、组织科学的部门结构是客房部高效开展工作的基本保证。

任务一　客房部组织机构设置

一、客房部组织机构设置的原则

酒店各部门的组织机构是履行管理职能、开展经营活动、完成下达的计划任务的一种组织形式。根据客房管理的工作任务,客房部门组织机构的建立及岗位的设置应遵循以下原则。

(一)从实际出发的原则

客房部组织机构没有统一的模式和固定的形态,酒店要从自身的实际出发,基于自身的规模、档次、服务模式、设施设备、经营特点、劳动力成本等实际设置,不能生搬硬套。大型酒店客房部的管理层次可多设,可设置部门经理—主管—领班—基层服务员四个层次,而小型酒店的管理层次则要少;大型酒店客房部组织机构的分支多、工种全、分工细,而小型酒店的则相反;小型酒店的洗涤业务可以外包,因此不必设置洗衣房。同时,小型酒店可以考虑将前厅部与客房部合成房务部。

(二)精简高效的原则

客房部在机构设置时要防止出现机构臃肿和人浮于事的现象,特别应注意不能“因人设岗”,还要注意机构精简并不意味着机构的过分简化,否则会导致出现职能空缺的现象。另外,客房部的机构设置要求部门内部沟通渠道畅通,逐级分层负责,权责分明,能充分发挥各级人员的积极主动性及聪明才智,提高工作效率,产生较高的工作效能。

(三)分工明确的原则

分工明确原则要求将客房部的全部工作按需要划分成若干较小的部分,分配给具体的岗位、个人。各岗位的员工都应该有明确的职责、上下级隶属关系以及信息传递的渠道与途径，避免出现“交叉地带”。专业化分工能提高工作效率，酒店的规模越大、专业化分工越细，各岗位之间的协作便越重要。

二、客房部组织机构设置

微课：机构设置与业务分工

每家酒店的性质、规模、档次、客源结构、服务方式等具体情况都不同，客房部的组织机构设置也不尽相同。虽然各酒店客房部的组织机构图不会一模一样，但其包含的班组、岗位基本是一致的。目前常见的大中型、小型酒店客房部的组织机构如图 2-1、图 2-2 所示。

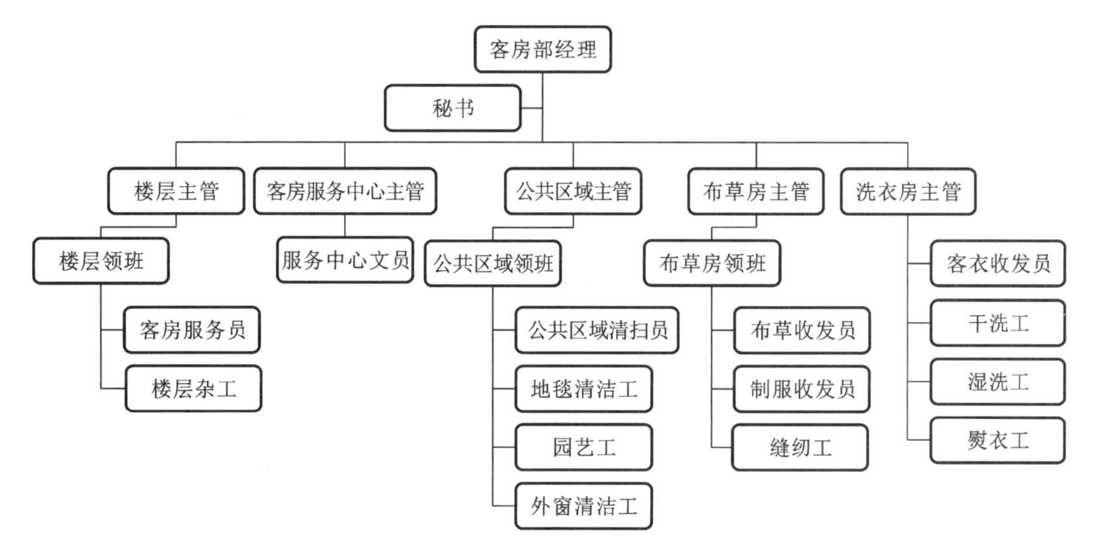

图 2-1　大中型酒店客房部组织机构图

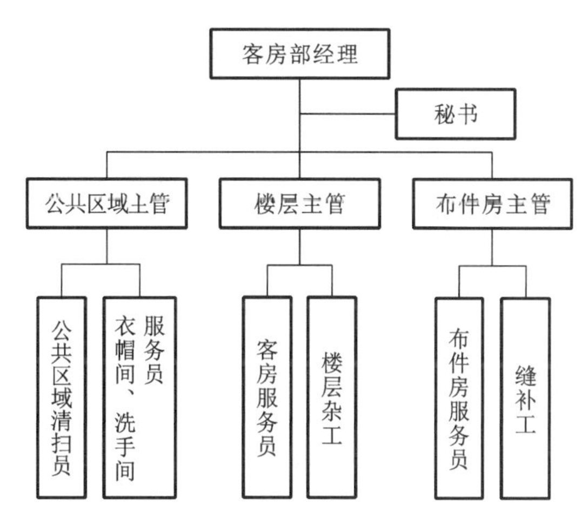

图 2-2　小型酒店客房部组织机构图

知识活页

客房部主要岗位职责

一、客房部经理的岗位职责

(一) 直接上级

总经理、分管副总经理、房务总监。

(二) 直接下级

部门主管。

(三) 岗位职责

(1) 全面负责客房部的管理工作。

(2) 负责客房部各项工作的计划、组织、指挥,带领客房部全体员工确保客房部的正常运作,完成各项工作指标。

(3) 制定客房部的运营管理及质量管理制度,组织和推动各项计划的实施,组织编制和审定客房部的岗位职责、工作程序及培训计划。

(4) 编制客房部的经营预算,控制房务支出,审查各项工作报表,负责重要档案资料的填报、分析和归档。

(5) 参与客房部主管、领班等人员的招聘,负责开展培训和工作考评。

(6) 参加总经理主持的部门经理例会,主持客房部门例会。

(7) 巡视检查客房部所属区域的工作,发现问题及时处理,不断改进客房部管理流程,完善各项操作规程。

(8) 检查 VIP 房,必要时迎送 VIP,做好 VIP 的接待工作。

(9) 有效处理住店客人的投诉,拜访常住客人及生病住客,发展与住店客人的友好关系。

(10) 管理和控制客房部的设备与物资。

(11) 检查消防器具,做好防火、防盗等安全工作及协查通缉犯的工作。

(12) 提出客房陈设布置的方案及更新改造计划。

(13) 负责与其他部门的沟通、协调。

二、楼层主管的岗位职责

(一) 直接上级

客房部经理。

(二) 直接下级

楼层领班。

(三) 岗位职责

(1) 负责对楼层领班与楼层服务员的工作督导,接受客房经理的直接领导。

(2) 在本班辖区内对对客服务质量、工作效率和卫生负责。巡视客房楼层,抽查 OK 房，检查 VIP 房。

(3) 负责对辖区内计划卫生的安排和监督检查。

(4) 参加部门例会，主持领班、员工会议，传达、布置工作任务，听取工作汇报，及时解决工作中遇到的难题。

(5) 编制下属的排班表，并根据接待任务进行人员调动，安排休假。

(6) 负责对下属员工的工作考评。

(7) 按部门要求对下属进行业务培训，不断提高员工的素质、业务水准和操作技能。

(8) 与前厅部、工程部、销售部等相关部门紧密合作，提供准确的客房状况，严格控制坏房、维修房的数量。

(9) 负责辖区内年底财务预算，包括清洁用具、日常消耗品、客用品等。加强成本控制，检查并控制楼层布草、用品的存量、保管和消耗，做好月底各类消耗品的统计。

(10) 每日检查领班的各种报表，并完成“楼层工作日志”；每月完成工作总结及下月的工作计划。

(11) 做好辖区内的防火、防盗等安全工作，确保客房楼层的安全与安静。

(12) 参与住客投诉及突发事件的处理。

(13) 定期征询长住客的意见，处理好长住客与服务员的关系。

(14) 协助部门经理解决辖区内因工作关系产生的纠纷和内部投诉。

三、楼层领班的岗位职责

(一) 直接上级

楼层主管。

(二) 直接下级

楼层服务员。

(三) 岗位职责

(1) 负责对所辖楼层员工的每日工作任务的安排与调配。

(2) 巡视所辖楼层的客房，按标准逐一检查下属所清扫的每一个房间，掌握卫生质量及设施设备维护保养情况，发现问题及时督导下属返工。

(3) 巡视所辖楼层，检查楼层公共区域、角落、防火通道的卫生质量以及安全工作的落实情况。

(4) 检查计划卫生的执行情况并开展必要的指导工作。

(5) 安排所辖楼层客房的大清洁计划和周期卫生计划。

(6) 按程序规定准确报告自己检查过的 OK 房。

(7) 负责对所辖楼层的财产管理,督导员工对服务车、清洁工具设备的清洁与保养,掌握楼层物品的贮存与消耗情况。

(8) 熟练掌握客房清洁保养的操作程序与对客服务技能,能亲自示范和训练下属。

(9) 负责对所辖楼层员工的考勤与考绩。

(10) 填写“领班工作日志”。

(11) 留意住客动态,处理一般性投诉。

四、楼层服务员的岗位职责

(一) 直接上级

楼层领班。

(二) 岗位职责

(1) 负责完成上级所分配的客房清扫工作,更换、补充客用品,检查客房设施设备,有问题及时报修并做好记录。

(2) 完成上级所分配的客房的计划卫生。

(3) 为所负责区域的住店客人提供综合服务。

(4) 负责查退房,并及时将检查情况(客人遗留物品、客房酒水饮料等消费、损坏或丢失的设备用品)报告给前台。

(5) 发现房内有遗留物品,应做好记录,并按程序上交至房务中心。

(6) 接受上级的检查、指导,及时向领班报告楼层的特殊情况,如住客患病、醉酒等。

(7) 正确使用清洁设备与清洁剂。

(8) 保持工作间、工作车的整洁。

(9) 填写客房清洁工作报表。

(10) 负责开启房门,让有关部门的员工进房工作。

五、房务中心领班的岗位职责

(一) 直接上级

客房部经理。

(二) 直接下级

房务中心值班员、物品领发员。

(三) 岗位职责

(1) 编制所辖员工的排班表,并负责下属的考勤、考绩。

(2) 培训下属,并定期开展业务考核。

(3) 督导下属按程序开展工作。比如,按程序对遗留物品进行管理,做好楼层工作钥匙的收发工作。

(4) 掌握客房状态的变化，向前厅部、财务部提供准确的房态资料。

(5) 与工程部联系，解决客房维修事项，建立工程维修档案，向楼层主管、工程部提供每日维修房的房号。

(6) 及时通知楼层领班即将抵店贵宾的房号、抵店时间及特殊要求。

(7) 做好房务中心物品的申领工作，定期盘点编号建档的设备、物品。

(8) 编写工作日记。

六、房务中心员工的岗位职责

(一) 直接上级

房务中心领班。

(二) 岗位职责

(1) 受理住客的服务要求，并及时安排落实，完成工作记录。

(2) 接听来自前台的报退房电话，及时通知相关楼层服务员查房，并做好记录。

(3) 负责完成客遗的登记、保管、上缴、寄发和招领等工作。

(4) 负责保管、借出、回收客房外借物品，并做好记录。

(5) 协助部门对员工的上下班考勤情况进行记录、检查，以及保存病、事假条。

(6) 负责楼层工作钥匙、工作手机的收发、保管，严格执行领发制度。

(7) 统计客房小酒吧的消耗量，填写并保存酒水消耗统计表，按规定时间送交到前台收银处，并领取反馈单。

(8) 每日做好 24 小时维修统计工作，及时更改、填写维修房情况以及客房加床的显示记录。

(9) 负责对办公用品、表格、借用物品的发放、保管和控制，并做好记录。

(10) 保管客房设备、用品，并建档，定期清点。

(11) 掌握房态，将信息准确无误地输入电脑，并与前台保持密切联系。遇有特殊事项，及时向领班报告。每日早班服务员负责向白班楼层领班提供楼层客房出租情况。

(12) 及时向上级汇报客人的来电投诉，并做好记录。

(13) 保持与其他部门的密切联系，传送有关表格和报告。

(14) 根据经理、主管的指示，做好各项文书工作。

(15) 准确无误地做好各班次的交接记录，并向领班汇报、交接记录内容。

(16) 负责房务中心区域的清洁与整理工作。

任务二　客房部的业务分工

一、客房部经理办公室

客房部经理主要负责处理客房部的日常事务,与其他部门的沟通协调等事宜。在大多数酒店里,客房部经理办公室都与客房中心安排在一起,这样既可以节省空间,又方便管理。经理办公室的一些日常事务可以由客房中心的人员来承担,而不必另外再设专职内勤或秘书岗位。

二、客房服务中心

客房服务中心是我国大部分酒店采用的服务模式,设在客房部。它既是客房部的信息中心,又是对客服务中心,主要职责包括负责统一调度对客服务工作、掌握和控制客房状况、负责失物招领、发放客房用品、管理楼层钥匙、与其他部门联络和协调等。

三、客房楼层

客房楼层由各种类型的客房组成,是客人休息的场所。每一层楼都设有供服务员使用的工作间。楼层服务员负责全部客房及楼层走廊的清洁卫生、客房内用品的替换、设备的保养和简单的维修工作,为住客和来访客人提供相应的服务。

四、公共区域

客房部负责酒店各部门办公室、餐厅、公共洗手间、衣帽间、大堂、电梯、各通道、楼梯等公共区域的清洁保养工作。在部分酒店,还负责酒店的园林绿化工作。有的酒店也成立了可对外服务的专业清洁公司,开展对外经营服务,为酒店增加收入。

五、布草房

布草房负责酒店餐厅、客房布草和员工制服的收发、分类、保管和缝补,并储备足够的制服和布草以供周转使用。

六、洗衣房

洗衣房负责酒店布草、客人衣服、员工制服的洗烫工作。有条件的酒店还可以承揽对外营业项目。其归属在不同的酒店有不同的管理模式,大部分酒店的洗衣房都归属于客房部。但在一些大型酒店,洗衣房可以成立独立的一个部门。小型酒店规模小,洗涤业务量不大,通常可以不设洗衣房,洗涤业务可以委托店外的洗涤公司承担。

任务三 客房部与其他部门的业务协调

一、客房部与前厅部的业务协调

客房部与前厅部是业务联系最频繁、关系最密切的部门。客房部是客房产品的生产部门，前厅部是客房产品的销售部门。两个部门之间能否密切配合，直接影响酒店客房的生产和销售。为便于统一管理、沟通合作，很多酒店已经不再分设客房部和前厅部，而是由这两个部门组成房务部。

（1）客房部及时提供保质保量的客房供前厅销售。

为提高客房的出租率、加速客房的周转，客房部须合理安排清洁整理房间的顺序。在住客较多时，要优先整理走客房、预订房和控制房，尽可能考虑前厅客房销售和安排客房的需要。

（2）准确通报房况。

对前厅部来说，要销售客房，并能快速、准确地为客人安排客房，就必须准确了解每一间客房当时的实际状况，否则就会出现差错。对客房部而言，要合理安排客房清洁整理工作、保证对客服务的质量，同样也必须准确了解每间客房的状况。所以，前厅部和客房部每天都要适时通报和核对客房状况。

（3）相互通报客情信息。

前厅部在客房销售和接待服务过程中，对客房及客人的信息了解和掌握比较及时、全面，这些信息不仅有利于前厅部本身的工作，也有利于其他部门的工作，因此，前厅部应将这些信息及时通报给有关部门。

前厅部通报给客房部的信息包括当日客房出租率，次日及未来某一时期的客房预订情况，重大接待活动及重要接待任务，预期离店、抵店客人情况，客人的信息资料等。

客房部则应该利用每天直接为客人服务的机会，对客人的具体情况进行较为全面的了解，并通报给前厅部。前厅部根据这些信息为住客提供针对性的服务，并将这些信息整理后记入客史档案。

（4）客房部为前厅部的对客服务工作提供方便和协助，如行李服务、留言服务、邮件服务、叫醒服务等。

（5）两个部门与工程部等部门共同安排客房大清洁和大维修工作。

（6）两个部门之间进行人员的交叉培训，了解对方部门的业务。

同步思考

发现新开的房间已经有客人入住,即出现重房现象,此时服务员应该怎样做?

A. 向客人表示歉意,请客人稍等,立即与总台联系,重新安排房间。礼貌地向客人进行解释,并征得客人对新安排房间的意见,迅速引领客人入住,提供周到的房内介绍服务,稍后做房内入住登记服务。再次向客人表示歉意,礼貌离开房间。

B. 向客人表示歉意,立即为客人做好换房服务。安排好客人入住之后,恰当地向客人进行解释,取得客人谅解。

C. 向客人表示歉意,根据客房服务人员自己掌握的客房情况,立即为客人进行客房安排,然后再同前台联系办理更换客房的手续。

理解要点:与“客人到了而房间尚未清理好的现象”一样,重房现象绝不该发生,一旦发生,应立即向被打扰的客人道歉,立即退出,主动向新入住的客人提出 A 服务方案,征求客人意见后,立即提供服务,并在安排客人进房后,再请客人谅解,消除不良影响。B 的服务没有注意征求客人对所要换的客房是否喜欢,容易使客人出现新的抱怨。C 的服务好像迅速解决了问题,但一旦前台同时也安排了客人入住该客房,势必又会产生重房现象,服务便错上加错,难以弥补,因此应杜绝如此服务。

二、客房部与餐饮部的业务协调

尽管客房部与餐饮部在业务内容及业务范围上有很大差异,但两个部门之间也有很多业务联系。

(一) 客房部为餐饮部的经营场所提供清洁保养服务

酒店的餐饮场所也有大量的清洁保养工作。为了保证餐饮服务人员集中精力做好餐饮服务与推销工作,避免清洁设备及用品的分散配置等,餐饮场所的清洁保养工作一般由客房部统一负责,即由客房部负责餐饮场所,如餐厅、酒吧等处的日常清洁保养工作和专项清洁保养工作。

(二) 客房部为餐饮部洗烫、修补布件及员工制服

餐饮部在运营中需要大量的布件和员工制服。这些布件通常都由客房部的洗衣房、布草房负责洗烫、修补、保管与收发。

(三) 两部门配合做好客房服务等工作

1. 客房小酒吧的管理

目前,国内大多数酒店的客房小酒吧都由客房部负责管理,这是从方便工作角度考虑的。其实,小酒吧经营的内容应属餐饮部的业务范畴。如果纯粹从专业化的角度考虑,客房小酒吧也应由餐饮部管理。这种做法在国外酒店就很普遍。不过,客房小酒吧无论由哪个部门来经营管理,客房部与餐饮部两个部门都必须相互配合,一般由客房部负责管理,而一

些即将过期的饮料、食品，则需由餐饮部负责调换，这样才不至于造成饮料、食品的浪费。如果由餐饮部管理客房小酒吧，那么客房部要为有关人员检查补充小酒吧提供方便和帮助。

2. 贵宾房的布置

按酒店的普遍做法，贵宾房大多配备水果，有的还会配备一些点心。而这些水果、点心等通常都由餐饮部负责提供，并按一定的标准在客房内布置摆放。因此，凡有这些要求的贵宾房，都应该由餐饮部参与布置。

3. 房内送餐服务

房内送餐服务由餐饮部负责，但客房部也要做好协助配合工作，如在客房内摆放订餐牌和菜单，收拾餐具、餐车等。

（四）交叉培训

客房部和餐饮部之间也有必要进行员工的交叉培训。通过交叉培训，员工可以增进相互了解，增加员工的业务知识，便于酒店开展全员推销，必要时为跨部门员工调配创造条件。

三、客房部与工程部的业务协调

客房部与工程部的关系非常密切，二者能否很好地协调与配合，对于酒店的运营将产生很大的影响。

（一）相互配合，共同做好设施设备的维修保养工作

（1）客房部负责对其所辖区域的设施设备进行检查，发现问题须及时按规定程序和方法向工程部报告。

（2）工程部在接到客房部的报告后，须及时安排维修，并确保质量和效率。

（3）当工程维修人员进场维修时，客房部有关人员应尽力协助和配合，并对维修质量进行检查验收。

（4）工程部应对全酒店的设施设备，包括客房部所管辖的设施设备进行常规的维修和保养，以保证其处于正常完好的状态。

（5）共同制定有关维修保养的制度和程序，明确规定双方的责任、权利和奖惩措施。

（二）交叉培训

（1）工程部对客房部员工进行维修保养方面的专门培训，使其能够正确使用有关设施设备，并能对设施设备进行检查及简单的保养和维修。

（2）客房部对工程部有关员工进行客房部运行与管理业务的培训，使其对客房部的基本业务有所了解，从而提高其协作配合的自觉性和责任感。

同步案例：

客房部与工程部的关系

四、客房部与采购部的业务协调

客房部与采购部的业务协调工作流程有以下几点。

(1) 客房部根据需要提出物资申购报告,然后将报告送财务等部门审核,再由酒店有关领导审批。

(2) 采购部根据经审批的物资申购报告,经办落实具体的采购事宜。

(3) 客房部参与对购进物资的检查验收,把好质量和价格关。

(4) 相互通报市场及产品信息。

五、客房部与安全部的业务协调

客房部与安全部的业务协调工作流程有以下几点。

(1) 安全部对客房部员工进行安全保卫的专门培训,增强客房部员工的安全保卫意识和做好安全保卫工作的能力。

(2) 安全部指导帮助客房部制订安全计划和安全保卫工作制度。

(3) 客房部积极参与和配合安全部组织的消防演习等活动。

(4) 客房部和安全部相互配合,做好客房安全事故的预防和处理工作。

六、客房部与财务部的业务协调

客房部与财务部的业务协调工作流程有以下几点。

(1) 财务部指导和帮助客房部做预算,并监控客房部预算的执行情况。

(2) 财务部指导、协助并监督客房部做好物资管理工作。

(3) 客房部协助财务部做好账单核对、客人结账服务和员工薪金支付等工作。

七、客房部与人力资源部的业务协调

客房部与人力资源部的业务协调工作流程有以下几点。

(1) 人力资源部审核客房部的人员编制。

(2) 相互配合做好客房部的员工招聘工作。

(3) 人力资源部指导、帮助、监督客房部做好员工培训工作。

(4) 人力资源部对客房部的劳动人事管理有监督权。

(5) 人力资源部负责审核客房部的薪金发放方案。

(6) 人力资源部协助客房部进行临时性的人力调配。

基础训练

1. 客房部在酒店管理中承担的任务主要体现在哪些方面?

2. 客房部与前厅部、工程部有哪些业务协调?

3. 客房部的组织机构如何设计才能适应酒店现代化管理的需要？

4. 实地参观酒店客房部，了解其机构设置、人员配备情况。

5. 客房部的作用和业务特点体现在哪些方面？

技能训练

实训项目	酒店客房部参观
实训目的	使学生熟悉酒店环境，对客房部的设施设备、客房类型有所了解
实训要求	1. 选择本地一家高星级酒店 2. 参观客房 3. 了解该酒店客房类型和数量
实训方法	参观
实训总结	
学生签名： 日期：	

模块二

客房产品设计

Kefang Chanpin Sheji

项目三
认知客房产品

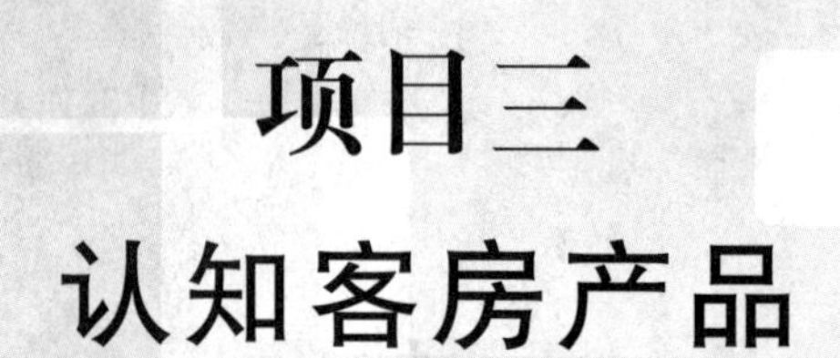

素质目标:

树立客房产品的质量意识。

知识目标:

1. 理解客房产品的基本概念。

2. 熟悉宾客对客房产品的基本要求。

3. 熟悉酒店中常见的客房类型,以及无烟客房、女士客房、残疾人客房等特殊客房。

能力目标:

能够正确区分各种客房类型。

引例:客人被烫伤了

背景与情境:一天,在某酒店客房的浴室中发生了一件令人不愉快的事。由于浴室内温度低,客人把水温调好,便马上冲洗起来,淋浴开始片刻,水温突然自行热了起来,将客人的皮肤烫伤了一块。客人非常恼火,匆匆穿上衣服把客房楼层服务员喊来,提出申诉说:"你们是怎么搞的?淋浴器是坏的,把我烫伤了!"服务员对客人解释道:"我们酒店供给浴室的大炉水温度最高是60℃,在通常情况下是不可能烫伤皮肤的。多半是由于您不注意,将水龙头开关的方向拧错了,以致放出大量热水。您拧动开关后,要等一会儿,这样淋浴器流出来的水的温度才会稳定。"客人听了非常恼火:"岂有此理!明明是淋浴设备失灵,你却倒打一耙,怪我不注意,我要找你们经理讲清楚,你们酒店要支付我的治疗费和精神损失费。"

思考:该酒店提供的客房产品是否符合要求?如不符合,不符合哪一方面的要求?

客房产品是酒店经营的最基本产品，也是酒店销售的核心产品。“客房产品”不同于“客房”，“客房”是一个单一设施的概念，而“客房产品”是一个综合的概念。客房产品必须具备客房设施、客房设备、客房供应品、客房劳务服务、客房产品有效运转五个要素。

任务一 熟悉客房基本类型

随着市场需求的变化，客房的种类也日趋多样化。

一、按房间的构成与床位划分

1. 单间客房

单间客房是由一间客房组成的客房出租单元。其按照客房内配置床的类型不同，可分为以下几种。

（1）单人间。

单人间又叫单人房，单人间内放置一张单人床，配备一份客用品。单人间是酒店内最小的客房，适合从事商务旅游的单身宾客租用。由于这种客房的隐私性较强，近年来颇受单身旅游者的青睐，因而不少酒店增加了此类房间的数量，而且在其面积和装饰布置的档次上也进行了提高，摆脱了传统的单人间仅仅是经济房间的印象。单人间平面示意图如图 3-1 所示。

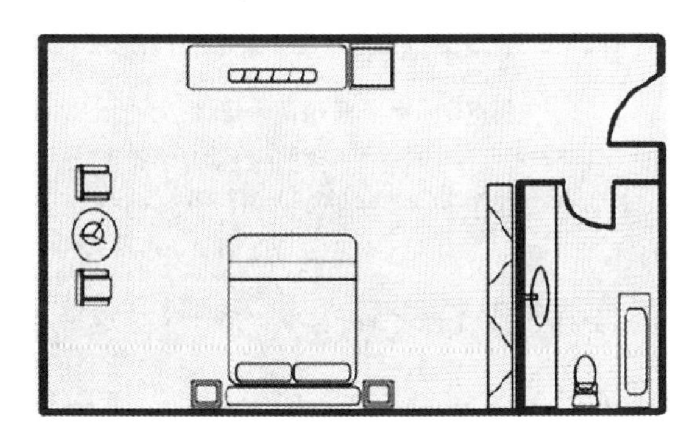

图 3-1 单人间平面示意图

（2）大床间。

大床间内设一张双人床，配备两份客用品（见图 3-2）。大床间既适合夫妻宾客租用，也适合单身客人居住。

（3）标准间。

标准间内设两张单人床，配备两份客用品（见图 3-3）。这类客房一般占酒店客房类型的最大比例，多用来安排旅游团队客人或会议客人。

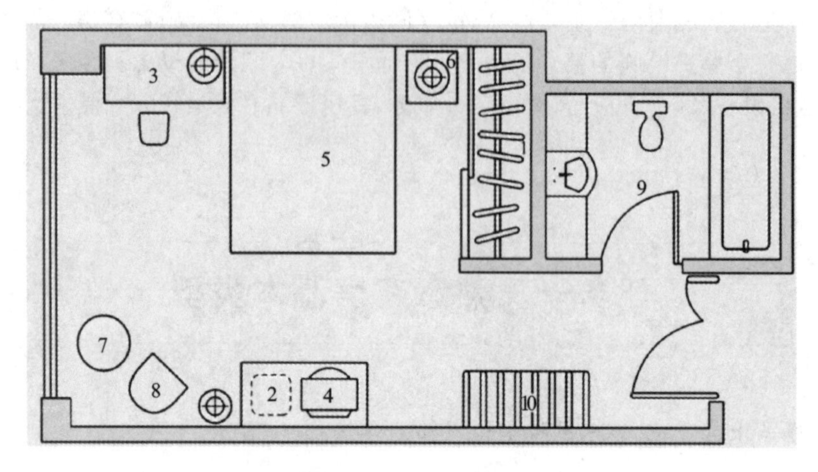

图 3-2　大床间平面示意图

1—衣柜；2—小冰柜；3—写字台；4—电视机；5—床；6—床头柜；7—茶几；
8—沙发；9—卫生间；10—行李架

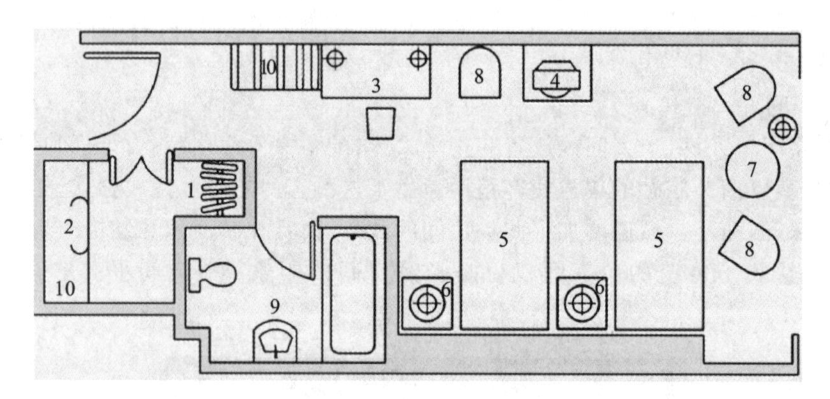

图 3-3　标准间平面示意图

1—衣柜；2—小冰柜；3—写字台；4—电视机；5—床；6—床头柜；7—茶几；
8—沙发；9—卫生间；10—行李架

(4) 三人间。

在现代的星级酒店中，此类房间极其少见。三人间内设三张单人床，可供三位宾客同时租用。

2. 套间客房

(1) 标准套房。

标准套房又称普通套房，一般由连通的两个房间组成：一间为卧室，一般内设两张单人床，并配有卧室家具设施与卫生间；另一间为起居室，内设会客区与客用卫生间。该客房将卧室区域与会客区域分设，比较适合需要在客房会客的客人租用。标准套房平面示意图如图 3-4 所示。

(2) 双层套房。

有些酒店会将卧室、起居室分别设在上、下两个楼层，两者用室内楼梯连接，此类套房又

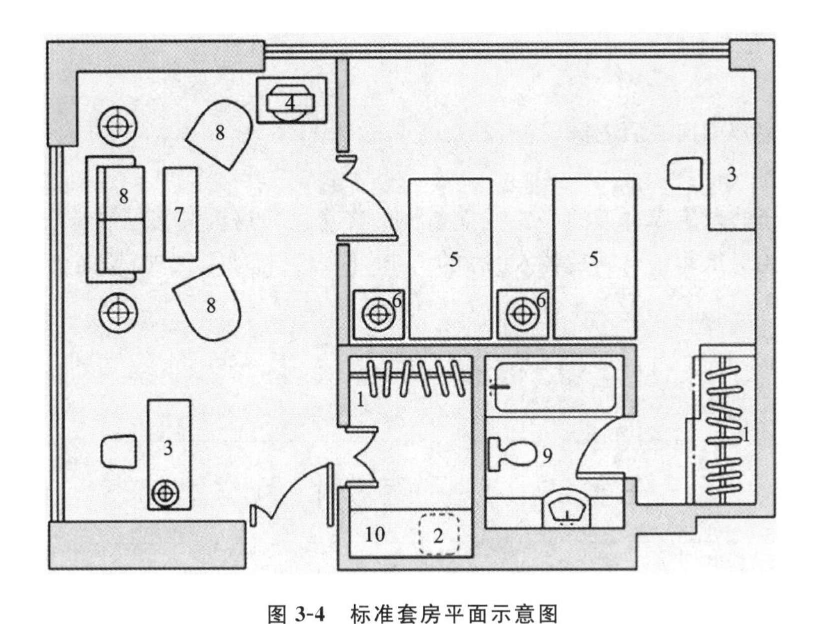

图 3-4　标准套房平面示意图

1—衣柜；2—小冰柜；3—写字台；4—电视机；5—床；6—床头柜；7—茶几；
8—沙发；9—卫生间；10—行李架

称为立体套房。

(3) 连接套房。

连接套房也称组合套房，是指两个相邻的客房用中间的隔门连接起来，可作为套间出租。需要时仍可作为两间独立的单间客房出租，但这种套房中连通房中间的门上需安装门锁，门关上时应具有密闭的效果和良好的隔音性能。

(4) 豪华套房。

豪华套房与普通套房相比，更注重室内的装饰布置和设备用品的豪华度。豪华套房既可以是双套间，也可以是三套间，分为卧室、起居室、餐室或会议室(亦可兼作)。卧室内一般配备大号双人床或特大号双人床。此外，还有由三至五间或更多房间组成的多套间，其有两个各带卫生间的卧室，以及会客室、餐厅、书房及厨房等。

(5) 总统套房。

总统套房一般由七八个房间组成，一般包括总统卧室、夫人卧室、会客室、书房、餐室、厨房、随从房等。总统套房的装饰布置极其讲究，造价昂贵。总统套房内配备豪华的家具、洁具设备及高档的客用品，陈列着精美的工艺品或古董。不少总统套房内配有按摩浴缸、蒸汽浴室、桑拿房等，并提供世界知名品牌的沐浴用品。总统套房已成为酒店档次的一种象征，总统套房的豪华程度往往能直接反映一家酒店档次的高低。总统套房的投入大、房价高，但出租率却很低。总统套房的设置更多的是用以显示该酒店已具备接待总统级别客人的条件。总统套房并非总统才能住，一般来说，只要付得起房租，谁都可以入住。

二、按客房位置划分

1. 外景房

外景房即窗户朝向大海、湖泊、公园、景区景点等外部景观的客房。这类客房视野开阔，景色迷人,深受客人青睐。

2. 内景房

内景房即窗户朝向酒店内庭院的客房。

3. 角房

角房即位于楼层走廊过道的尽头或拐角处的客房。角房因其形状特殊,装饰布置也不会循规蹈矩。角房虽然难以满足客人的大众口味,但因其打破了常规,反而受到某些客人的青睐。

任务二　识别客房特色类型

现代酒店客人的多元化需求,使酒店除了拥有各种基本房间类型以外,还必须配置各种特殊房型。有些高星级酒店还将整个楼层的全部客房布置成同一种特殊客房,推出特色楼层,如行政楼层、无烟楼层、女士楼层等。

一、行政客房

行政客房又称商务客房,是专为从事商务活动、公务活动的宾客设计布置的客房。行政客房的面积普遍稍大于标准间,房内由于配备标准的办公桌及齐全的商务办公设备而深受商务宾客青睐。随着商务客人的不断增多,此类客房的需求量也不断增大。不少高星级酒店,为了接待高档的商务客人并为他们提供特殊的优质服务,专门设立了“行政楼层”。行政楼层内设有专为商务客人服务的行政总台、行政酒廊、商务洽谈室、商务中心等,并设立专业的商务服务项目。高星级酒店的“行政楼层”也被誉为“酒店中的酒店”。

二、无烟客房

无烟客房是酒店专门为非吸烟客人设置的禁烟客房,为客人提供严格的无烟环境。无烟客房的无烟处理措施不是简单地禁烟,而是一项系统工程。第一,无烟楼层处、客房的房门上均要设置无烟标志;第二,撤出房内茶几上的烟灰缸与火柴,在茶几上放适量的糖果,以示酒店对不吸烟宾客的感谢;第三,房内显眼处设置无烟客房提示卡;第四,酒店在开业运营中要坚决杜绝烟民入住无烟客房;第五,客房中选用不吸烟味或烟味附着力低的材料,并配备灵敏度高的烟感器;第六,将无烟客房的床品与其他房间的床品分开洗涤。如今,设置无烟客房已成为高星级酒店的普遍选择。高星级酒店一般会设置一定比例的无烟客房,很多还设置了无烟楼层。随着社会的发展,健康养生理念不断普及,世界酒店业将会更加注重绿色理念的应用。酒店朝着全店禁烟的方向发展已成为国际趋势。

三、残疾人客房

残疾人客房是酒店专门针对残疾客人的特殊需求而设计布置的客房。客房设计、设施设备配备都得基于方便客人的出入、使用以及出于安全的考虑。我国 2010 版《旅游酒店星级的划分与评定释义》中指出：残疾人客房应布置在便于轮椅进出、交通路线最短的地方。一般设在低层酒店的一层，高层酒店客房层的最低层。为了便于陪护，残疾人客房可采用连通房的形式。残疾人客房设施设备的具体要求详见表 3-1。

表 3-1　残疾人客房设施设备的具体要求

设施设备	具体要求
房门	宽度不小于 0.9 m，采用长柄把手，不安装闭门器
窥视镜	两个窥视镜分别安装于房门的 1.1 m 和 1.5 m 处
防盗链	高度不超过 1 m
衣柜挂衣杆	高度不超过 1.4 m
床	床面高度为 0.45 m，床位一侧应留有宽度不小于 1.5 m 的轮椅回旋空间
扶手	床两侧设有扶手，但不宜过长；马桶、浴缸两侧设有扶手架，且能承受 100 千克左右的拉力或压力
电器开关、插座	低位电器开关、插座的高度不低于 0.6 m，高位电器开关、插座的高度不高于 1.2 m
挂式电话	安装高度为 0.8 m—1 m
窗帘	有电动装置或遥控装置
卫生间门	宽度不小于 0.9 m，门与侧位间距不小于 1.05 m。卫生间入口为无落差出入设计
淋浴间	淋浴间面积不小于 1.2 m×1.2 m；应设置 0.85 m×0.35 m×0.45 m 的安全洗浴坐凳；横式安全抓杆的高度距地面 0.9 m；竖式安全抓杆的高度距地面 0.6—1.5 m；水流开关的安装高度为 0.9 m
云石台面	高度为 0.7 m 左右，且下面不能有任何障碍物
坐便器	高度为 0.43 m 左右
毛巾架	高度不超过 1.2 m
紧急呼叫设备	设置于卫生间及卧室内

设有无障碍设施的酒店一般具备残疾人专用进出口、残疾人专用厕卫等，主要包括：

（1）没有门槛。

（2）浴盆、沐浴有扶手、防滑垫。

（3）沐浴有坐处，沐浴喷头可手持。

（4）洗脸台适合残障客人使用。

（5）水龙头开关为杠杆控制式。

（6）卫生间便于轮椅进出。

（7）洗漱用具及毛巾等放在使用轮椅的客人方便接触的位置。

（8）镜子、开关、温度调节装置等安装在便于使用轮椅的客人接触的高度和位置。

四、女士客房

女士客房是酒店专为女性客人设计布置的客房。随着女性地位的提高,女性客人在酒店客源中占有越来越大的份额,针对这一现象,很多酒店开始专门设计满足女性客人需要的客房。我国一些城市的酒店也相继开辟了"女士楼层"。

女士客房的功能布局、装修装饰、设备用品、环境氛围、服务项目、服务方式等都体现了女性化的格调,室内装饰富有浪漫情调,室内气氛温馨雅致,配有女性专用的用品,并提供美容美发服务信息、最佳出游方案。在女士楼层一律配备女性服务人员和女性保安人员。女士客房每一处细节、每一项服务都悉心考虑女性的心理特点,充满女性气息。

首先,房内色调明快而又浪漫温馨,如淡紫色的窗帘、粉色的床品、粉色的睡衣、粉色的拖鞋及柔和的灯光;其次,配备女士专用的设施设备与客用品,如女性杂志、浴袍、女士化妆品、卷发器、大号梳妆台、化妆凳、宽大的全身镜、走入式衣柜、女用冲洗器等。有些酒店的女士客房内还设专用的化妆间,浴缸内有一套能为女士客人提供自动肩颈按摩的自动按摩仪,房内配备瑜伽教程光碟、瑜伽垫等瑜伽设备用品。随着女性地位的不断提高,住店客人中女性的比重也越来越大,酒店客源中女性的个性需求也越来越受关注。

五、主题客房

主题客房是主题酒店的重要组成部分。酒店可以根据不同客人的需求偏好设计不同的客房产品。这些客房产品包括老年客房、青年客房、新婚客房、单身女性客房、儿童客房,等等。酒店也可以因地制宜,通过挖掘不同的地域文化开发各类"民俗客房",还可以根据不同的历史时代的人文现象进行主题选择和设计,也可以利用对未来虚拟世界的想象设计未来主题客房等。

六、高科技客房

进入21世纪,高科技在客房服务的管理中得到广泛的应用。如:客房内可以为客人提供Wi-Fi服务;日本生产出一种采用集成电路控制的小冰箱,它能自动记录冰箱内每一种物品的存取,客人一旦结账退房,冰箱就会自动上锁;法国雅高集团在巴黎尝试"高科技客房"这一新的概念客房,客房中床更宽,卫生间更大,照明也更好,采用可旋转的液晶显示屏、遥控芳香治疗系统、环绕音响系统等。

项目四
客房产品设计入门

学习目标

素质目标：

1. 提升审美情趣，树立创新意识。
2. 树立“人文酒店、绿色酒店、智能酒店”意识。

知识目标：

1. 了解客房产品设计的基本原则。
2. 熟悉客房设施设备及用品配置。
3. 了解绿色客房、智能化客房的设计。

能力目标：

1. 能够正确配置客房设备及用品。
2. 能够根据客人需求设计和布置客房。
3. 初步具备设计主题客房的能力。

引例：奇特的酒店

背景与情境：在德国首都柏林，有一家名为“动力岛城市旅馆”的酒店，这家柏林最古怪的酒店是由40多岁的作曲家拉尔斯·斯特劳根亲自设计、筹备和开办的。整栋酒店虽然只有3层，但酒店的门都经过了精心修饰，客房内的装饰布置也是独具匠心，各具风格。每间客房都是拉尔斯亲自设计的，都可以说是独一无二的。在一个名为“自我陶醉一刻钟”的房间里，客人可以从特殊设计的镜墙和天花板、家具中看到327个自己。再如酒店有一间“美容治疗室”，雪白的墙壁上有各色的毛线做装饰，室内摆放的形似医院用的手术台的床，浴室被漆成了温暖的粉红色，这一切都使来自喧嚣都市的人们感到前所未有的放松和舒适。

对于那些喜欢寻求刺激的客人，酒店还为他们提供了所谓的“监狱客房”，客房内的设施非常简陋，还有一个通向阳台以及供客人“逃跑”的大洞。如果你觉得还不过瘾，这里还有一种装饰得像狮子笼一样的客房，客人住在里面就像被困在牢笼里的狮子一样，十分新奇刺激。最具特色的还有“颠倒客房”，客房内用于装饰的桌椅都被绑在了天花板上，而用来睡觉的床却被隐蔽在了地板下面。猛一看，还真有些世界被颠倒了的感觉。此外，客房卧室的床板和洗脸台都是用废旧的啤酒桶改装的，可以说，房间的每个角落都显示出了与普通客房的不同。

思考:客房产品设计如何做到有特色?

客房设计的好坏首先取决于对客房功能、空间的设计。客房是客人在酒店逗留期间的主要生活场所，客房功能、空间的设计直接关系到对客人需求的满足程度，这就要求酒店合理地设计客房产品，保障客人及酒店的利益。不同类型、档次的酒店，为满足不同客人的需求，往往设置不同类型的客房。一般说来，大型酒店客房种类多，设备齐全；反之，小型酒店客房种类少，而且设备比较简单。

任务一　认知客房产品设计

客房产品设计的内涵非常丰富，包括在产品设计中如何体现酒店宾客至上的服务理念，如何营造酒店的文化氛围、凸显酒店的特色，如何确立客房档次、风格，如何选择客房的设施设备、用品，如何设计客房的室内环境等。

一、了解客房产品设计的基本原则

客房是客人在酒店逗留期间的主要生活场所，这就要求酒店合理地设计客房产品，保障客人及酒店的利益。客房是生活的室内环境，客房产品设计的基本原则是安全、健康和舒适。

(一) 安全原则

安全是客人选择酒店的首要条件，也是客房管理的重要内容。

1. 消防设施

安全性首先表现在对火灾的预防上，为此，客房设计时应考虑防火措施。

(1) 设置火灾报警系统。

烟感报警、温感报警与自动喷洒报警是当前常用的早期报警系统。其中，烟感报警对烟雾反应最为灵敏，温感报警的误报率最低，自动喷洒报警除报警外还能发挥早期防止火灾蔓延的作用。

(2) 减少火荷载。

火荷载是指酒店内可燃烧的建筑材料、家具、陈设、布件等的总和。客房设计时应尽量采用难燃或不燃的建筑、装修材料。

2. 防盗设施

防盗设施首先是房门。房门上应装有门镜、防盗链,门锁系统现在多采用技术先进、安全系数较高的磁卡钥匙等高科技产品。有的酒店客房内设有安全保险箱,主要用于客人存放贵重物品,保证客人财产安全。此外,有的酒店还在客房窗户、阳台上装有报警装置,以增强客人的安全感。

3. 隐私安全

除了对火灾等的预防以外,酒店客房产品设计时还应注意保护客人的隐私。客房是客人休息的场所,要求安静、不受干扰。有些酒店楼层走廊两侧客房门对着门,容易引起互相干扰。因此,建筑设计时可考虑将走廊两侧客房门错开。

(二) 健康原则

客房产品设计的健康原则主要是有效控制客房内的噪音、空气质量等,最大限度地降低环境对客人健康的不良影响。环境直接影响人的健康:噪音公害威胁人的听觉健康;照度不足影响人的视觉健康;生活在全空调环境内,如新风不足、温湿度不当会损害人的身体健康。因此,在客房设计时,必须重视噪音、室内照明和空调设计,控制视觉、听觉和热感觉等环境刺激。

1. 噪音控制

(1) 窗外。城市环境噪音。

(2) 相邻客房。例如,来自隔壁房间的电视机、音响设备、空调、电话、门铃、客人间的谈话、壁橱取物、床的移动、扯动窗帘等的声音。

(3) 客房内部。水管流水、马桶盖碰撞、扯动浴帘、淋浴、空调及冰箱等设施设备产生的噪音。

(4) 走廊外。例如,客房门的开关、走廊里客人及服务员的谈话、服务车的推动、吸尘器的声响等设施设备产生的噪音。

(5) 其他。例如,空调机房、排风机房及其他公众活动用房产生的噪音。

对于上述可能出现的噪音,都是在客房设计时所应考虑的因素。一般采用客房隔音的手段,尽量消除和减少可能出现的噪音。

2. 空气质量控制

空气质量直接影响客人的健康,主要涉及温度、湿度、通风等内容。为保证客房空气质量,酒店一般可通过空调进行调节。空调的设计、选用和安装在保证一定的湿度和温度的前提下,应能使噪音减少到最低程度,并能提供充足的新风,避免使客人在房内感觉头痛,以保持客人的健康。但是现在人们已经认识到空调在调节温度、湿度的同时,对人体健康也有一定的危害,所以还应充分运用自然风进行调节。因此,门窗的设计要尽可能宽大一些,而且能够开启自如,以利于室内外通风。另外,卫生间一般都是较为封闭的,因此还要安装排风扇,以利于通风及排除异味。

知识活页

最宜人的标准间空间与温湿度

国际上流行的标准间客房(不含卫生间)的宽为 3.6—4.2 米,长为 7.6—10 米,净高大于 2.5 米。在这样的客房剖面图中,其宽 3.6—4.2 米与净高 2.5 米所形成的比例是 1∶(1.44—1.68),这正接近黄金分割的矩形剖面的比例,有利于形成亲切、舒适的客房空间气氛。

据科学研究结果显示,客房内令人舒适的温度,夏季为 24—28℃,冬季为 16—22℃;令人舒适的相对湿度,夏季为 45%—50%,冬季为 50%—55%。人体对温度有一定的调节能力,称为体温调节。据有效温度数据显示,人体从偏凉到偏热的舒适界限为 21—29℃,最舒适的温度是 23—27℃。因此,综合各种因素,酒店公共区域与客房的温差应控制在 5℃之内。

3. 室内照明

客房照明设计的主要出发点是营造客房"家庭"般的温馨。因而客房的照明应以宁静、亲切和温暖为基调。客房照明艺术以灯光处理为主,基本功能要求照度适当,使客人与服务员都能看得清、看得舒服。

室内照明的作用除了为客人提供良好的光照条件外,还可改善空间感及渲染气氛,以获得最佳的视觉效果,增强客房环境的美感和舒适感。照明设计要注意投光范围、灯光照度、灯具位置等,充分体现舒适性、安全性、艺术性原则,使客房环境具有温馨的氛围和意境。同时,还应注意利用自然光线,尽可能注意房间位置、朝向、窗户大小等,以增强采光效果。

(三) 舒适原则

舒适是客人对客房商品的基本要求,也是追求生活质量的一种体现。客房是客人在酒店逗留时间最长的私人空间,因此,客房的设计一定要使客人感觉方便、舒适。提高客房的舒适度可以从以下几个方面考虑。

1. 客房空间大小

通常情况下,客房面积越大,舒适度会相对越高。酒店客房净高通常应为 2.5 米以上。剖面中,净高 2.5 米与房间宽 3.6—4.2 米所形成的比例为 1∶(1.44—1.68),是接近黄金分割的矩形剖面比例。不同类型客房的面积则没有统一标准。客房面积大小与酒店及客房的等级密切相关。但是,许多酒店客房的面积已经呈现越来越大的趋势,以提高舒适感。另外,经过修订的《旅游饭店星级的划分与评定》标准中出现一个新名词"白金五星",其中一项标准为:所有客房面积均在 36 平方米以上。

2. 客房设备、用品配置

客房设备包括床、家具、电器、洁具等,是构成客房商品有用性的条件之一,其配置是影响客房舒适程度的重要因素。客房设备配置必须安全、齐全、有效,确保功能需要,同时要保持一定的先进性，要与酒店等级规格相适应，并具有超前意识。

客房用品也是构成客房商品有用性的条件之一，包括一次性消耗物品和多次性消耗物品，其种类很多。客房用品配备的齐全程度、适用程度、美观协调程度等，都直接影响客房的舒适感。因此，在配备时必须充分考虑客房用品配备的种类、数量、等级、规格、质地及协调性，以确保客房商品的舒适程度。

客房用品的质量和数量会直接影响客房部的服务质量。客房用品配置的总体要求是让客人感到舒适、方便。每一件物品都应充分发挥其效用，不能有浪费或过剩现象，否则会造成客人或酒店的损失，造成社会资源的浪费。根据酒店等级与价位的不同，配备用品的种类多少、质量高低均有显著的差别。高档酒店的客房用品配置显示其华丽名贵，中档酒店的客房用品则要求美观、舒适、方便、安全，价位较低的酒店用品的配备则较简单，以方便、实用、经济、安全为原则。各酒店可根据行业标准《星级饭店客房客用品质量与配备要求》并结合本酒店的具体情况进行配置。

3. 家具摆设

客房家具摆设是否得当，是否有利于客人行走或是否满足客人在房内的生活起居需要，也会影响客房的舒适感。21 世纪的酒店注重实用功能，客房的设计、家具的摆设一定要给客人以方便、舒适之感。美国里纳尔多国际室内装潢公司总裁里纳尔多指出：那种把电视机和传真机隐藏在大柜子里的设计是不妥当的，我们的客人并不希望讲究到要开了“门”才能看电视、发传真。

4. 窗户设计

客房窗户主要是为了采光、日照和通风，但与观景也有直接关系。面对绚丽风光，窗户越大越能感到环境之优美，舒适感越强，因而，有的高层酒店客房设计落地玻璃窗，使客房与环境融成一片。

窗户离地不宜太高，通常不应高于 0.7 米，这样，客人坐在房内沙发或椅子上，就可较好地观赏到窗外景色。窗户的大小还应考虑酒店所在地的气候条件。一般来讲，炎热地区的酒店窗户宜大，以使客人有视野开阔、心情舒畅的感觉。而位于寒冷地区的酒店窗户则宜小不宜大，以使客人在客房内有温暖、舒适、亲切之感，同时还可以在一定程度上为酒店节省能源。此外，酒店客房窗户的“高宽比”以 1∶2 为好，这样能产生人们所喜爱的“宽银幕画面”的效果，符合人们的审美心理。当然，窗户的设计也不能千篇一律。为了追求奇特的艺术效果，窗户还可以设计成圆形或锯齿形等。

同步思考

舒适度是客房产品的核心，你觉得客房舒适应从哪些方面营造？

理解要点：舒适度涵盖了布件规格、床垫枕头、温度湿度、隔音遮光、照明效果、方便使用、和谐匹配等方面。

二、知晓客房产品设计的主要内容

(一) 照明设计

客房照明设计就是根据客房不同使用功能的空间所需要的照度和照明质量、所需要的室内空间气氛,在尽可能节约用电的前提下,正确选用光源品种和灯具,确定合理的照明方式和布置方案,创造出良好的室内环境。

1. 照明设计的原则

(1) 功能性原则。

灯光照明设计必须符合功能的要求,根据不同的空间、不同的场合、不同的对象选择不同的照明方式和灯具,并保证恰当的照度和亮度。

(2) 美观性原则。

灯光照明是装饰美化环境和创造艺术气氛的重要手段。为了对室内空间进行装饰,增加空间层次,渲染环境气氛,采用装饰照明,使用装饰灯具十分重要。灯具不仅起到保证照明的作用,而且通过其造型、材料、色彩、比例、尺度,可使灯具成为室内空间不可缺少的装饰品。灯光设计师通过灯光的明暗、隐现、抑扬、强弱等有节奏的控制,充分发挥灯光的照明和色彩的作用;采用透射、反射、折射等多种手段,创造温馨柔和、宁静幽雅、怡情浪漫、富丽堂皇、欢乐喜庆等艺术情调气氛,为人们的生活环境增添情趣。

(3) 经济性原则。

灯光照明并不一定以多为好、以强取胜,关键是科学合理。灯光照明设计是为了满足人们视觉生理和审美心理的需要,使室内空间最大限度地体现实用价值和欣赏价值,并达到使用功能和审美功能的统一。华而不实的灯饰非但不能锦上添花,反而会画蛇添足,同时造成电力消耗、能源浪费和经济上的损失,甚至还会造成光环境污染而损害身体的健康。

(4) 安全性原则。

灯光照明设计要求绝对的安全可靠。由于照明来自电源,因此必须采取严格的防触电、防短路等安全措施,以避免意外事故的发生。

(5) 艺术性原则。

照明设计还应注重酒店客房空间的装饰及环境美化的作用,通过照明设计丰富空间层次,充分展现被照物的形式美、材质美,充分利用光色与空间色彩的搭配烘托客房氛围、美化空间环境,充分利用光影的变化创造特有的室内意境,增加客房的艺术感染力。

2. 照明设计的主要内容

(1) 投光范围。

投光范围可以分为总体照明、局部照明、直接照明、间接照明等。

(2) 灯具的选择。

灯具可以分为吊灯、壁灯、落地灯、台灯等,每种灯具都有特定的照明作用。

(3) 照明度。

客房的照明度可以自由调节。各种灯具的照明度不同,以吊灯最强,落地灯和壁灯次之,夜灯最弱。

（二）色彩

色彩是客房装饰诸要素中最重要的因素，它不仅能决定客房氛围，还能修饰或影响客房的大小、形态及与其他区域自然条件的关系等。色彩给人们带来重要影响，可以使客人感到兴奋或压抑，也可以使客人觉得房间温暖或凉爽。所以说，为客房选择恰当的色彩或选择各种色彩的连贯性和协调性并非简单、容易之事。

色彩对人引起的视觉效果反映在物理性质方面，如冷暖、远近、轻重、大小等，这不但是由于物体本身对光的吸收和反射不同的结果，而且还存在着物体间的相互作用所形成的错觉。色彩的物理特性在客房设计中可以大显身手。

1. 色彩的冷暖——温度感

物体通过表面色彩可以给人或温暖或寒冷或凉爽的感觉。一般说来，温度感是通过感觉器官接触物体而来，与色彩风马牛不相及。事实上，各类物体借助五彩缤纷的色彩给人一定的温度感觉。红、橙、黄等颜色使人想到阳光、烈火，故称“暖色”；绿、青、蓝等颜色与黑夜、寒冷相连，称“冷色”。红色给人积极、温暖的感觉；蓝色给人冷静、消极的感觉；绿与紫是中性色彩，刺激性小，效果介于红与蓝之间。中性色彩使人产生休憩、轻松的情绪，可以避免产生疲劳感。人对色彩的冷暖感基本取决于色调。色系一般分为暖色系、冷色系、中性色系三类。色彩的冷暖效果还需要考虑其他因素。例如，暖色系色彩的饱和度越高，其温暖的特性越明显；而冷色系色彩的亮度越高，其特性越明显。

2. 色彩的轻重——重量感

各种色彩给人的轻重感不同。从色彩得到的重量感是质感与色感的复合感觉。例如两个体积、重量相等的箱子分别涂以不同的颜色（见图 4-1），然后用手提、目测两种方法判断箱子的重量。结果发现，仅凭目测难以对重量做出准确的判断，可是目测箱子的颜色却能够得到：浅色密度小，有一种向外扩散的运动现象，给人质量轻的感觉；深色密度大，给人一种内聚感，从而产生质量重的感觉。有些特殊家具的式样、边角和构造，可使家具显得沉重或轻便。色彩的重量感主要取决于明度和纯度，明度和纯度高的显得轻，如桃红、浅黄色。在室内设计的构图中，常以此达到平衡和稳定的需要，以及表现性格的需要，如轻飘、庄重等。

3. 色彩的膨胀与收缩——尺度感

比较两个颜色一黑一白而面积相等的正方形可以发现有趣的现象（见图 4-2），即大小相等的正方形，由于各自的表面色彩相异，能够赋予人不同的面积感觉——白色正方形似乎较黑色正方形的面积大。这种因心理因素导致的物体表面面积大于实际面积的现象称为“色彩的膨胀性”，反之称为“色彩的收缩性”。给人膨胀或收缩感觉的色彩分别称作“膨胀色”“收缩色”。色彩的胀缩与色调密切相关，暖色属膨胀色，冷色属收缩色。

4. 色彩的前进与后退——距离感

如果等距离地看两种颜色，可使人产生不同的远近感。如黄色与蓝色以黑色为背景时（见图 4-3），人们往往感觉黄色距离自己比蓝色近。换而言之，黄色有前进性，蓝色有后退性。较底色突出的前进性的色彩称“进色”；较底色暗淡的后退色彩称“退色”。

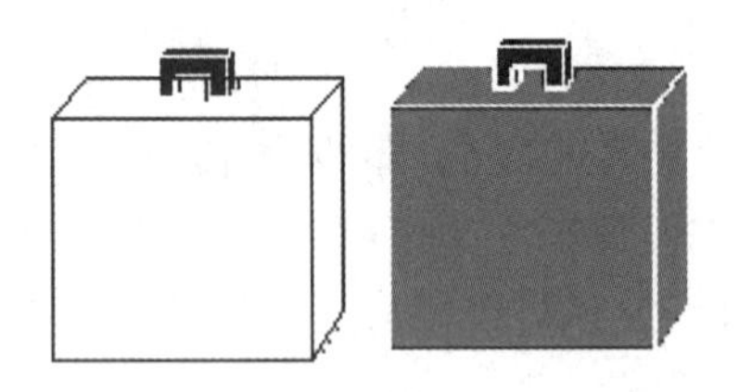
图 4-1　不同颜色箱子产生的轻重感

图 4-2　色彩的膨胀与收缩

图 4-3　色彩的前进性与后退性

扫码看彩图

一般而言,暖色比冷色更富有前进的特性。两色之间,亮度偏高的色彩呈前进性,饱和度偏高的色彩也呈前进性。但是,色彩的前进与后退不能一概而论,色彩的前进、后退与背景色密切相关。如在白背景前,属暖色的黄色给人以后退感,属冷色的蓝色却给人以向前扩展的感觉(见图 4-4)。

图 4-4　色彩的前进、后退与背景色密切相关

扫码看彩图

色彩可以使人感觉进退、凹凸、远近的不同。一般暖色系和明度高的色彩具有前进、凸出、接近的效果;冷色系和明度较低的色彩则具有后退、凹进、远离的效果。室内设计中常利用色彩的这些特点去改变空间的大小和高低。

(三) 陈设布置

客房室内陈设布置除家具外,还包括起装饰作用物品的陈设布置,如布件、装饰织物、艺术品、植物等。客房室内陈设布置的运用,要坚持以功能需要为主,做到舒适、美观、方便、亲切,具有家居气氛,形成功能和美感的统一。

1. 家具布置

在客房布置中,家具的色彩同样起着举足轻重的作用。其一,家具除了具备贮藏物品的功能外,其优美的造型、宜人的色彩,可使人的脑力和体力的疲劳得到心理上的缓解;其二,家具有装饰空间的功能,故其又有审美价值,所以家具有实用与装饰的双重功效。家具的选择与布置要与客房的装饰布置协调,在功能要求上,要注意实用舒适、质地坚实;在美观要求上,家具配备应造型优美,统一配套,做到风格统一、式样统一、色调统一。

家具是室内陈设艺术中的主要构成部分,它首先是因实用而存在的。随着时代的进步,家具在具有实用功能的前提下，其艺术性越来越为人们所重视。从家具的分类与构造上看，其可分为两类：一类是实用性家具，包括坐卧性家具和贮存性家具，如床、沙发、衣柜等；另一类是观赏性家具，包括陈设架、屏风等。客房家具要根据室内功能、房间面积、家具数量、客房朝向、门窗位置等具体情况进行整体设计，做到既有规律又有变化。美观适用，使室内空间构图轻松活泼，产生亲切、恬静、典雅、舒适的生活气氛。

2. 艺术品陈设

客房艺术品的点缀不仅能够增加客房的美感，还能从视觉效果上增加客房的整体空间感。客房艺术品陈设主要是以摆设品和挂件为主。

(1) 摆设品。

客房的摆设品主要有两大类。一类是能够显现出客房档次和风格的艺术品摆件，如精美的雕刻等。在处理手法上，要重视其与客房整体装饰风格的和谐，使其造型、色彩、质感、视觉感等美感作用与墙面、地面、家具相适应，并注意掌握摆放的位置，增加客房的高雅气氛，提高客房的等级规格。另一类是能够突出客房生机，改善客房环境的摆件，最常见的是植物盆景。植物引进客房环境中，不仅能起到装饰的效果，还能给客房环境带来自然的气氛。要根据南北方气候的不同和植物的特性，在客房内放置不同的植物，可以起到净化空气、组织空间、引导空间、美化环境、陶冶情操等作用。在手法上可以采用重点装饰与边角点缀，组成背景、形成对比，结合家具、陈设等手法布置绿化。

(2) 挂件。

室内装饰艺术品有挂画、小型手工艺品等。挂画最好选用原创的国画或油画，从而体现酒店管理者的品位。小型的手工艺品也是如此。

总之，陈设艺术的范畴非常广泛，内容极其丰富，形式也丰富多彩。陈设品作为室内环境的重要组成部分，在客房环境中占据着重要地位，也起着举足轻重的作用。

任务二　客房室内功能设计

客房是客人在酒店下榻期间的主要生活场所，所以要求酒店合理地设计客房的布局，并配备相应的设备，使客房尽可能具备满足客人需求的多种功能，真正成为客人的“家外之家”。客房室内功能设计是通过客房内功能分区来进行的。客房一般分为睡眠空间、盥洗空间、起居空间、书写空间和贮存空间 5 个功能区，并相应配备不同的设施设备。一般套间客房可以根据不同的房间设计不同的功能，而标准间则要通过设施设备、用品的配置，光线、色彩的运用等技巧，使一个独立的房间具备上述功能。下面以标准间为例说明。

一、睡眠空间

睡眠空间是客房最基本的空间，其主要家具和设备有床和床头柜。

(一) 床

床是酒店为客人提供休息和睡眠的最基本的设备，一般采用西式床，其种类和规格根据酒店等级和客房面积而定。床的基本类型包括：单人床、双人床、大号双人床、特大号双人床、婴儿床、加床。此外，还有折叠床、单双两便床、沙发床、水床、隐蔽床等。床的规格差别也较大，没有统一标准。

另外，床的高度要考虑美观、协调及便于操作等因素，一般应为40—60厘米。现在许多酒店已经认识到床的规格与舒适程度对客人的影响，为增加吸引力，多采用较为宽大舒适的床具。

我国旅游涉外酒店所用的床由床架、床垫和床头软板组合而成。床的质量要求是重量轻、牢度好，弹簧床垫（席梦思）软硬度适宜；床架底部有定向轮，方便移动；有优美的造型。有的酒店为增加床的美观性还专门配备了床裙。

(二) 床头柜

床头柜是客房中必不可少的家具之一。现代酒店的床头柜可满足客人在睡眠期间各种基本需要：上面放有一部电话、便签和一支削好的铅笔，为客人通信联络提供便利。有的酒店还在床头柜上放晚安卡和常用电话号码卡。

床头柜配有各种开关和按钮，如电视机、地灯、床头灯、落地灯、中央空调、请勿打扰的开关，时钟及呼唤服务员的按钮等。有些酒店已开始采用分区照明控制和在床头设置总开关控制的设备，既显示了客房的豪华程度，又给客人带来了方便。

床头柜的长度应为60厘米左右，过小则使两床之间的距离过小，给客人的活动带来不便。床头柜的高度必须与床的高度相匹配，通常为50—70厘米，以使人躺在床上，眼睛能平视床头柜的平面。单人用的床头柜宽度为37—45厘米，标准间两人用的床头柜宽度为60厘米。

二、盥洗空间

盥洗空间即浴室，又称卫生间。卫生间的设计应注意宽敞、明亮、舒适、安全、方便、实用和通风。

卫生间的主要卫生设备有浴缸、马桶、面盆与云台，其功能设计主要通过这些设施设备来体现。

(一) 浴缸

浴缸应带有冷热水龙头，并装有淋浴喷头——既能固定也能手拿。浴缸底部应采用光面和毛面相间的防滑结构。浴帘杆固定在浴缸上方两头，与浴缸外上沿平行。浴巾架固定在浴缸水龙头对面的墙上。另外，还有活动的晒衣绳供客人晾衣服用。

豪华包间的浴缸内还可装上能产生漩涡的装置，也可在卫生间装上带有小型电动蒸汽发生器的桑拿浴和蒸气浴装置。这些装置的作用是通过水流、水蒸气对皮肤的作用，加强人体血液循环，具有较好的解乏、保健的效果。

目前，很多低星级酒店或经济型酒店用淋浴房代替了原来的浴缸。

（二）马桶

马桶的位置可以打破常规安放，避开正对门的方向，采用"隐蔽式"的设计。有的酒店在马桶旁设有妇洗器。

（三）面盆与云台(洗脸台)

面盆一般镶嵌在由大理石面或人造大理石面等铺设而成的云台里，上装冷热水龙头，还可装有专供客人冷饮的凉水龙头一个，在墙面配一面大玻璃镜。为了解决客人因沐浴而使镜面蒙上水蒸气的问题，有的酒店还在镜子的背面装有除水雾装置。

云台上可放置各种梳洗、化妆及卫生用品。在云台侧面墙上，设有电源插座(客人使用电动剃须刀时可用)。有的酒店还装有吹风机和电话副机。

云台的大小一般无统一的规格，但其高度一般为 76 厘米，这对于标准身高的人来说是最佳高度。

三、起居空间

起居空间应在标准间的窗前区，这里放置着软座椅、茶几(或小圆桌)，供客人休息、会客、观看电视等，此外还可供客人在此饮茶、吃水果及简便食品。其主要配备座椅(或沙发)、茶几、落地灯等。

四、书写空间

标准间的书写空间一般在床的对面，为沿墙设置的一长条形的多功能柜桌。其一般包括写字台和电视机柜。台面一侧较长，上面可放电视机或设电视柜，下面放置小冰箱。墙面上方装有梳妆镜。

（一）写字台、化妆台

客房使用的写字台和化妆台一般为全木制品。标准间的写字台和化妆台可分开配置或兼做两用，并装有抽屉，可放置文具。它的宽度应与其他家具的宽度统一(40—50 厘米)，高度为 70—75 厘米。相应的梳妆凳高度为 43—45 厘米，最小的膝盖上净空为 19 厘米。

化妆台所靠的墙面应设有梳妆镜，梳妆镜的高度应能使客人站在写字台前照全头部。为了达到较好的化妆效果，上方应装有照明灯以提高亮度。

（二）电视机柜

电视机柜(架)有木制、金属和金属与木料混合结构三种类型。电视机柜上方放电视机，下方往往放置装有各种饮料的小冰箱，即 Mini Bar。

电视机架的高度一般为 45—47 厘米或 65—70 厘米，正好是人坐在沙发或椅子上时，视线低于或平视电视屏幕的高度，以减轻看电视时眼睛的疲劳，起到保护视力的作用。

现在许多酒店的电视机采用壁挂方式。

五、贮存空间

贮存空间通常设置在房门进出过道的侧面，其主要设施包括壁橱和行李架。

(一) 壁橱

壁橱设在客房入口的小过道内侧,便于客人在离开客房时检查橱内东西是否取完。壁橱的宽度应不小于100厘米,橱门至墙壁的距离应不小于50厘米。为了方便挂衣服,同时又保证长衣不致触地,挂衣杆高度应为170厘米,杆上部应留有7.5厘米的空间以便衣架的移动取挂。挂衣横杆上备有带店徽的衣架,按床位计,每床两个西服衣架、两个裙架、两个裤架。柜子下面放置洗衣袋和洗衣单。橱门可以用推拉门,也可用折叠门。壁橱内应有照明灯。采用随门开启而亮的照明灯是节约用电、方便客人的一种举措。有的壁橱内还设有鞋篮、私人保险箱等。此外,壁橱还可以存放客房备用的枕头、毛毯、被子等。

(二) 行李架

所有客房都应设有行李架或行李台。行李架一般为高45厘米、宽65厘米、长75—90厘米。大房间的行李架可大于此,以方便客人放下行李箱和拿取衣物为准。行李架的表面一般都有木条,按一定间距固定在面层,以防止行李箱的金属饰钉损坏行李架,同时不能有任何尖锐东西突出以免损害客人的行李箱。

任务三　客房类型的设计

一、基本客房类型的设计

(一) 单间客房的设计

由一间客房所构成的"客房出租单元"往往设计成单间客房。为满足不同客人的需求,房内可配备一张单人床,设计成单人间;也可配备一张双人床,使之成为大床间;或配备两张单人床,成为标准间;也可将两张单人床换成两张双人床,以显示较高的客房规格和独特的经营方式。随着家庭旅游、自驾旅游比例的增高,在房内可以各配一张单人床、一张双人床,设计成家庭客房。

(二) 套间客房的设计

由两间或两间以上的客房构成的"客房出租单元"称为套房。客房类型设计时不仅要考虑单间客房,还要根据酒店的建筑结构、使用功能、室内装饰等因素充分考虑套间客房的设计,如标准套房、立体套房、连接套房、豪华套房、总统套房等类型。设计时,既要关注客人的需求,尽可能地满足客人的需求,又要考虑投入产出,总的来说,要做到科学有效,切合实际。

二、特殊类型客房设计

旅游酒店客源的多元化需求,使得酒店除了拥有各种基本客房类型以外,还必须配置各种特殊客房或楼层来满足不同宾客的需求。通过特殊类型客房的设计、生产、销售，满足市场上一些特殊类型宾客及普通宾客的特殊要求，体现出酒店客房产品应市场之需而突出特色的经营理念。

（一）主题客房

客房是酒店产品的核心部分。就客房这种有形产品而言，其长期呈现千篇一律的“标准”模式，而对客人而言，他们更希望在客房内能够有一些新奇的享受和经历，能有一些与众不同的收获和感受。因此，酒店应开发各类具有个性色彩的新概念主题客房，以塑造客房卖点，满足不同客人的偏好。

酒店可以根据不同客人的需求偏好设计不同的客房产品，这些客房产品包括老年客房、青年客房、新婚客房、女性客房、儿童客房等；酒店也可因地制宜，通过挖掘不同的地域文化，开发各类“民俗客房”，如民俗风情客房、乡村风格客房、海底世界客房、世界风情客房、太空世界客房等；酒店还可以根据不同历史时代的人文现象进行主题的选择和设计，这种人文现象既可以是现代的，也可以是历史的，甚至是远古的，抑或是未来虚拟的，如史前客房、未来主流客房等；酒店更可以以文化作为主题切入口，设计各具特色的文化客房，如电影客房、摇滚之夜客房、小说客房等。

1. 老年客房

老年人市场在以往并不受重视，但如今世界人口普遍向老龄化发展，老年人比上班族更具有空闲时间，老年客人在酒店中相对滞留时间长，大多数消费都在酒店内进行，店外就餐少，“银发市场”已成为酒店新的竞争热点。

老年人重感情，容易为文化、历史所吸引。所以，在老年人客房的装饰上，可以突出传统的民族风格，配以字画、摆设等装饰。在色彩上，可以采用暖色调为主，多用调和色，少用鲜明的对比色。在绿化布置上，可以放置一些观赏盆景及常绿植物、鲜花等。

老年人的健康问题应是酒店考虑的重点，在客房设施上应突出方便、安全，如卫生间的防滑设施、门的把手位置及开关位置等。在客房服务上，应突出人情味、亲切感，提供按铃召唤服务及面对面的服务。

知识活页

欧洲的“老人酒店”

在法国戛纳的奥泰利亚酒店里，所有客人的平均年龄为83岁，而这里的一切设施设备几乎都是为老人，尤其是为80岁以上的老人特别设计的。在这里，信号显示是大号字，沿墙有扶手，电梯里有座椅，床是坐卧两用的，卧室里可以挂家人肖像。卫生间是用防滑玻璃纤维制作的，并设有软垫长椅，可以安全洗浴。无论何时，一按铃就有人来查看。在这里，经常举办各种适合老人的娱乐活动，而且不必预订，长住、短住都无妨。但有一点必须特别声明，这里接待的不是病人，而是需要关怀、照顾的老年客人。

在罗马尼亚首都有一座“富罗拉”酒店，因为专门接待70岁以上的客人，所以又叫“寿星酒店”。客人入店之初，要在一种特别配制的洗澡水中做一次沐浴，洗完后全身舒畅。酒店里还有一种由老年研究专家研制的“返老还童”药，其对恢复老人的活力很有帮助。

2. 女性客房

传统的“酒店是男人为男人而设计的”观念已经成为历史，随着更多的女性参与社会活动，女性在住店客人中占有越来越大的比重，女性客人对散客收入的构成产生重要影响。一些酒店针对这个现象，专门设计了为女性客人准备的客房。

女性客房的室内装饰更富有浪漫情调，室内气氛更为温馨雅致，从色彩、灯光、卧具、织物图案到插花布置等方面，都悉心考虑女性的心理特征，充满着女性气息。女性客房内设有女性专用的毛巾、梳子、梳妆台、试衣镜、香皂、睡衣及适合女性使用的吹风机、电熨斗、磅秤、女性杂志等，并且提供美容美发服务及各种保健咨询，提供出游最佳方案等。

知识活页

女性客房——为单身女性提供特殊服务

在全世界酒店行业中，希尔顿酒店是最早注意到单身女性顾客的特殊性的。为此他们早在1974年就在美国某希尔顿酒店里开辟了专门的女性专用楼层，为单身女性提供旅途中的一切便利。

几十年来，希尔顿酒店一直致力于为单身女性客人提供更专业化、更精细的服务，从而赢得了一片相当稳定的大市场。尤其是近些年来，随着单身女商务客人的增加，入住环境也发生了许多微妙的变化。这时对于单身女房客来说，能否拥有一个轻松方便、无拘无束的居住环境就显得尤为可贵了。不断发生的对女房客的骚扰案件使得这一问题越来越突出。

在希尔顿酒店的女性专用客房里，所有的设施设备和装饰色调都从女性的爱好与实际生活需要出发，一般都配备有特制的穿衣化妆镜、成套化妆用品、各种品牌的洗涤剂和沐浴用芳香泡沫剂，同时还会提供女士睡袍、挂裙架、吹风机、卷发器、针线包及其他女性专用的卫生用品。

客房通常会被装饰成温馨的色调，比如粉红、天蓝或米黄等。而床上用品和窗帘等织品往往也与房间色调相匹配，就连客房里的电话机都选择了活泼、灵巧的款式，床头柜或是小茶几上还备有专供女性阅读的书刊和最畅销的女性杂志。

女性客房单独辟成楼层，并配有大量的便装女保安人员。别看这些女保安个个温文尔雅，但一旦有人想乱闯“禁地”，她们立刻就变成了谁也突破不了的坚强堡垒。除了便衣保安外，女性楼层还有很多专门的保安措施，例如房间号码严格对外保密，不准任何人查询；外来电话未经客人同意不能随意接进客房等。总之，这是一片完全独立的空间，甚至连进出大堂都可以选择另外的通道。

3. 儿童、家庭客房

随着收入水平的提高和消费观念的更新，尤其是带薪假期的增多，越来越多的家庭走进了酒店，儿童市场及家庭市场已成为酒店业促销的新目标。面向儿童与家庭的客房应注重设施设备的针对性及完善性，并注意营造温馨的家庭氛围。国外一些酒店在赢得儿童及家庭的青睐上都做了相当多的努力。

4. 中式古典风格客房

中式古典风格客房可以用两种方式进行布置。一种方式是室内的部分装饰具有中式特点，例如运用中国传统造型的家具、摆设进行布置，这一种方式比较普遍。另一种方式是采用典型的中国式，即从室内装修到陈设都严格地按照我国的传统进行布置，例如采用木结构的梁架和隔断、典型的中国传统家具和灯具、强烈民族色彩的艺术及独特的布置格局等。

我国是地大物博的多民族国家，所以装饰布置的风格也不能简单地归纳为同一种样式。根据不同朝代、不同地域、不同民族的典型特征，可以设计出不同风格的中式客房。

5. 以书为主题的客房

虽然网络文学已经成为当下的时尚，但是依然有很多人钟情于散发着油墨清香的各式书籍。以书为主题的客房可以使客人畅游在书的海洋中，客人可以根据客房内的书单向服务中心借阅心仪的书籍，补充精神食粮。

6. 以电影为主题的客房

如今，看电影依然是很多人热衷的娱乐消遣方式。在以电影为主题的客房中，贴有精美的电影海报并摆放着各类影视杂志，设有视频点播系统，客人可以选择自己喜爱的影片，享受 个惬意的夜晚。

7. 梦幻主题客房

梦幻主题客房主要是营造出一种如梦似幻的境界，通过空间、色彩、光线的艺术处理，让客人可以随意畅想，犹如身处梦幻之中。

8. 海底世界主题客房

这种主题客房以海底世界的特殊氛围吸引客人，以海蓝色为主要色彩基调，并在客房中陈放巨大的透明玻璃鱼缸，各种色彩与形状的观赏鱼在鱼缸中随意地游动，形成一道美丽的景观。

9. 太空主题客房

太空世界的神秘也是大多数人所向往的，太空主题客房形似太空船，整体的布置效果使人感到乘着飞船在太空中翱翔。

(二)绿色客房

绿色客房是绿色酒店的重要组成部分。绿色客房是指室内环境满足人体健康要求,设施品质高,智能化程度高,能源、资源利用率高的客房。

绿色客房建立的根本目的是满足消费者对清洁、安全、健康、舒适的居住环境的要求。这一要求所包含的内容是非常广泛的,主要包含以下内容。

(1)客房室内空气质量优良,无异味,无装修材料污染。客房新风、排风系统有效,客房新风量每小时30—50立方米。

(2)客房有良好的隔噪处理,室内噪声低于35分贝,室内设备无噪声排放。

(3)客房可放置利于改善室内环境的植物。

(4)客房提供优质饮用水,提供优质、恒温、压力适宜的盥洗用水。

(5)客房提供优质照明。

(6)客房室内设备如中央空调、照明等应实现智能化控制,并方便客人使用。

(7)客房采用建筑遮阳技术和自然通风。

(8)客房有室内环境质量信息,棉织品更换、物品减量使用方面的告示,提供环保读物,提升客人环保理念。

(9)客房楼层电梯应有新风系统。

建立绿色客房主要是要达到以下目的。

第一,客房内提供给客人使用的酒店家具用品、酒店客房用品是清洁的。

第二,客房是安全的,包括客房设备安全、客房提供的仪器和饮用水安全、保险箱及门锁安全、消防安全等。

第三,客房的卫生要求是指客房内无病毒、细菌等的污染;室内空气是清新的,无化学污染,氧含量满足人体要求等。

第四,客房的健康要求是指客房家具的人性化设计、合理布局,室内无噪声干扰,良好的采光和照明等。

第五,为满足上述要求而采用的设备设施、能源、原材料等都是环保型的。

绿色客房的建立是一个系统工程,对大多数酒店而言,绿色客房的建立是一个长期改进的过程。因为客房已经成形,因而对客房的改造是逐步进行的。酒店可以分步骤来建立真正的绿色客房。

(三)智能化客房

客房是营造顾客体验的最佳场所,所以在酒店智能化系统设计中,应具备低功耗、高效率、高稳定性、自动化和智能化功能,且便于维护和管理的系统特点。客房智能化水平是酒店数字化和智能化程度的重要标志,体现了酒店对客人的人性化、个性化服务,不仅能够极大地提高酒店的服务管理水平,而且能够使客房环境更舒适、安全、便利和节能。酒店客房智能化设计的主要功能如下。

1. 房间设备远程监控

通过与酒店客房智能管理系统的联网实现远程监控和管理,实现对客房灯光、电动窗帘、温度运行状态远程监控及状态设定与改变。

2. 灯光控制

酒店客房终端以弱电形式实现对客房强电灯具、受控电源插座的控制。采用插卡取电的方式，尽可能节约电消耗。客人进入房间插卡取电后，能自动打开指定的灯光。当客人离开房间后，延时(时间可调)关闭上述灯具，其余灯具立即关闭。客人晚上休息时，按下床头总控开关，除夜灯外的所有灯具关闭。

3. 空调通风控制

客房空调往往是耗电大户，很多顾客在入住酒店时会将空调长时间处于开启状态，利用智能化控制系统对空调的合理控制能够极大地降低能源的浪费。当客人在前台登记时，客房的空调自动调整房间温度到让客人舒适的温度，使客人进房间后有一种舒适、温馨的感觉。客人离开后，房间进入保温模式，空调自动运行于网络设定温度。客人退房后，空调自动关闭。

4. 卫生间红外开关控制

客房卫生间在晚上客人休息时，往往需要单独开关灯，在智能化设计系统控制之下，卫生间顶部的红外探测器探测到人移动信号，自动开启浴室灯和排气扇；如没有探测到人移动信号，则延时 15 分钟关闭浴室灯、镜前灯、排气扇。方便客人的同时节约了能耗。

5. 安全房门系统

如客房长时间未关闭，门磁自动检测自动告警提示。告知值班服务员，可对客人进行提醒。当客人不在客房，如有非法人员闯入客房，系统则自动报警。

6. 保险柜状态感应

当客人不在客房，而客房的保险柜被非法打开时系统会自动报警，该报警信号会在 1 秒钟内显示在酒店客房控制系统管理软件中。客人退房时，前台可查询保险箱的开关状态，并及时提醒客人是否有遗漏物品。

7. 客房管理系统

电脑会及时显示客房有人无人、灯光开启状态、空调运行状态、紧急呼叫、请勿打扰、请即清理、房内无人未关好门、有人未关好门、保险箱等信息，客人不会看到服务员的身影但优质服务却如影随形。

基础训练

1. 客房产品设计的基本原则是什么？
2. 客房产品设计主要包括哪些内容？
3. 客房室内功能设计的五个主要功能区是什么？
4. 主题客房的设计可以从哪些方面着手？

技能训练

实训项目	主题客房设计
实训目的	使学生初步掌握酒店客房设计与布置的方法
实训要求	学生前往酒店考察不同类型客房并调研。以4个学生为一组,针对该酒店位置及客人特点提出主题客房设计的方案
实训方法	□星级酒店参观 □实际操作 □观看视频 □其他
实训内容	1. 婚庆主题客房设计 2. 生态主题客房设计 3. 儿童主题客房设计
实训总结	
	学生签名: 日期:

模块三

客房清洁保养

Kefang Qingjie Baoyang

项目五
选用清洁器具和清洁剂

学习目标

素质目标：

树立节约意识，培养严谨的工作态度。

知识目标：

1. 充分认识清洁器具和清洁剂的重要性。
2. 熟悉客房常用清洁设备和清洁剂的性能和用法。

能力目标：

能正确选用并使用客房常用的清洁设备与清洁剂。

引例：是"清洁"还是"破坏"

背景与情境：某酒店即将开业，服务员正在进行最后的扫尾工作，清除基建留下的垃圾和尘垢。为此，酒店采购了专用的强酸性清洁剂——"力猛威"，用以清除水泥、石灰等顽垢。客房主管小陶将"力猛威"用玻璃杯分装后分发给服务员并叮嘱他们要小心。小陶安排好服务员后，来到客房部办公室与王经理商量人员的排班事宜。忽然，小吴匆匆忙忙冲进办公室，对小陶说："主管，你快去看看。"小陶对小吴说："不要急，慢慢说是怎么回事。"小吴说："清洁剂有问题，你快去看看。"小陶跟着小吴来到一间客房里，发现窗户的铝合金明显变色发白，顿时明白了是怎么回事，他立刻对小吴说："快拿清水冲洗。"原来"力猛威"是强酸性清洁剂，用来清洗碱性水泥、石灰顽垢效果很好，但其腐蚀性也比较强，而且桶装的"力猛威"是浓缩剂，应稀释后使用。而小吴误以为可以直接使用，致使在清除水泥的同时，铝合金窗框遭到腐蚀。当小陶回头找抹布时，却发现意大利进口的大理石茶几上放着装有清洁剂的杯子，连忙将杯子拿起，发现大理石上已经留下一个杯底的痕迹。看到这种情况，小陶立即吩咐小吴："尽快通知其他人，这种清洁剂要稀释后才能使用。千万不要将装清洁剂的杯子放在大理石台面上。”

思考:在使用清洁剂时要注意哪些事项?

任务一 配备适用的清洁器具

一、清洁器具的种类

酒店清洁器具可以分为两类:一类是一般清洁器具,包括手工操作和不需要电机驱动的清洁器具,如抹布、扫帚、拖把、房务工作车、玻璃清洁器等;另一类是机器类清洁器具,是指一般要经过电机驱动的器具,如吸尘器、吸水机、洗地机、洗地毯机、打蜡机等。

(一) 一般清洁器具

1. 扫帚、簸箕

扫帚主要用于扫除酒店室外或后台区域的地面脏物;簸箕用于收集垃圾,最好使用提合式簸箕,美观方便(见图 5-1)。

2. 拖把、尘推

拖把主要用于清洁干燥、平滑的地面。可根据不同场所选择大小不同的拖把。尘推(见图 5-2)主要用于光滑地面的清洁保养工作,通过尘推可以将地面上的沙砾、尘土带走,减少摩擦。尘推有不同的型号和规格,应根据使用地面的情况进行选择。

3. 玻璃刮

玻璃刮(见图 5-3)是客房服务员用于擦拭玻璃的工具,其操作方便,安全可靠,工作效率高。

4. 抹布

抹布是清洁保养中使用较多的工具之一,具有除尘、除渍、吸水等功效。为了防止抹布的混淆和交叉使用,客房部不同用途的抹布要有明显的区别标志。根据清洁用途的不同,应选择不同规格、质地和颜色的抹布。另外,抹布的周转和淘汰率高,客房部应多备一些。

5. 房务工作车

房务工作车(见图 5-4)是客房服务员清扫客房时用来运载物品的工具车。它可以减轻客房服务员的劳动强度,提高工效,而且清扫时工作车挡在客房门口,可成为“正在清扫房间”的标志,也可在一定程度上降低客房的失窃率。

图 5-1　扫帚、簸箕

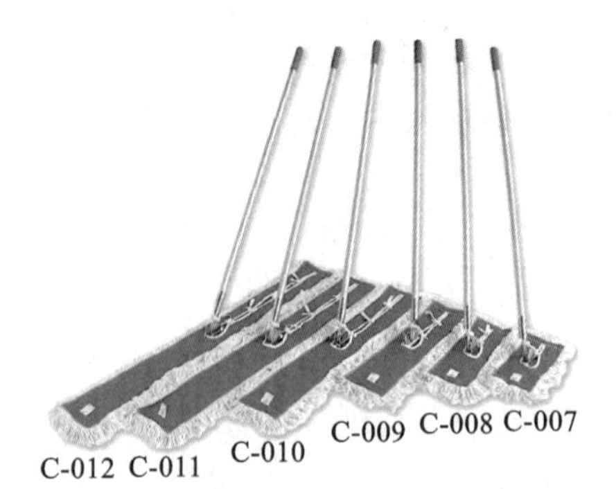

图 5-2　尘推

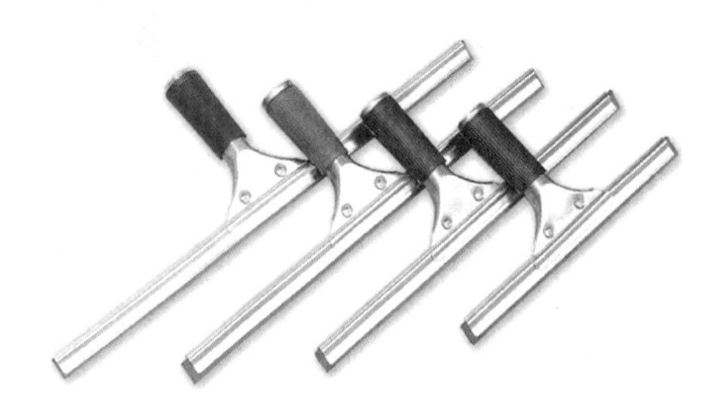
图 5-3　玻璃刮

图 5-4　房务工作车

(二) 机器设备

1. 吸尘器

吸尘器(见图 5-5)可以吸进其他清洁工具不能清除的灰尘,如缝隙、凹凸不平处、墙角及各种摆设上的尘埃,并且不会使灰尘扩散和飞扬,清洁程度和效果都比较理想。吸尘器是酒店日常清洁中不可缺少的清洁工具,其应用范围很广,包括地毯、地板、家具、垫子、墙纸等。

2. 洗地毯机

洗地毯机(见图 5-6)可清洗纯羊毛、化纤、混纺及植物纤维地毯。洗地毯机一般采用真空抽吸法,脱水率在 70%左右,地毯清洗后很快干燥,工作效率高,省时省力、节水节电。需要注意的是,洗地毯前要将地毯彻底吸尘和去污渍才能达到良好的效果。

图 5-5　吸尘器

图 5-6　洗地毯机

3. 吸水机

吸水机(见图 5-7)除了具有吸水功能外,还可以与洗地毯机配套使用。用洗地毯机洗刷地毯后,地毯表面比较干净,但洗刷后的污水及残渣仍深藏在地毯根部,如不清理干净,地毯继续使用后容易造成脏污并失去弹性。吸水机一般装有两个真空泵,吸力较大,能彻底抽出地毯根部任何顽固的残渣,达到彻底清洁地毯的效果。

4. 地板打蜡机

地板打蜡机(见图 5-8)有单刷机、双刷机及三刷机,其中以单刷机使用最广。单刷机按速度分为四种:低速机、中速机、高速机和超高速机。其中,前两种适用于洗擦地板,后两种多用于打蜡工作。

图 5-7 吸水机

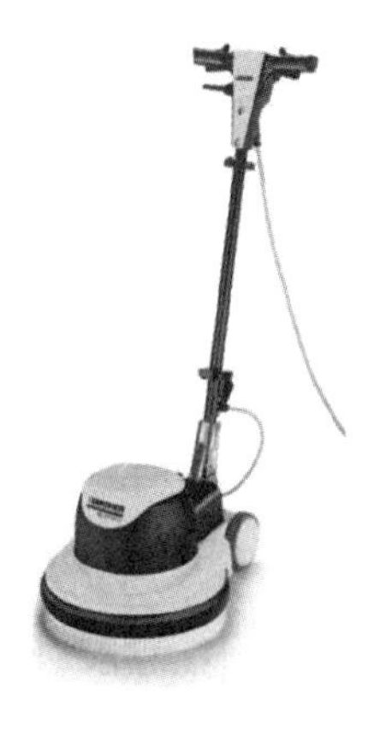

图 5-8 地板打蜡机

二、清洁器具的使用与维护

(一) 清洁器具的使用

(1) 所有使用人员都必须经过操作培训,知道何时要用哪种清洁器具并能正确操作、熟练使用。

(2) 大型清洁设备必须由专人负责。

(3) 清洁器具使用前后都应检查其完好状况,发现问题要及时处理。

(4) 使用机器设备时,要强调安全操作的重要性,如使用警示牌、拉警示线等。

(5) 购买新的清洁器具后应及时培训员工。

(二) 清洁器具的维护

(1) 凡投入使用的清洁器具都要落实使用和管理的责任人,遵循"谁使用谁负责"的原则。

(2) 清洁器具必须有良好的存放环境和严格的摆放要求。

(3) 清洁设备使用后应进行全面的清洁及必要的保养,去除器具内部的污物,擦干净部件的污迹、水迹,必要时还需加油、更换零件。

(4) 建立清洁器具定期检修制度,发现小毛病要及时处理。

(5) 按规定进行必要的维修保养。

任务二　选用合适的清洁剂

一、清洁剂的种类与用途

酒店所使用的清洁剂种类繁多，以 pH 值论，一般分为三种类型：酸性——pH<7，中性——pH=7，碱性——pH>7。

（一）酸性清洁剂

酸性清洁剂主要用于卫生间的清洁，一些强酸清洁剂可用于计划卫生。酸性清洁剂通常为液体，也有少数为粉状。因酸有腐蚀性，所以在用量、使用方法上都需特别留意，使用前要特别留意说明书，最好先做小面积试用。禁止在地毯、石材、木器和金属器皿上使用酸性清洁剂。

（二）中性清洁剂

中性清洁剂配方温和，可起到清洗和保护被清洁物品的作用，因此在日常清洁保养中被广泛运用。中性清洁剂有液体、粉状和膏状，其缺点是无法或很难去除积聚严重的污垢。

（三）碱性清洁剂

碱性清洁剂对于清除油脂类脏垢和酸性污垢有较好的效果，但在使用前应稀释，用后应用清水漂清，否则时间长了会损坏被清洁物品的表面。碱性清洁剂有液体状、乳状、粉状、膏状。

二、清洁剂的功能与使用

酒店使用的清洁剂应注意其 pH 值，pH 值是指测量酸性或碱性性质强弱标准的数值。一般清洁剂都偏酸性或碱性，对人的皮肤有一定的损害。员工在使用清洁剂时应该配备橡胶手套。

客房部常使用的清洁剂有多功能清洁剂、浴室清洁剂、便器清洁剂、玻璃清洁剂、金属上光剂、家具蜡和空气清新剂等。

（一）多功能清洁剂

这种清洁剂的 pH 一般在 8 左右，略呈碱性，很少损伤物品表面，还可以起到防止家具生霉的功效。除洗涤地毯之外，其在其他地方都可以使用，使用前需要根据使用说明进行稀释。

（二）浴室清洁剂

浴室内的污垢大多属于碱性类，因此最好选择酸性的清洁剂，而且酸性清洁剂有一定的杀菌功能，对杀灭浴室内的病菌能起到很好的效果。但是，酸性的清洁剂对瓷器表面的釉层有腐蚀作用，所以应稀释后再使用，以免损伤瓷器，使其失去光泽。

（三）便器清洁剂

它属于强酸性清洁剂，对于吸附于便器等硬质器皿表面的污垢有特殊的洗涤和去臭功能，杀菌效果也非常明显。但强酸对于瓷器表面的腐蚀较大，因此使用时只能在便器内有清水的情况下才可倒入，稍等片刻后再用刷子轻轻刷洗，最后用清水洗净。

（四）玻璃清洁剂

客房内的玻璃和镜面常有一些不易擦除的污迹，像化妆品渍、油渍等，一般使用酸性清洁剂清洁。使用时不得用抹布蘸清洁剂直接擦拭脏迹，这样会造成玻璃表面变花。正确的方法是将清洁剂装在喷壶里，使用时对准脏迹喷洒，然后立即用干抹布擦拭便可。

（五）金属上光剂

客房内有很多铜制品和电镀器皿，像拉手、灯柱、锁把、水龙头、卷纸架和浴帘挂杆等，这些部位容易染上手印，水龙头等部位容易产生水锈。金属上光剂是通过与接触面发生化学反应，用形成的氧化铜去除铜器表面的手印等，使金属表面光洁如新，手感柔滑。使用方法是将上光剂倒在柔软的干抹布上，然后对器皿进行反复擦拭，最后用一块干净抹布将其擦拭光亮。

（六）家具蜡

在每天的客房清扫中，服务员只对家具进行简单的除尘，不易彻底除去家具表面的油迹。使用稀释的多功能清洁剂可以彻底除垢，但长期使用会使家具表面失去光泽。家具蜡是一种专门用于家具清洁上光的保养性清洁剂，可以去除动物性和植物性的油污，并具有消除静电的作用和清洁、上光的功能。使用方法是第一遍先将家具蜡倒在干抹布或家具表面上擦拭，清洁家具，约在 15 分钟后再用同样的方法擦拭第二遍，起到上光效果。两次擦拭效果最佳。

（七）空气清新剂

中高档酒店普遍安装了中央空调，由于客房的密封性很强，透气性较差，因此，室内易有异味并滋生细菌，最好的解决办法是经常开窗通风。但因为多方面的原因，很难保证客房经常通风，弥补的措施是使用空气清新剂。空气清新剂中含有杀菌的化学成分和香料，喷洒在客房内香气四溢并有较好的杀菌功能。

三、使用清洁剂时的注意事项

清洁剂是化学物品，呈酸性或碱性，会对人体肌肤造成伤害。高压罐装的清洁剂和易挥发的清洁剂属于易燃易爆品，使用和管理不当均有一定的危险。

（一）注意清洁剂的使用数量

无论是酸性、碱性还是中性的清洁剂，一次使用过多都会对被清洁对象产生副作用。酒店应该注意，每天或定期做好有计划的清洁工作，使用适量的清洁剂，这样不仅省时、省力，卫生效果也好。

(二) 掌握正确的使用方法

清洁剂使用者要掌握清洁剂的正确使用方法,特别要了解各类清洁剂的主要性能,这样既能保护自己,又对被清洁物品有利。

(三) 注意清洁剂的产品质量

从市场购买的清洁剂多为浓缩剂,使用前应按照说明书中的稀释比例进行稀释。避免使用劣质的粉状清洁剂,对表面光洁度要求较高的瓷器,应禁止使用粉状清洁剂,以防损坏瓷器表面。

四、清洁剂的使用与管理

正确使用和管理清洁剂,可以减少对人体的伤害和对环境的污染,保证酒店家具用品和设备的正常使用,降低酒店的经营成本。

(一) 注意清洁剂的选择

酒店客房部在选择、购买清洁剂时应注意选择优质产品,注意标签上是否有生产企业、质量检验合格证号、卫生许可证号、生产日期、产品有效期、使用方法和注意事项。同时观察清洁剂的包装外观,观察液体清洁剂有无沉淀物或悬浮物,对于超过保质期的清洁剂、变质清洁剂坚决不买、不用,对于废弃不用的、变质、劣质的及剩余时间较长的清洁剂应妥善处理。酒店应对员工进行清洁剂的使用方法和注意事项的培训。

(二) 正确使用清洁剂

(1) 清洁剂使用不当会使员工产生皮肤过敏现象,如皮肤的刺激反应、过敏反应等,此时应立即对伤害部位进行处理,并停止使用该清洁剂。

(2) 应避免皮肤伤害,要尽量缩短与高浓度清洁剂的接触时间或将其稀释后再用。使用强碱、强酸性清洁剂时最好戴好橡胶手套和防护眼镜。

(3) 倾倒清洁剂时要特别小心,不要洒漏,特别要避免粉状清洁剂的飞扬扩散,以免对眼睛和呼吸道黏膜产生刺激作用。

(4) 工作结束后,用水将皮肤上的清洁剂冲洗干净,以免残留的清洁剂继续对皮肤产生刺激作用,也可以适量涂抹一些油性较大的护肤用品。

(5) 所有的清洁剂的容器要摆放整齐,贴上标签,注明危害性。

项目六 客房日常清洁保养

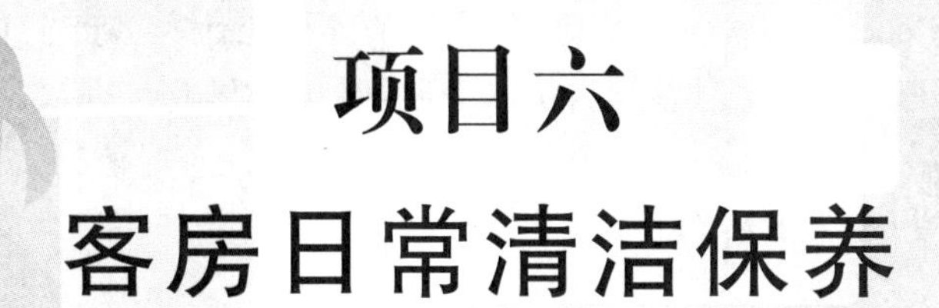

学习目标

素质目标：

培养劳动精神、担当意识和创新意识。

知识目标：

1. 掌握客房日常卫生清洁的工作程序、标准和技能。
2. 掌握不同房态的清洁保养内容及工作程序。

能力目标：

1. 能够掌握各种房态清扫的程序和要求。
2. 能够按标准程序熟练完成不同房态的清洁保养工作。

引例：最后一点护发液

动画：最后一点护发液

背景与情境：一天晚上，一位服饰考究的香港女客人面带怒色地来到大堂余副理前投诉说："先生，我刚才回房发现我带来放在卫生间云台上的护发液不见了，肯定是服务员给扔掉了！"余副理马上说道："小姐，对不起，给您添麻烦了。那么您是否可以使用本酒店提供的护发液？""不行啊，我多年来一直使用那种法国品牌护发液，其他护发液我不习惯。"余副理对客人说："小姐，您可以带我到房间去看看情况吗？"随即他又叫来当班服务员小刘，问她是否见到客人的一瓶护发液。小刘承认是她处理掉的，因为她从半透明的瓶子看到瓶底只剩一点护发液，估计客人没什么用了，反正酒店提供四星级档次的护发液，就把那瓶护发液收拾掉了。客人表示，恰恰这最后一点护发液是她留着最后一晚用的，明天她就要乘飞机回香港了。

思考：清扫住客房应注意哪些问题？本案例的处理方式是否合理？

许多客人入住酒店,不一定经常在酒店就餐,但会天天使用客房。客房的清洁程度是客人入住酒店较关心的问题之一。明亮的房间、优雅的环境能让宾客产生宾至如归的感觉,因此,服务员必须按时、按服务规程和标准,认真、高效地清扫客房。从实际操作的角度来看,客房的卫生清洁工作分为两个部分:一部分是每天都要进行客房清扫,如床的整理、房间的除尘、卫生间的清理等,称为客房的日常卫生清洁;另一部分是客房的计划卫生。

任务一　客房清扫前的准备工作

为了保证客房清洁保养工作的效率和质量,负责客房清扫整理的服务员在清扫整理客房之前,必须充分做好各项准备工作。

微课:
客房清扫准备

一、岗前的准备工作

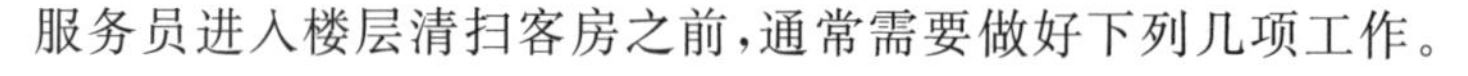

服务员进入楼层清扫客房之前,通常需要做好下列几项工作。

(一)更换工作服

与酒店其他服务员一样,客房服务员来到酒店后,首先必须到员工更衣室更换工作服。具体要求是换上工作服,并按规定穿着:佩戴好工牌,整理仪表仪容,将私人物品存放在自己的更衣柜内。

(二)签到

更衣后到规定的地方,接受领班或主管的检查,检查内容主要是仪表仪容。经领班或主管检查认可后,服务员即可签到,也就是登记上班时间,签到的方式包括机器打卡和到服务中心签字报到。

(三)接受任务

服务员签到后,领班或主管要给每位服务员分配具体的工作任务。分配任务的方法包括书面和口头两种。给客房服务员分配任务主要是用书面形式,通常是给每位服务员一张工作单。工作单由客房中心联络员提前填好,上面注明服务员的姓名、当班楼层、负责打扫哪些客房、客房状况、特殊要求和当日的其他工作任务等。

(四)领取钥匙和对讲机

服务员要在离开客房中心之前领取所在楼层的工作钥匙和对讲机等。客房部的工作钥匙和对讲机等通常都由客房中心联络员保管和收发。收发时必须履行规定的手续,一般是填表签字,即当事人必须在专用表格上填写有关内容并签名。

知识活页

楼层钥匙与对讲机管理

楼层钥匙与对讲机管理程序与标准如表6-1、表6-2所示。

表6-1　楼层钥匙管理程序与标准

程序	标准
领用	1. 客房领班发给客房服务员 2. 领用人须在钥匙/对讲机交接本上写明领用时间并签名
使用	1. 非本部门的员工需由领用钥匙的员工负责开启房门 2. 按照开门程序执行
保管	钥匙要随身携带，不得随手放在工作车上
归还与交接	在领班监督安排下交接下班员工，或交给客房领班，双方签名确认

表6-2　对讲机管理程序与标准

程序	标准
领用	1. 上班时向客房领班领取 2. 在钥匙/对讲机交接本上登记签名
检查	1. 检查能否正常使用，是否有充足电量 2. 检查和调整音量
使用	1. 客房及楼层内必须使用耳机 2. 接获信息：听清对方呼叫楼层和内容 3. 接通话键：立即应答："收到，请讲。" 4. 复述接获的信息 5. 呼叫方确认："正确，完毕。"
归还	1. 归还到客房领班处 2. 签名确认

（五）员工早会

任务安排之后，客房部经理、主管、领班和服务员等集中在一起，召开早会。早会一般由部门经理主持，时间为5—10分钟，传达如下信息：客房部当天一共要清洁多少个房间，入住率是多少，哪些房间要提前清洁出来，有多少间住客房，是否有特殊要求，如需要加床或者特别的枕头，酒店下发的最新信息以及通知、培训等内容。

（六）进入楼层

以上几项任务完成后，客房服务员即可进入各自的客房楼层。进入楼层必须乘工作电梯或通过楼梯步行，而不能乘客用电梯。

二、到岗后的准备工作

服务员进入楼层后,除了要做好有关工作外,还要为清扫整理客房做必要的准备。具体内容如下。

(一) 准备房务工作车和吸尘器

(1) 房务工作车。房务工作车的准备工作如表 6-3 所示。确保工作车的清洁,挂好垃圾袋和布件袋,补充干净的布草与客用品,准备好抹布与清洁桶。

表 6-3　房务工作车准备要求

步骤	做法和要点	质量标准
1. 擦拭工作车	(1) 用半湿的毛巾里外擦拭一遍 (2) 检查工作车有无破损	工作车整洁、完好
2. 挂好布件袋和垃圾袋	对准车把上的挂钩,注意牢固地挂紧	挂钩不能脱落
3. 将干净布件放在车架上	(1) 按标准配备数量将布件放入工作车 (2) 床单、被套放在布件车的最下格 (3) “四巾”放在布件车上面两格	布件单口朝外,方便取用
4. 摆放房间用品	将客用物品整齐地摆放在布件车的顶架上	客用物品摆放美观整齐,方便拿取
5. 准备好清洁桶(篮)	(1) 准备好工作手套 (2) 准备好干湿抹布、百洁布、毛球、专用的抹地布和洗卫生间所用的毛刷等 (3) 准备好各种清洁剂和消毒剂	清洁工具用品齐全
6. 停放工作车	将工作车推至规定的摆放位置	按规范摆放

多数酒店规定,做房时,房务工作车应停放在楼层走廊靠墙的一侧,开口面朝向客房,封闭面向外,这样既方便服务员清扫期间拿取物品,又能防止他人拿走客用品。

同步思考

工作车的整理布置必须符合哪些要求?

理解要点:工作车的整理布置必须符合以下要求:一是清洁整齐,工作车要擦拭干净,用品摆放整齐;二是物品摆放有序,工作车上的各种物品要按“重物在下轻物在上”的原则摆放,以保证使用方便和工作车的平稳性;三是重要物品不能过于暴露,要有一定的隐秘性,通常放在专门用的盒子里,防止别人顺手牵羊,以减少物品的流失;四是将布件袋挂牢,套上垃圾袋。如果用品不全或不足,要补充补足,如果工作车整理布置得不合要求,要重新整理布置。

(2) 吸尘器。吸尘器的准备工作如下：检查吸尘器各部件是否严密，如有漏风应及时修好；检查吸尘器有无漏电现象；检查集尘袋内的灰尘是否已倒空；检查其他附件是否齐全、完好。在做房时，客房服务员应绕好吸尘器的电线，将吸尘器靠墙停放于工作车旁备用。不能远离工作车，放置于走道，以免影响客人通行与楼道的美观度。

(二) 了解核实房态

服务员在清扫整理客房之前，必须了解和核实每间客房的状况，包括住客和总台的特殊要求，以便合理安排客房的清扫整理顺序，确定清扫整理的标准。了解核实客房状况的方法是看工作单和实地查房。通常工作单上已经标明每间客房的状况，服务员只要看工作单就可以了解。在酒店里，需要清洁整理的客房可以分成如表 6-4 所示的几种状态。

表 6-4　客房状态

客房状态	英文全称	英文简称	含义
走客房	Check Out	C/O	客人已经结账并离开房间
住客房	Occupied	OCC	客人正在住用的房间
空房	Vacant	V	前夜没有客人住宿的房间
维修房	Out of Order	OOO	房间设施设备发生故障，暂不能出租
外宿房	Sleep Out	S/O	客房已被租用，但客人昨夜未归
贵宾房	Very Important Person	VIP	该房间的客人是酒店的重要客人
长住房	Long Stay Guest	LSG	长期由客人包租的房间
请即打扫房	Make Up Room	MUR	客人要求立即打扫的房间
请勿打扰房	Do Not Disturb	DND	该房间的客人不愿意受到任何打扰
未清扫房	Vacant Dirty	VD	没有经过打扫的房间
已清扫房	Vacant Clean	VC	已经清扫完毕，可以重新出租的房间
准备退房	Expected Departure	E/D	客人应在当天中午 12 点以前退房，但现在还未结账退房的房间
加床房	Extra Bed	E	该客房有加床服务
轻便行李房	Light Baggage	L/B	住客行李数量很少，为防止逃账，应及时通知前台
无行李房	No Baggage	N/B	住客无行李，为防止逃账，应及时通知前台

同步案例　请即打扫

动画：
请即打扫

背景与情境:客人李先生在外出前将“请即打扫”牌挂在门外,等外出回来后发现房间还未打扫,提出投诉。经查,服务员在打扫房间时只是按顺序清洁,没有及时巡视一下有无“请即打扫”的情况,导致客人挂了牌却没有得到及时清扫。

(资料来源:https://www.renrendoc.com/paper/103139472.html.)

问题:本案例由于没有及时清扫“请即打扫”房导致客人投诉,正确的做法应该是什么?

分析提示:“请即打扫”牌是酒店对客人的一种服务承诺,不能形同虚设。房间的“请即打扫”灯是亮的或者挂有“请即打扫”牌,就表示此房间需要立即打扫,服务员就应该代表酒店实现承诺,将客人的房间及时清扫出来,为客人提供整洁的使用环境。不管因为任何原因没有打扫,客人都会认为是酒店违背承诺而进行投诉。首先,服务员在做房前应先认真检查一下所负责的房间中有无“请即打扫 ”房,然后再安排清扫计划。在清扫中也要随时注意是否又有新的“请即打扫 ”房,如有应优先打扫。其次,楼层经理(主管)和查房员(领班)在查房时也应将发现“请即打扫 ”的房间及时告诉员工进行打扫。

(三) 确定客房清扫整理的顺序

客房服务员在了解和掌握每间客房的状况以及总台和住客的要求后,就应该合理地安排清扫整理的先后顺序。客房的清扫顺序不是一成不变的,应视客情而定。因此,服务员在了解自己所负责清扫的客房状态后,应根据开房的轻重缓急、客人情况和领班或总台的特别交代,决定当天客房的清扫顺序。

(1) 一般情况下应按下列次序清洁房间(见图 6-1)。

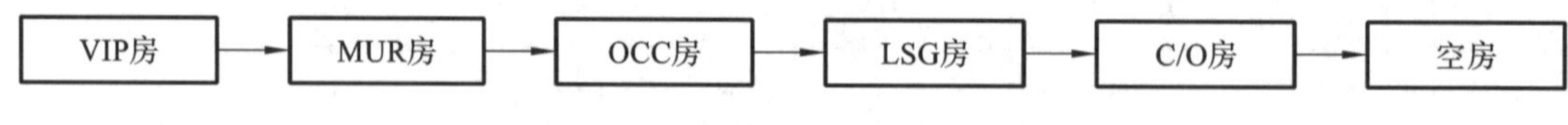

图 6-1　一般情况下客房清扫顺序

(2) 开房较为紧张时,次序可稍作变动(见图 6-2)。

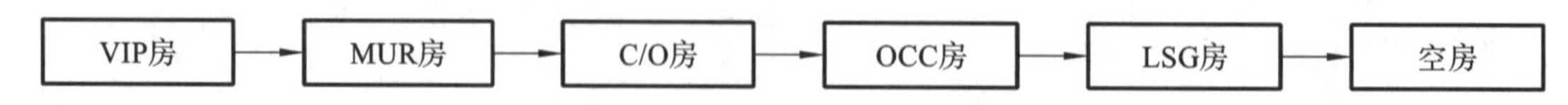

图 6-2　开房紧张时客房清扫顺序

(四) 敲门进房

微课：
敲门进房

客人一旦租住进入客房,该房间就应看成是客人的私人空间,因此,任何服务人员不经允许都不得擅自进入客人的房间,都必须养成进房先敲门的习惯,以免影响客人工作或休息。

(1) 敲门进房程序。敲门的具体步骤如下:

①站在距房门约1米远的地方，不要靠门太近。

②用食指或中指敲门三下，不要用手拍门或用钥匙敲门。同时敲门应有节奏，以引起房内客人的注意。

③等候客人反应约5秒钟，同时眼望窥视镜，以利于客人观察。

④如果客人没有反应，则重复②③的程序。

⑤如果仍无反应，服务员可以开门进房，但不要猛烈推门，因为客人可能还在睡觉，或许门上挂有安全链。

⑥开门后应清楚地通报身份"客房服务员"或"Housekeeping!"，并观察房内情况，如果发现客人正在睡觉，则应马上退出，轻轻将门关上。

⑦敲门后，如果房内客人有应声，则服务员应主动说"整理房间"，待客人允许后，方可进行房间的清扫。

(2) 注意事项。

①凡是门外把手上挂有"请勿打扰"牌的，以及房门侧面的墙上亮有"请勿打扰"指示灯时，不要敲门进房。

②若在下午2点仍显示"请勿打扰"，服务员应报告领班，由领班给客人打电话询问是否需要清理房间。

③客人需要服务时，按客人指定的时间工作；如客人不需要服务，填写"工作报表"，并与下一班次领班做好交接；如房间无人接听电话，领班应进入房间查看；如房间一直占线，应通过总机与客人取得联系。

④中班领班安排中班服务员对白天未让打扫的房间在做夜床时彻底打扫，如晚上仍是"请勿打扰"则做好交班提醒次日领班特别注意，连续两天不让打扫的房间，应由楼层主管报告保安部和大堂副理。

知识活页

客房清扫的基本方法

各酒店根据自身不同的特点，在客房清洁卫生的操作和管理中，会有细节上的差异和特色，但应遵循的清扫方法如下。

(一) 从上到下

要求客房服务员用抹布擦拭灰尘时，应按照从上到下的顺序，即先擦高处的物品，再擦低处的物品。比如，抹衣柜时应从衣柜上部抹起，逐渐向下抹。

(二) 从里到外

要求客房服务员在进行地毯吸尘和卫生间地面擦拭时，应按照从里到外的顺序进行。从里向外清扫，既能保证整洁，又可防止遗漏。

(三) 先铺后抹

房间清扫应先铺床，后抹家具物品。如果先抹尘，后铺床，则扬起的灰尘会重新落在家具物品上。

(四)环形整理

家具物品的摆设是沿房间四壁环形布置的,因此,在清洁房间时,亦应该按顺时针或逆时针方向进行环形清扫,这样可以提高效率和避免遗漏。

(五)先卧室后卫生间

客房服务员在打扫住客房时,应先做卧室再做卫生间。一方面,住客随时都有可能回房,甚至有可能会带亲友回房,因而要先将卧室整理好,这样客人就有安身之处,便于住客在房内接待访客,这时服务员继续做卫生间的卫生也不会过多干扰客人。另一方面,卫生间的清洁工作属于带水操作,如果先清扫卫生间后清扫卧室,则服务员的鞋底很有可能带有水渍,进而会弄脏卧室的地毯。当然,对于走客房的清扫,客房服务员可以先打扫卫生间后打扫卧室,这样可以让床垫的弹簧、被芯充分透气和散热,达到保养的目的。

(六)干湿分开

在抹家具物品时,干布和湿布要交替使用,针对不同性质的家具使用不同的抹布。例如,房间的镜子、灯罩、卫生间的金属器具等只能用干布擦拭。

任务二 客房清扫

一、走客房的清扫

走客房的清扫是对客人当天结账、离店的客房进行清扫。客房服务员在接到通知后,应尽快清扫房间,以保证客房的正常出租。进入房间后,首先应检查客人是否有遗留物品,检查房间家具设备有无损坏或丢失;接着开始清扫房间。

1. 卧室的清洁保养

卧室的清洁保养流程如下。

(1)进入房间。

按照酒店规定进入客房的规范开门进房。将房门完全打开(可用门吸把门固定好),直到该客房清扫完毕。开门打扫卫生的意义有3点:①表示该客房正在清洁;②防止意外事故的发生;③有利于客房的通风换气。

微课:
走客房清扫(卧室)

（2）拉开窗帘、开窗。

拉开窗帘、打开窗户，其目的是使房间光线充足，调节室内空气。拉开窗帘时应检查有无脱钩和损坏情况。若高层客房窗户不能打开时，应打开空调的新风系统，加大通风量，保证室内空气的清新，同时检查空调开关是否正常。

（3）撤走用过的茶杯，清理垃圾。

①将烟灰缸里的烟灰倒入垃圾桶内，在浴室内将烟灰缸洗净，用布擦干、擦净（注意不要有未熄灭的烟头），不能将烟头等脏物倒入马桶内，避免将马桶堵塞。

②收拾桌面和地面的垃圾，将垃圾放进垃圾桶或纸篓中。

③清理纸篓（垃圾桶）。倒纸篓时，可先检查纸篓内是否有一些有价值的东西，若有则不要倒掉。清理套有塑料垃圾袋的纸篓时，应直接把垃圾取出倒入清洁车的垃圾袋中。旧的垃圾袋扔掉后，应再放一个新的套好，但不能图省事一次往纸篓里放几个垃圾袋。在清理纸篓时，如发现有刮胡刀片或玻璃片等锐利弃物，应及时单独处理。

（4）撤床。

微课：
撤床

①在撤床单时，要抖动几次，确认里面无衣物或其他物品。

②若发现床单、褥垫等有破损及受污染情况，立即报告并更换。

③应将撤走的床单、枕套、被套等布草放进工作车的布件袋内，不要把布草扔在地毯或楼面走道上。

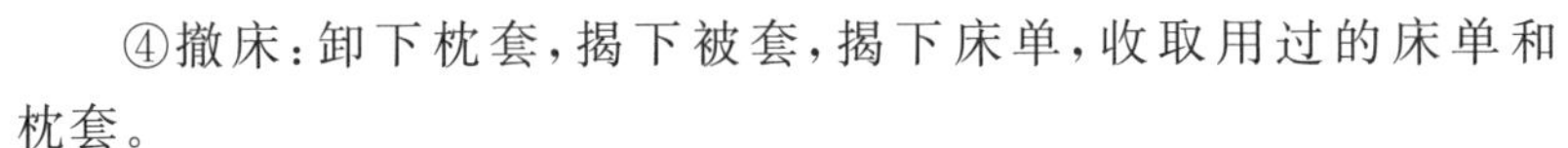

④撤床：卸下枕套，揭下被套，揭下床单，收取用过的床单和枕套。

⑤收去脏布草后带入相应数量的干净布草。

（5）做床。

微课：
中式铺床

做床有西式铺床与中式铺床之分，如今我国酒店均采用中式铺床。中式铺床是按照我国传统的风俗习惯配备和整理床铺，其优点是：便于客人入睡时进入被子，符合人性化管理的要求并具有民族特点。中式铺床的操作程序与要求如表 6-5 所示。

表 6-5　中式铺床操作程序

程序/项目	标　　准
1. 拉床	（1）屈膝下蹲，用手将床架连同床垫慢慢拉出约 50 厘米 （2）将床、床垫拉平放正，检查褥垫四周的松紧带是否脱落，注意褥垫卫生状况，如有污迹、破损等应及时撤换
2. 铺床单	（1）将床单铺在床上（抖单、包边、包角），床单正面向上，中折线居床的正中位置，均匀地留出床单四边，使之能包住床垫 （2）四个角式样，角度一致包成直角，四个角均匀、紧密，席梦思四边多余的床单分别塞入床与床垫中间

续表

程序/项目	标　准
3. 套被套	(1) 被套平铺在床上,开口在床尾,被套无污迹、无破损 (2) 从开口处将两手伸进被套,首先将被套反面朝外,将被套的两角处对准被子的两角,然后从被套开口处将手伸进,抓住被套和被子的两角将被套翻转,正面朝外,拉平被套 (3) 开口处在床尾,尾部封口绳结系好,铺在床上。被子与床头部分对齐并向上反折 30 厘米
4. 套枕套	(1) 将枕芯装入枕套,不能用力拍打枕头 (2) 将枕头放在床头的正中,距床头约 5 厘米;两张单人床枕套口与床头柜方向相反,双人床枕套口互对,单人床和双人床的枕头与床两侧距离相等
5. 将床复位	(1) 将床身缓缓推回原位置 (2) 再检查一遍床是否铺得整齐、美观

(6) 抹尘。

从房门开始,按环形路线依次将客房内家具、用品擦拭干净,不漏擦。在除尘中注意需要补充的客用品数量,检查设备是否正常,注意擦拭墙脚线。

①房门:房门应从上到下,里外均抹净;将门镜、防火通道图擦干净;查看门吸是否灵活;"请勿打扰牌"、早餐牌有无污迹。

②通风口与走廊:通风口和走廊灯一般是定期擦拭,擦走廊灯时应使用干抹布。

③壁橱与冰箱:擦拭壁橱要仔细,要把整个壁橱擦净;抹净衣架、挂衣杆;检查衣架、衣刷和鞋拔子是否齐全;同时检查洗衣袋、洗衣单有无短缺;擦净小酒吧内外,检查冰箱运转是否正常,接水盆是否已满,温度是否适宜,并记住需要补充的物品。

④行李架与写字台(化妆台):擦净行李架内外,包括台面和挡板。擦拭写字台(化妆台)抽屉,逐个拉开擦,如果抽屉仅有浮尘,则可用干抹布"干擦"。擦净镜框、台面、琴凳,从上到下,注意对桌脚和凳腿的擦拭,可用半湿抹布除尘。擦拭梳妆镜面要用一块湿的和一块干的抹布擦拭,操作时要小心和注意安全。擦拭完毕,站在镜子侧面检查,镜面不要留有布毛、手印和灰尘等。擦拭台灯和镜灯时,应用干布擦去灰尘,切勿用湿布抹尘,如果台灯电线露在写字台(梳妆台)外围,要将其收好尽量隐蔽起来,灯罩接缝朝墙。写字台(梳妆台)上如有台历,则需每天翻页,检查写字台(梳妆台)物品及服务夹内短缺物品,为添补物品做准备。

⑤电视机:用干抹布擦净电视机外壳和底座的灰尘,然后打开开关,检查电视机是否有图像,频道选用是否准确,颜色是否适度。如有电视机柜则应从上到下,从里到外擦净。

⑥地灯:用干抹布抹净灯泡和灯架。

⑦窗台:窗台先用湿抹布,然后再用干抹布擦拭干净。推拉式玻璃的滑槽如有沙粒,可用刷子加以清除。将玻璃窗和窗帘左右拉动一遍,检查其滑动性能。

⑧沙发、茶几:擦拭沙发时,可用干抹布掸去灰尘,注意经常清理沙发背与沙发垫缝隙之间的脏物。茶几先用湿抹布擦去脏迹,然后用干抹布擦干净,保持茶几的光洁度。

⑨床头板与床头柜:用干抹布擦拭床头灯泡、灯罩、灯架和床头挡板,切忌用湿抹布擦

拭，擦完床头后，再次将床罩整理平整；检查床头柜各种开关，如有故障，立即通知维修；擦拭电话时，首先用耳朵听有无忙音，然后用湿抹布抹去话筒灰尘及污垢，用酒精棉球擦拭话机外壳；检查放在床头柜上的服务用品是否齐全，是否有污迹或客人用过。

⑩装饰画与空调开关：用湿抹布擦拭画框，然后再用干抹布擦拭画面，摆正挂画；用干抹布擦去空调开关上的灰尘。

(7) 补充客用品。

按酒店规定的数量和摆放规格添补及摆放客用品。

(8) 清洁卫生间。

按卫生间的清扫程序操作。

(9) 吸尘。

吸尘时按地毯表层的倾倒方向进行，由内向外，注意琴凳、沙发下、窗帘后、门后等部位均要吸到，同时拉好纱帘，关好玻璃窗，调整好家具摆件。

(10) 检查。

离开客房之前自我检查一遍，看是否有漏项，家具摆放是否正确，床是否美观，窗帘是否拉到位等。如发现有遗漏应及时补漏或纠正。如果没有问题，关掉空调和总电开关，然后将房门锁好。

(11) 填写“楼层服务员做房日报表”。

每间客房清洁完后，要认真填写清扫的进出时间，布草、服务用品、文具用品的使用和补充情况以及需要维修的项目等。

2. 卫生间的清洁保养

卫生间的卫生是客房中最为客人所关注之处，因此卫生间的清扫工作尤为重要。卫生间的清洁保养流程如下。

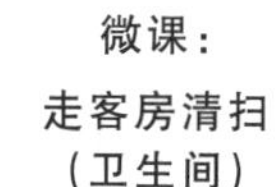

微课：
走客房清扫
（卫生间）

(1) 开灯换气。

打开卫生间的灯，打开换气扇，将清洁工具放进卫生间。

(2) 放水冲马桶，倒入清洁剂。

注意不要将清洁剂直接倒在釉面上，否则会损伤抽水马桶的釉面。

(3) 撤走用过的布草。

将“四巾”撤走，放入工作车上的布草袋中。

(4) 清理垃圾杂物。

用垃圾桶收走垃圾杂物并倒入工作车的垃圾袋中。

(5) 清洁面盆和云台。

①用海绵蘸上清洁剂将台面、面盆清洁干净，然后用清水冲净，用布擦干。

②用海绵蘸少许中性清洁剂擦除面盆不锈钢器件的表面，将电话副机、毛巾架等擦净。

(6) 擦拭镜面。

可在镜面上喷少许玻璃清洁剂，然后用干抹布擦亮。

(7) 清洁浴缸。

①将浴缸旋塞关闭，放少量热水和清洁剂，用海绵从墙面到浴缸里外彻底清洁，开启浴

缸活塞,放走污水,然后打开水龙头,放水冲净。此时可将浴帘放入浴缸加以清洁。最后用干布将墙面、浴缸、浴帘擦干。

②用海绵蘸少许中性清洁剂擦拭金属器件,包括水龙头、浴帘杆、晾衣绳等上的污垢、水斑,并随即用干抹布擦亮、擦干。

③清洁浴缸方法由上至下。

(8)清洁马桶。

①用马桶刷清洁马桶内部并用清水冲净。

②用专用抹布清洁水箱、座沿、盖子的内外侧及底座等。

③擦拭卫生纸架。

(9)补充卫生间用品。

按规定的位置摆放好“四巾”和香皂、牙具、浴帽、浴液、发液、梳子和卫生卷纸等用品。

(10)擦拭地面。

从里到外边退边抹净地面,特别注意对地漏处的清洁,最后擦干地面。保证无污迹、毛发、水迹。

(11)检查、关门、关灯。

检查是否有漏项和不符合规范的地方,然后带走所有的清洁工具,将卫生间门半掩,关灯。

二、住客房的清扫

住客房与走客房的清扫方法是一样的,但是基本程序略有不同。一般来说,走客房在撤出脏布草后,应先做卫生间的清洁工作,这样做的目的是让床垫有通风透气的时间。住客房应先做卧室清洁,因为客人随时都有可能回来,应尽可能地为客人创造一个干净整洁的环境。住客房清洁保养的注意事项如下。

(一)客人不在房内时的房间清扫

(1)清扫期间将房门打开,用工作车挡住房门。

(2)动作要迅速,争取在客人回房前完成。

(3)不能自作主张将客人的物品当作垃圾处理掉,如小纸片等。即使是用完的化妆品空瓶,也不得将其扔掉,除非客人将其扔在垃圾桶内。

(4)在收集垃圾与撤棉织品时,要留意有无夹带客人的贵重物品或其他私人物品。

(5)不随意挪动客人的物品。客人的书刊、文件可稍加整理,但不可错位,不要随便合上;床上、椅子上的外衣可挂在橱柜里,内衣、睡衣打折叠放在床上。女宾住的客房更需小心,不要轻易动化妆品、衣物。

(6)不得乱动客人的私人物品。不得翻看客人的书籍、信件、相册等;不可乱动客人的照相机、笔记本、钱包等贵重物品。

(7)不得使用房内设施。不得接听房内电话,以免引起误会;不得在房内边工作边看电视,或坐在客人的床、沙发、椅子上,或坐着工作。

(8)尊重客人的需求。对于客人所设定的空调温度、家具的位置,应尊重客人需求,不必调整到酒店规定的温度与位置。

(9) 在清扫期间，不得让闲杂人员进入客房。如果客人回房，应礼貌地请其出示房卡。发现异常情况应及时报告。

(10) 如果清扫期间客人回房，在确认其是该房住客后，征求客人意见，由其决定是否需要继续清扫整理。

（二）客人在房内时的房间清扫

(1) 严格按规范程序进房，礼貌征求意见，得到客人的允许后方可进房清扫。如果客人不同意清理客房，应做好记录。

(2) 动作要迅速，争取少打扰客人。完成工作后立即离开客房，不得滞留。

(3) 除了必要的招呼和问候外，不要主动与客人闲谈；客人让座时，应婉言谢绝。

(4) 随时注意客人的情绪，对喝醉酒的客人要特别照顾；对患病的客人要特别关照。同时，要提高警惕，防止发生意外。

(5) 客房整理完毕后，应先退后 1 至 2 步，再转身离开客房，轻轻将房门关上。

同步案例　客人自己的床单被撤掉了

背景与情境：吴女士入住后在床上铺了自己的床单，并再三叮嘱服务员不要撤掉。但是，服务员交接班时未注明，导致第二天另一名服务员将客人自己的床单撤下送洗衣厂，最后客人投诉。（资料来源：https://www.renrendoc.com/paper/103139472.html.）

动画：客人自己的床单被撤掉了

问题：在清扫住客房时应该注意哪些问题？

分析提示：一些住店客人有自己的卫生习惯和爱好，自己带床单、拖鞋、毛巾、洗漱用品等。服务员应尊重客人的习惯，对于客人的特殊要求或特别交代一定要做好交接班记录，以免遗忘。一是服务员一定要增加工作责任心，对客人的自备用品未经客人允许不要私自撤换或误撤换，对客人的特殊事项一定不要忘记做交接班记录。二是管理人员一定要加强现场检查，尽量杜绝各种不应该发生的情况。

三、空房的清扫

为了保持空房的良好状况，服务员每天都要对空房进行清洁保养，具体内容如下。

(1) 每天进房开窗、开空调进行通风换气。

(2) 每天用干布擦除家具、设备及物品上的浮灰。

(3) 浴缸、面盆、马桶每天要放水一两分钟。

(4) 连续空着的客房，隔几天要用吸尘器吸尘一次。

(5) 检查房间有无异常情况，卫生间“四巾”是否因干燥而失去弹性和柔软度。如果有不符合要求的情况，要在客人入住前换好。设施设备如果有故障，应及时报修。不能修复时，应及时通知前厅部。

基础训练

1. 客房部常用的机器清洁设备及其用途是什么?
2. 客房部常用清洁剂的种类及使用注意事项是什么?
3. 走客房的日常清扫程序是什么?
4. 服务员在打扫住客房时有哪些注意事项?

技能训练

实训项目	走客房的清扫
实训目的	使学生掌握走客房的清扫程序及要求
实训要求	1. 学生分组 2. 在模拟客房进行清扫工作
实训方法	教师演示法、学生训练操作
实训总结	
	学生签名: 日期:

模块四

客房对客服务

Kefang Duike Fuwu

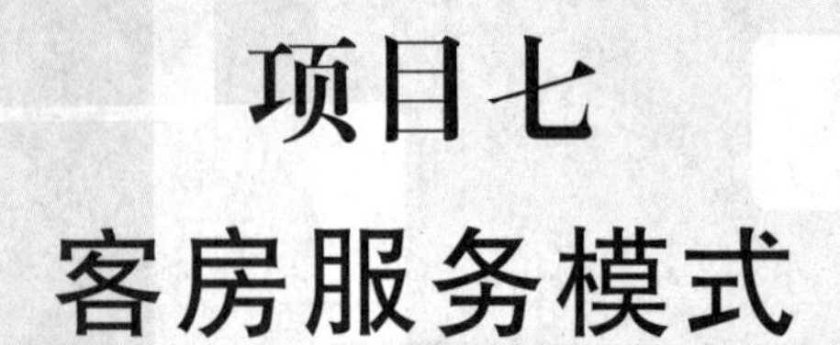

项目七 客房服务模式

学习目标

素质目标：

培养责任意识，强化酒店职业素养。

知识目标：

1. 了解楼层服务台模式的优缺点。
2. 了解客房服务中心模式的优缺点。
3. 掌握客房服务中心的工作内容和设立条件。

能力目标：

能够根据酒店的具体情况选择不同的客房服务模式。

引例：迷你吧的洋酒变成了水

动画：
迷你吧的洋酒变成了水

背景与情境：一天，1704 房间的董先生正兴高采烈地与朋友聊天，董先生打开迷你吧的一瓶洋酒请朋友饮用，朋友喝了一口感觉味不对，再喝一口，发现瓶中之物不是酒，原来瓶中洋酒已被人换成了水。主人觉得面子非常过不去，有被酒店愚弄的感觉，并就此事进行投诉。经查，瓶中之酒是被已离店的客人饮用后灌了水，服务员在查房时未发现。

思考：服务员如何在走客房多、工作量大的情况下用最短的时间按照操作程序检查核对迷你吧酒水？怎样正确处理客人投诉？

由于受设施、设备和人力条件的限制，在对客服务的模式上，各酒店采用了不同的模式。国外酒店以采用客房服务中心模式居多，而我国过去多采用楼层服务台的模式。前者注重用工效率和统一调控，后者突出面对面的对客服务。不同的客房服务模式在客房部的岗位设置和人员配置上有较大的区别。各个酒店应根据自身的条件和特点选择不同的服务模式。

任务一　楼层服务台

酒店客房区域内各楼层的服务台称为楼层服务台或楼面服务台，它发挥着前厅部总服务台驻楼层办事处的职能，24小时设专职服务员值班，服务台后面设有供客房服务员使用的工作间。楼层服务台受客房部经理和楼层主管的直接领导，同时在业务上受总服务台的指挥。作为一种传统的接待服务的组织形式，楼层服务台模式既有其弊端，也有其特有的优势。

一、楼层服务台的主要职责

楼层服务台的职责主要有以下几点。

(1) 负责本楼层客人的来访客人的接待和服务工作。

(2) 根据房态安排工作定额和清扫顺序。

(3) 负责客房和楼面的安宁，保管和发放房卡。

(4) 掌握客人动态，特别是有关客人入住、退房及客房租用情况，及时通报总台。

(5) 填写“楼层日报表”和“楼面工作日志”。

二、楼层服务台模式的优点

(一) 具有亲切感

具有亲切感是楼层服务台模式最突出的优点。楼层值台人员与客人的感情交流，更容易使客人产生“宾至如归”的感觉。

(二) 保证安全和方便

由于每个楼层服务台均有服务人员值班，因此，对楼层中的不安全因素能及时发现、汇报、处理；同时，客人一旦有疑难问题需要帮助，一出客房门就能找到服务员，极为方便。在以接待内宾和会议客人为主的酒店里，以及在一些豪华酒店里，楼层服务台普遍受到客人的欢迎。

(三) 有利于客房销售

对于有关客人入住、退房、客房即时租用的情况，楼层服务台能及时准确掌握，有利于前台的客房销售工作。

(四) 能加快退房的查房速度

加快退房的查房速度可避免使结账客人等候过久而产生不愉快的感受。

三、楼层服务台模式的缺点

(一) 劳动力成本较高

由于楼层服务台均为24小时值班,要保证随时有人在岗,因此,仅这一个岗位就占用了大量人力,由此给酒店带来了较高的劳动力成本。

(二) 管理点分散,服务质量较难控制

分布在各个楼层服务台的服务员的素质肯定会有些差异,一旦某个服务员出现失误,可能会直接影响整个酒店的声誉。

(三) 易使部分客人产生被"监视"的感觉

生活在现代社会的客人更希望有一种自由、宽松的入住环境,再加上有些酒店的值台服务员对客人的服务缺乏灵活性和艺术性,语言、表情、举止过于机械化、程序化,易让客人产生不快,甚至感觉出入客房区域受到了"监视"。

任务二　客房服务中心

为了使客房服务符合以"暗"服务为主的特点,保持楼面的安静,尽量减少对客人的干扰以及降低酒店的经营成本,越来越多的酒店采用客房服务中心的服务模式。客房楼层不设服务台,而是根据每层楼的房间数目分段设置工作间。工作间不承担接待客人的任务。客人住宿期间需要找客房服务员时,可以直接拨内线电话通知客房服务中心。服务中心实行24小时值班制,在接到客人要求提供服务的电话后,通过酒店内部的呼叫系统通知客人所在楼层服务员上门为客人服务。

一、客房服务中心的职责

为了方便住客,客房服务中心实行24小时值班制,其主要职能如下。

(1) 信息处理。

凡是有关客房部工作的信息,一般都要经过客房服务中心的初步处理,以保证有关问题能及时解决、分拣和传递。

(2) 员工出勤控制。

客房部所有员工的上下班都必须到此打卡签名,既方便了考核和对客服务工作的调控,又有利于加强员工的集体荣誉感。

(3) 对客服务。

保管和租借给客人的用品,接受住客提出的各种合理要求,通知楼层服务员为客人提供及时的服务,同时还承担为VIP客人准备礼仪物品的责任。

（4）楼层万能钥匙的管理。

用于清洁整理客房的楼层万能钥匙都由客房服务中心统一签发、签收和保管。

（5）与前厅部联系。

客房服务中心按时向前厅部接待处通报客房情况，并及时核对客房差异情况。

（6）处理投诉。

接受客人投诉，并及时进行处理和汇报。

（7）失物处理。

提高失物招领的工作效率。

（8）档案保管。

客房服务中心保存着客房部所有的档案资料，并及时补充和更新，为客房部以后的工作打下基础，创造条件。

（9）负责向工程部申报工程维修单。

（10）协调与其他部门的关系。

二、客房服务中心模式的优点

（一）突出“暗”的服务

从对客服务的角度看，客房服务中心模式最突出的优点就是给客人营造了一个自由、宽松的入住环境，同时，使客房楼面经常保持安静，减少了对客人的过多干扰。另外，由于客人的服务要求由专门的服务员上门提供，因此能让客人感受到更多的个人照顾，符合当今酒店服务行业“需要时就出现，不需要时就给客人多一些私人空间”的趋势。

（二）降低成本，提高劳动效率

从客房管理工作的角度来看，采用服务中心的模式加强了对客服务工作的统一指挥，提高了工作效率，强化了服务人员的时效观念。服务信息传递渠道畅通，人力、物力得到了合理分配，有利于形成专业化的客房管理队伍。除此之外，采用服务中心的形式极大地减少了人员的编制，降低了劳动力成本，这在劳动力成本日益提高的今天尤为重要。

三、客房服务中心模式的缺点

采用客房服务中心模式同样也存在一些不足。例如，由于楼层不设专职服务员，因而给客人的亲切感较弱，弱化了服务的直接性；遇到一些会议客人、团体客人时，其服务要求一般比较多，让客人不停地拨打服务中心的电话，其必定会不耐烦；如果有些客人出现一些急需解决的困难，服务的及时性必将受到影响。另外，采用服务中心的模式对楼层上的一些不安全因素无法及时发现和处理，在某种程度上影响了住客的安全。

四、客房服务中心设立的条件

客房服务中心的设立，必须具备一定的设施设备和人力条件，才能真正发挥效能。

（1）酒店要有较完备的现代化安全设施设备。客人住的楼面与其他区域严格分开，员工通道与客用通道分开。

(2) 有较全的服务项目且大部分已在客房内设立,使客人能自己动手满足起居的生活需要,如24小时热水供应、可饮用的冷水,以及电热水壶、游览地图等用品,一应俱全。

(3) 信息传递畅通有效,能及时通知有关服务人员满足客人提出的各种合理要求。

五、服务模式选择的依据

酒店到底选择哪种服务模式,要根据酒店自身的实际情况及客人的需要来决定。比较理想的服务组织形式应该既能体现酒店自身的经营特色,又能受到绝大多数客人的欢迎。在实际运作中,下面两个因素可供参考。

第一,考虑本酒店的客源结构和档次。如果酒店客源结构中外宾、商务客人占绝大多数,则可以采用客房服务中心模式;如果酒店以接待会议团队客人为主且内宾占绝大多数,则采用楼层服务台的模式更适合;如果客源构成比较复杂,则可以考虑将两种模式结合起来,比如白天设楼层服务台,晚上则由客房服务中心统一指挥协调。

第二,考虑本地区劳动力成本的高低。经济发达地区劳动力成本较高,酒店相对采用客房服务中心的组织形式就比较多;反之,则采用楼层服务台的较多。当然这样的情况也不尽然。在有些大城市的豪华酒店里,出于当地劳动力市场的原因,这些酒店雇用了一些劳动力成本比较低的员工,相对降低了成本,因此,在一些大城市的豪华酒店里仍然采用了楼层服务台的模式。

项目八
客房常规服务

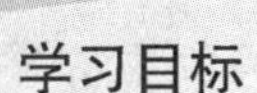

学习目标

素质目标：

1. 树立文明服务意识及严谨的服务态度。
2. 培养勇于探究实践的科学精神和创新意识。

知识目标：

1. 掌握客房部服务项目的设置。
2. 掌握客人迎送程序。
3. 掌握客人住店期间的服务规程。

能力目标：

能够根据客人的需求提供不同的服务项目。

引例：为什么不给我开夜床

动画：
为什么不给我开夜床

背景与情境：一天，服务员小邵要给2514房间的姚先生做夜床，姚先生说现在有事，一会儿再做。过了一段时间，姚先生外出，待他晚上返回房间后发现服务员没有给他做夜床，非常不高兴，向酒店进行了投诉。经查，服务员小邵当时在姚先生不同意做夜床的情况下，隔过这间房去给别的房间做夜床，事后又忘了给姚先生补做夜床，出现了服务差错，导致客人投诉。

思考：导致未开夜床最根本的原因是什么？应采取哪些措施才能避免此类服务事故？

客房对客服务是酒店服务的重要组成部分，客房不仅应为客人提供规范、标准的服务，还应为客人提供个性化的服务，以满足客人的各种合理的要求，使客人满意。因此，有必要制定科学合理的服务规程作为提供优质服务的保证。客房常规服务包括三个环节：住客迁入、居住、迁出。相应的客房服务程序有迎客服务、日常接待服务和送客服务等。

任务一　迎送服务规程

一、准备客房

(1) 客房部收到前厅部送来的到客通知单后,应该详细了解来客的基本情况:客人到离店的时间、国籍、身份、风俗习惯、宗教信仰、生活特点等。

(2) 根据客人的宗教信仰、生活特点、风俗习惯,认真准备并检查房间是否按规定的标准布置、清扫及准备配套用品。调整房内设备,铺好床,备好生活用品和卫生用品,准备好饮用热水、冰水。如果是 VIP 房,还要准备水果和鲜花。可以通过客史档案(见图 8-1)查询客人的特殊需要,如无烟房、高楼层等。

(3) 布置好房间后,再一次细致检查房内的电器、家具有无破损,如果有,要及时报修。

(4) 检查浴缸、洗面盆、冷热水淋浴。

(5) 对客人在宗教信仰方面有忌讳的物品,要及时从房内撤出来,以示尊重。

(6) 客人到达前,应根据气候调好室温。如果客人在晚上到达,服务员要拉好窗帘,做好夜床,开亮房灯。

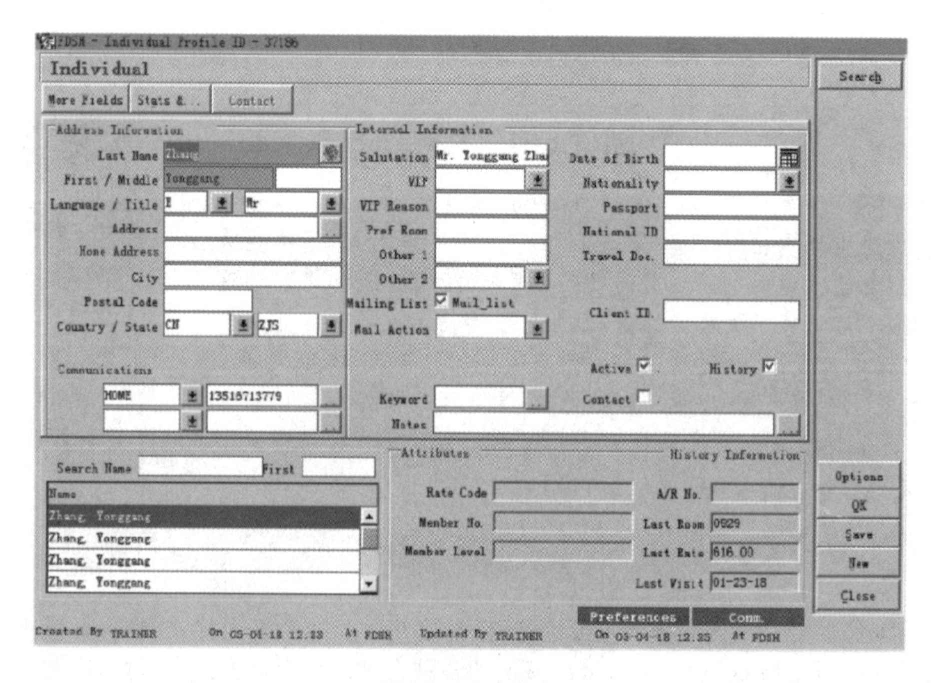

图 8-1　客史档案

同步思考

房号为1008的套房按照客人的要求稍做布局改动，成为一间长包房，刘先生要在此长期办公，客房服务人员应该怎样制定对该房间的日常服务预案？

A. 查看刘先生的个性、喜好和习惯，向刘先生介绍客房服务的常规做法，听取刘先生的建议，记录1008房客人对日常服务的要求，复述服务要点，取得客人认可。

B. 听取刘先生的服务要求，没有必要另行制定服务预案。

C. 若刘先生没有提出其他要求，大可不必“画蛇添足”。

理解要点：客人长期入住或办公，酒店应该更加注重客人的个性化需求，客人个性化需求的获取，不仅可以通过查看客史档案、与客人进行交流，还可以在服务过程中发现。所以A的做法最佳，B和C的做法不可取。

二、迎接客人

行李员引领客人到达楼层后，客房服务员要热情接待。行李员引领客人进房间，服务员应立即把茶水和当天的报纸送入房间。首先问候客人，再介绍客房设备及其使用方法（如果客人面带倦容或第二次入住则可以省去），热情询问客人需要提供何种服务，祝客人住得愉快，面向客人把门轻轻关上。在实际工作中，实行楼层服务台对客服务模式的酒店按照这种规程欢迎客人，而采取客房服务中心模式的酒店逐步取消了客房部员工欢迎客人的环节，而改由前厅部礼宾员引领客人进房间后完成后续服务。

三、送客服务规程

（一）客人退房前的准备

(1) 楼层服务员应通过前厅提供的有关报表或电脑了解预离客人的房号、姓名、结账和离店时间。有些客人结账后并不立即离店，而会回房间逗留一段时间再离开，这样则需要二次查房。

(2) 检查房内客人消费账单，在客人离店前将洗衣费、小酒吧消费单等账单送到，以保证及时收款。

(3) 检查客人委托事项是否已办妥，提前将客人送洗的衣物、委托维修的物品送交客人。

(4) 如果客人是次日早晨离店，楼层服务员要问清客人是否需要叫醒服务，是否在房内用餐。如客人提出服务要求，应做好记录并与有关部门联系。

(5) 客人临行前，利用进房服务的机会查看客房设备有无损坏、物品有无遗失、饮料有无消耗等。

(6) 客人离店前，要主动征求客人意见。如有投诉，应详细记录，诚恳表示感谢，欢迎客人下次再来。

(二) 送别客人及行后检查

送别客人时，服务员要提醒客人不要遗忘物品，并协助行李员装运客人的行李。客人离开时，服务员应热情主动地将他们送至电梯口，代为按下电梯按钮，向客人道别，并说“欢迎下次光临”。客人离开后，应该迅速进入房间，仔细检查有无遗留物品，是否消费酒水、饮料、食品，房间物品是否有损坏，如果发现有，则立即报告主管进行及时的处理。如果发现客人有遗留物品，应该立即派人追送或交客房办公室登记处理。有的客人因急事提前退房，委托服务员代处理未尽事宜，服务员承接后要做记录并必须履行诺言，不要因为工作忙而丢在一边。

任务二　客房日常服务项目

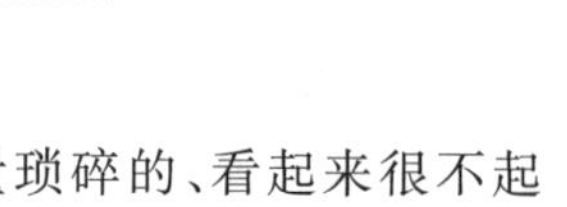

客人住店后，各种需求多且要求快速满足，客房服务员要做大量琐碎的、看起来很不起眼的工作。但是“酒店服务无小事”，这些事若做不到、做不好，就会影响对客服务质量，甚至影响酒店形象。

一、客房小酒吧服务

为方便客人在房间里享用酒水饮料，同时增加酒店客房收入，中高档酒店的客房一般都配备小冰箱或小酒吧，存放一定数量的饮料和干果，如啤酒、果汁、汽水等，供客人自行取用。收费单放在柜面，一式三联，上面注明各项饮料、食品的储存数量和单价，请客人自行填写耗用数量并签名。服务员每天上午清点冰箱内饮料、食品的耗用量，与收费单核对。如客人未填写，则由服务员代填。核对无误后，交客房服务中心。单据的第一、二联转给前厅收银处，费用记入客人账单，第三联由领班统计，填写楼层饮料日报表，作为到食品仓库领取补充品的依据。

二、会客服务

(1) 会客服务主要是为客人做好会客前的准备工作。问清客人来访人数(以便加椅)、时间，是否准备饮料，要不要鲜花，有无特别服务要求等。在来访前约半个小时做好所有准备。

(2) 协助住客将来访者引到客人房间(事先应通知客人)。

(3) 送水或送饮料服务。

(4) 及时续水或添加饮料。

(5) 访客离开后及时撤出加椅、茶具等，收拾房间。

(6) 做好访客进出时间的记录，如已超过访问时间(晚 11:00 后)访客还未离开，根据酒店规定，可先用电话联络客人，提醒客人，以免发生不安全事故。

(7) 对没有住客送的访客要特别留意。

三、洗衣服务

客人在酒店居住期间，可能会需要酒店提供洗衣服务，尤其是商务客人和因公长住酒店的单身客人。

洗衣服务分为水洗、干洗和熨烫三种，根据洗衣时间可分为正常洗和快洗两种。

(1) 房内配有可重复使用的布料洗衣袋及洗衣单。

(2) 客人电话通知或将需洗衣物袋放在门边，服务员发现后及时收取。收取客衣注意事项如下。

①收取客衣时要清点衣物数量是否与客人所填写的相吻合，如有偏差，应当面向客人说清后纠正。

②检查衣物有无破损、特殊污点等，以免引起麻烦。

③查看衣物质地是否会褪色、缩水。若客人要求湿洗，则应向客人当面说明如出了问题与酒店无关。

④向客人说明洗衣费用，以免结账时出现争执。

(3) 楼层服务员每天 9:30 前进房检查客房时，留意房内有无客人要洗的衣物袋，如有要及时收取。

(4) 通知洗衣房服务员到楼层收取。

(5) 洗衣房服务员在 15:00 后将洗好的衣服送到楼层。

(6) 楼层服务员按房号将衣服送入客房，并放在规定地方。

同步思考

酒店洗衣房内灯火通明，当一件黑色双排扣西装送回客房服务中心时，验收员小张发现少了一粒扣子。小张查看洗衣单，上面并没有缺少纽扣的记录。于是找遍了洗衣房，仍然找不到纽扣。验收员应该怎么做？

A. 坦诚地面对西装的主人王先生，告知实情，为表示歉意，客房中心免去王先生的客衣洗涤费用。

B. 立即为客人的西装配上相同的纽扣，及时送还客人；若万一因为换纽扣而耽误衣服的送还，应恰当地解释，提前征得客人同意，再立即行动，争取尽快做好服务。即便洗衣单上有缺少纽扣的记录，也应该为客人补上纽扣。

C. 不必告知客人缺少纽扣，待客人询问时，再进行解释，若客人需要，可以为其补上纽扣。

理解要点：A 的做法不妥，它并没有解决客人缺少纽扣的问题，免去客衣洗涤费用没有太多实际意义。B 的做法最为合理，本着真心诚意帮助客人的原则，解决实际问题。C 的做法是错上加错，肯定会招致客人投诉，即便随后进行服务补救，也会影响酒店的服务品质。

四、擦鞋服务

(1) 房内备有鞋篮。客人将要擦的鞋放在鞋篮内,或电话通知,或放在房内显眼处,服务员接到电话或在房内看到后都应及时收取。

(2) 用纸条写好房号放入鞋内。

(3) 将鞋篮放在工作间待擦。

(4) 按规范擦鞋。

(5) 约半个小时后,将擦好的鞋送入客房,应避免送错。

五、托婴服务

为了方便住客,酒店提供托婴服务。客房部帮助客人照顾小孩,并收取服务费。

(1) 客人需要提供托婴服务时,请客人提前 3 个小时与房务中心联系,并由房务中心请客人填写"托婴服务申请表"。

(2) 详细核对客人所填表格,了解有关婴儿的生活习惯,是否有特殊要求并特别注意客人在表格中填写的有关吩咐。

(3) 经理根据婴儿的性别、年龄情况安排合适人员提供看护服务。

(4) 看护人员要按时抵达看护地点,并留意客人的有关吩咐,处理交接事宜。

(5) 服务中看护人员务必小心谨慎,不能离开小孩,不能随意给小孩吃东西,不能让小孩接近容易碰伤的东西,不能把小孩带离指定的地点。

(6) 客人外出时,请客人留下联系电话,以便出现特殊情况进行联系。

(7) 将婴儿安全地交还给客人后,请客人签单确认付费。

(8) 完成托婴服务后,及时通知房务中心并由房务中心处理有关费用问题。

六、租借物品服务

微课:
物品租借服务

物品租借已成为客房部的一项重要服务项目,客房内所提供的物品一般能满足住店客人的基本生活需求,但有时客人会需要酒店提供一些特殊物品,如熨斗、婴儿车、熨衣板、接线板等。因此,客房服务中心应备有此类物品,向客人提供租借服务。酒店可供客人租借物品的种类取决于酒店的服务标准以及该酒店客人的需求;租借品的数量取决于酒店的大小以及预计的需求量。如果通过手机移动端提供服务,可以使服务效率大大提高(见图 8-2)。

现在也有酒店使用机器人提供送物服务。提供有效的物品配送服务是酒店机器人目前大展身手的地方。在接收到配送需求的时候,服务人员只需要把入住客人所需要的用品放入机器人的储物仓中,输入对应的房间号,机器人就可以自主前往。在到达指定房间后,其可以通过门铃或者房间内的智能终端提醒住客开门取走物品。

七、客房送餐服务

客人由于生活习惯或特殊要求,如早起、患病、会客、夜餐等,有时想在客房里用餐,据此

图 8-2　手机客户端提供物品租借服务

要求提供送餐服务，这项服务由酒店餐饮部的送餐服务人员完成。需要这项服务的客人可以打电话直接订餐，也可以由客房服务员向餐饮部订餐，所点的餐食由服务员直接送到客房内供客人食用。客房用餐分为早餐、便饭、点心、夜餐、病饭等。根据客人所点菜品，可以视情况用托盘或餐车送上。

八、私人管家服务

私人管家服务又叫贴身侍从服务，服务人员所担当的角色既是服务员又是私人秘书，对客人的一切需求给予 24 小时关注。包括客房的整理，订送餐服务，代订飞机、车船票，安排车辆接送，商务文秘服务，导游服务，翻译服务等项目。客人还可以根据自己的需要定制管家服务项目及所需服务的时间，酒店将根据客人定制的服务项目多少及服务时间长短收取不同的额外服务费。

九、夜床服务

微课：
夜床服务

夜床服务是对住客进行晚间寝前整理，又称“做夜床”或“晚间服务”。夜床服务是一种高雅而亲切的服务，通常在 18:00—21:00 进行，因为这时客人大多外出用餐而不在房内，既可避免打扰客人，又方便服务员工作。夜床服务的主要内容有房间整理、开夜床、卫生间整理三项任务，其意义主要有三点：做夜床以便客人休息；整理环境，使客人感到舒适温馨；表示对客人的欢迎和礼遇规格。其基本操作程序如下。

（一）进入房间

严格按程序进房，通报自己的身份和目的。

（1）如果房间开着“请勿打扰灯”，则将“夜床服务卡”（见表 8-1）从门缝中塞入房间，告知客人如果需要夜床服务，请致电房务中心。

表 8-1 夜床服务卡

<table>
<tr><td>Dear Guest
□The "Do not Disturb"sign was hung.
□Your door was latched from inside.
If you like us to return for night service, or if you need any extra supplies, please dial 8. Thank you.
Housekeeping
Room NO:____________ Attendant:____________
Time:____________ Date:____________</td></tr>
</table>

(2) 敲门时用食指轻扣房门三下,并报称"Housekeeping"或"客房服务员",间隔三秒再次重复上述敲门动作;开门前等待约 10 秒钟后,再进入房间。轻轻把门推开约 10 cm,再次报明身份示意客人。

(3) 如果客人在房间,应征得其同意,礼貌地询问可否需要开夜床,同意后方可进行。如客人不同意,表示歉意并礼貌地退出,做好记录。

(二) 开灯和空调

(1) 进入房间后,将取电卡插入取电槽里。

(2) 开灯,并将空调调到指定的度数。

(三) 拉合窗帘

(1) 将纱帘、遮光帘均拉严至窗户居中位置,确保房间不透光。

(2) 将窗帘绑带叠好放到写字台抽屉内。

(四) 开夜床

(1) 取下床尾巾、靠垫,放在衣柜上层搁板上。

(2) 将靠近床头柜一侧的被角向上反折成 90°,以方便客人就寝(见图 8-3)。

图 8-3 被角向上反折成 90°

(3) 标准间只住一位客人时,一般开内床,即靠近卫生间的床;住两人时,对角开床(见图 8-4)。大床房住两人住时,两边分别开床;住一人时,一般只开临近卫生间那张床的靠床头柜一侧(见图 8-5)。当然要尊重客人的喜好,续住客人要开客人已睡过的那张床(标间)或那一侧床头(大床房)。

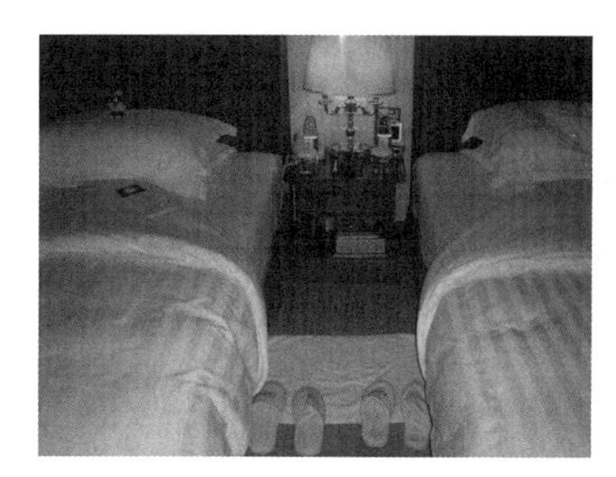

图 8-4　标准间开夜床

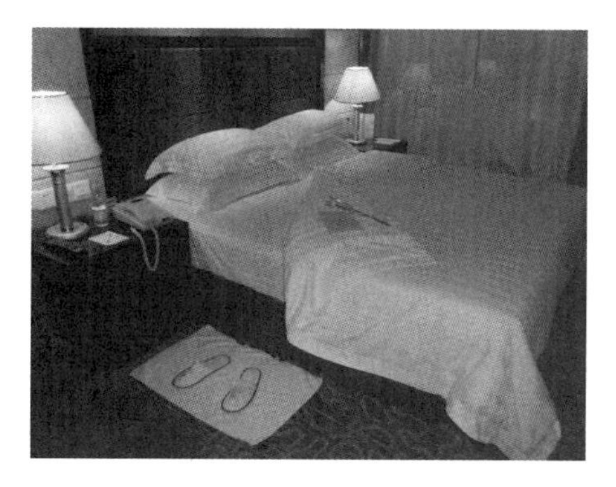

图 8-5　大床房开夜床

(4) 拍松枕头并整理,如有睡衣应叠好置于枕头上或床尾。

(5) 按酒店规定在床头或枕头上摆放鲜花、晚安卡、早餐牌及赠品等。

(6) 酒店提供的一次性拖鞋,应在做夜床时将其摆在适当的位置。有的酒店还在开床一侧的地面上铺好地巾,再将拖鞋放在地巾上。

(五) 整理房间

(1) 更换使用过的茶具,如果有用过的餐具也一并清除。

(2) 清理烟灰缸、垃圾桶。若房间地毯上有大块垃圾,应及时捡拾。

(3) 简单擦拭灰尘并检查设施、设备。

(4) 检查房内物品是否备齐,并做好添补。

(5) 严格按酒店规定放置好物品。比如,在写字台上放报纸,在床头柜上放早餐券、晚安致意卡、天气预报单、水杯、矿泉水等。

(6) 检查小冰箱食品、饮料的消费情况并入账。

(六) 整理卫生间

(1) 清理卫生间内的垃圾。

(2) 将用过的毛巾收去并换上干净的毛巾,也可将用过的毛巾按酒店规定整理后摆好。

(3) 简单清洗面盆、淋浴房、浴缸、马桶。

(4) 在淋浴房、浴缸内铺防滑垫,在淋浴房门外、浴缸边的地面上铺放地巾。

(5) 将浴帘拉出 1/3,并将下摆放入浴缸内,以示意客人淋浴时应将浴帘拉上并放入浴缸内,避免淋浴的水溅到地面。

(七) 环视检查,退出房间

(1) 环视一遍卫生间及房间,检查有无不妥之处。

(2) 除夜灯、床头灯和走廊灯外,关掉所有的灯并关上房门。

(3) 如客人在房间,不用关灯,向客人道别后退出房间,轻轻地将房门关上。

(4) 在开夜床报表上登记。

开夜床是高星级酒店的基本服务内容。如今,星级酒店的开夜床越来越有创意,涌现出了各类主题的夜床服务(见图 8-6)。

图 8-6　各类主题的夜床服务

同步思考

有人认为,开夜床是彰显酒店优质服务的一项举措,可以体现对客人的礼遇规格,同时又能美化环境;但也有人认为这是一项不必要的服务,增加酒店人力成本,你怎么看?

理解要点:“夜床服务非常重要,”四季酒店的总裁 Kathleen Taylor 提到夜床服务时说,“如果你取消这项服务,则会让旅行者的生活变得不方便”。

由于酒店已经有人手在执行这项每天必做的夜床服务,因此取消夜床服务所节省出的人力成本其实也就不存在。“取消夜床服务也许真的能节省一些开支,但这些所节省下来的钱可能造成一百倍的坏影响。”如果酒店取消夜床服务,酒店的竞争对手就会对那些银行和保险公司的客户传播消息,并可能撬走这些客户,而会议策划者则会告诉他们的客户,酒店的房费将不再物有所值。“如果你不能满足期望,你就会损坏你的形象。”过去,一些酒店虽然没有取消夜床服务,但它们将每天两次的客房服务改为一次,也就是说,在白天提供了夜床服务。曾经去到的一家酒店,办完入住手续进入房间时发现,客房已经做好了夜床服务。“还不到下午 4 点,窗户外面仍然是阳光明媚,但客房里,遮光窗帘已经拉好,床上的枕头已经移到了衣柜内。”不得不将窗帘拉开,并将东西移开。“对我来说,这样的夜床服务还不如没有。”

即使是那些酒店业的资深人士也很难记起夜床服务是从什么时候开始诞生的。澳门文华东方酒店的总经理有着数十年的酒店业工作经验,“夜床服务?”当被问到这个问题,他说:“从我知道有酒店的时候,就有夜床服务了。”最早的夜床服务只是酒店为客人收拾房间,并营造出夜晚的氛围,但在近几年的服务中,夜床服务已经像酒店业的其他服务一样,都进入了一个全新的层面,甚至被当作一项可选择的收费服务。

知识活页

VIP服务

酒店的"VIP"(即 Very Important Person)是指住在酒店的非常重要的客人,其接待服务工作对酒店树立良好的声誉,提高酒店的知名度和经济效益起着至关重要的作用。VIP 的接待标准如下:

1. VIP 客人等级

酒店的 VIP 客人分为 A、B、C 三个等级。

A 等级(酒店也称贵宾):党和国家领导人,外国的总统、元首、首相、总理、议长等。

B 等级:我国及外国的各部部长,世界著名大公司的董事长或总经理及各省、市、自治区负责官员。

C 等级:各地、市的主要党政官员;各省、市、自治区旅游部门的负责官员;国内外文化艺术、新闻、体育等界的负责人员或著名人士;各地星级酒店的总经理;国内外著名公司、企业及合资企业、外资企业的董事长或总经理;与酒店有重要协作关系的企业的厂长或总经理;酒店总经理要求按 VIP 规格接待的客人。

2. VIP 客人服务规格标准

贵宾(VIP)客人是指与酒店的经济效益和社会效益有密切关系的人,其身份和知名度较高,因而酒店在对 VIP 客人的接待礼仪和服务规程上有别于普通客人。VIP 客人的店内会客活动和店外的社会活动较多,经常会出现一些即时需要,并要求酒店尽快做出反应。一些特别重要的贵宾还对酒店的安全和保密工作有较高的要求。酒店根据客人的身份地位或与酒店的业务关系将贵宾分为 A、B、C 三个等级,并在迎送、房内用品配置、餐饮和安全保卫等方面制定不同的接待规格(见表 8-2)。

表 8-2　VIP 客人接待规格

等级规格	迎送规格	房内用品配备规格	餐饮规格	安全保卫规格
A 等	总经理率酒店管理人员及部分员工在大厅门口列队迎送客人	1. 房内摆放盆花、插花和瓶花 2. 赠送酒店纪念品、工艺品 3. 每天放一篮四色水果和四种小糕点及水果刀叉等物品 4. 房内放总经理亲笔签名的欢迎信及名片 5. 每天放两种以上的报纸	1. 客人抵店第一餐由总经理引领进餐厅 2. 使用专门贵宾餐厅 3. 每餐开出专用菜单 4. 高级服务员专人服务 5. 厨房设专人烹制菜点	1. 事先保留车位 2. 酒店四周有警卫巡视 3. 为客人设专用电梯 4. 楼梯、公共区域设固定岗位

续表

等级规格	迎送规格	房内用品配备规格	餐饮规格	安全保卫规格
B等	总经理、大堂副理在大厅门口迎送客人	1. 房内摆放插花和瓶花 2. 每天摆放一篮两色水果、两种糕点及水果刀叉等物品 3. 摆放总经理欢迎信及名片 4. 每天摆放两种报纸 5. 赠送酒店特别纪念品	1. 客人抵店第一餐由总经理或副总经理引领 2. 使用专门贵宾餐厅 3. 中级服务员专人服务 4. 每餐开出专用菜单	1. 事先保留车位 2. 视情况设专用电梯 3. 视情况设安全岗
C等	视情况总经理或副总经理、大堂副理在大厅门口迎送客人	1. 房内摆放鲜花和瓶花 2. 每天放一篮两色水果及水果刀叉等 3. 摆放总经理欢迎信及名片 4. 每天放一两种报纸 5. 做夜床时赠送一枝鲜花或一块巧克力	1. 客人抵店第一餐由总经理或大堂副理引领进餐厅 2. 有专门的厅或餐厅留座 3. 每餐开出专用菜单或根据总经理要求而定	事先保留车位

同步案例：
花钱买教训

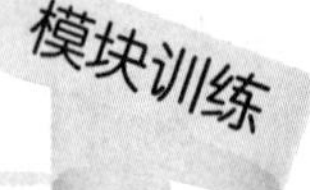

基础训练

1. 客房部有哪些日常接待服务？

2. 楼层服务的模式有哪些？各有何特点？
3. 简述开夜床的程序和标准。
4. 宾客住店期间的常规性服务工作主要有哪些？谈谈你对个性化服务的理解。
5. 哪些人被视为酒店的贵宾，如何做好接待工作？

技能训练

实训项目	VIP的接待
实训目的	使学生掌握客房部VIP的接待程序和要求
实训要求	学生分组，用情景模拟法，分别扮演VIP客人和客房服务员进行接待情景模拟，掌握VIP的接待要求
实训方法	情景模拟法、角色扮演法
实训总结	
学生签名： 日期：	

模块五

计划卫生与公共区域清洁保养

Jihua Weisheng Yu Gonggong Quyu Qingjie Baoyang

项目九 客房的计划卫生

学习目标

素质目标：

培养吃苦耐劳、精益求精的工匠精神。

知识目标：

1. 了解客房计划卫生的内容。
2. 掌握计划卫生的目的、主要内容和安排方法。
3. 明确客房清洁保养工作的特性及重要意义，树立正确的清洁保养意识。

能力目标：

1. 能够制订客房计划卫生工作表。
2. 能够对客房设备设施进行常规性的保养。
3. 初步具有进行工作计划与安排的能力，并能根据实际情况处理在客房清洁保养中出现的具体问题。

引例：褥垫上的污渍

背景与情境：北京某四星级酒店的客房部这几天接待一个洽谈会团体，客人非常多，所以客房服务员清扫房间的任务很重。某实习生正在一间走客房内做床，他急急忙忙撤下床单，发现褥垫上有块污渍，因为还有许多间房要做，也顾不得把褥垫翻转过来。于是就把干净床单往上一铺，包好了事。没想到这间房正巧是酒店接待VIP客人的特用房，客房部经理亲自来检查房间，发现褥垫上有污渍，十分生气。他说："不管是什么样的客人住这间房，若发现床单下铺着有污渍的褥垫，都会影响客人的情绪，休息也不会安心，影响舒适与安全感，很可能使其在北京的整个旅程不愉快，甚至会拒付房费。失去客人，酒店还要蒙受损失，这后果是很严重的。"立即责成楼层领班、主管派人撤换褥垫，并追查责任人，还要求该责任人必须做出深刻检查，并给予处罚。

思考：该实习生的清洁保养存在什么问题？对酒店有何启示？

计划卫生是指周期性的清洁保养工作。客房计划卫生是指在做好客房日常清洁工作的基础上，拟订一个周期性清洁计划，采取定期循环的方式，对清洁卫生的死角或容易忽视的部位及家具设备进行彻底的清扫和维护保养，以进一步保证客房的清洁保养质量，维持客房设施设备良好状态。

任务一　计划卫生的安排

客房计划卫生的内容主要有家具除尘、家具打蜡、地毯清洗、纱窗床罩等的清洗，天花板、高处的灯管、门窗、玻璃、床底、通风口的清洁及金属器具的擦拭等。计划卫生的内容及时间，各酒店要根据自己的设施设备情况和淡旺季进行合理的安排。

一、单项计划卫生

由于受人员多少和开房率高低等因素的影响，客房清扫员每天清扫客房时只能有所侧重。因此，清扫服务员在完成规定的客房清洁之外，领班还应安排适当的单项计划卫生，以弥补其平时工作的不足。

在安排时以下两种方式都可以。一是除日常的清扫整理工作外，规定每天对其中的一间客房进行彻底的大扫除。例如，客房清扫员在其所负责的12间客房中，每天彻底大扫除1间客房，12天即可完成其负责的所有客房的清洁打扫。二是可以采取每天对12个房间的某一个部位进行彻底清扫的办法。例如，对日常清扫不到的地方排定日程，每天或隔天清扫一部分，经过若干天的对不同部位的彻底清扫，也可以完成全部房间的大扫除。其日程安排可参考表9-1。

表9-1　客房计划卫生日程表

星期	一	二	三	四	五	六
日程安排	门窗玻璃	墙角	天花板	阳台	卫生间	其他

二、周期计划卫生

这是一项通过专人、专职负责的对客房卫生进行周期性、全面彻底的清洁计划。因为仅凭单项计划卫生较难维持客房的状态与格调，所以应安排专人对客房卫生进行周期性的清洁，以确保客房处于清洁如新的状态，使客房的卫生质量保持和达到较高水平。具体的做法为：一般以一季度为一个工作周期，保证在一个周期内对全部客房完成一次大清洁。

三、季节性或年度性计划卫生

这种大清洁不仅包括家具，还包括设备和床上用品。一个楼层通常要用一周的时间才能清洁完毕,因而只能在淡季进行。客房部应和前厅部、工程部取得联系,以便前厅部对某一楼层实行封房,维修人员也可利用此时对设备进行定期检查和维修保养。

任务二　了解客房计划卫生的项目与周期

一、客房计划卫生的项目

客房计划卫生一般包括卧室和卫生间两部分,主要包括地面保养(地板打蜡、清洗地毯)、家具设施设备保养(木制家具打蜡,翻转床垫,冰箱除霜,擦拭铜器具以及顶灯、烟雾报警器、空调出风口、门窗玻璃擦拭等)、除尘消毒(清洗浴帘、窗帘,地漏喷药,墙壁清洁)等内容。各酒店客房维护保养的计划虽然不尽相同,但基本上可以分为定期和不定期两类,需要制订每月、每季、每年的周期计划。客房部要制订计划卫生工作表(见表9-2),安排服务人员实施,并由领班检查计划的落实情况。

表9-2　计划卫生工作表

	项目	工具	质量要求	注意事项
房间	吸房间边角位置	吸尘器、抹布、毛刷	地毯疏松、无杂物	边角位吸完后,暴露部分也要吸一遍后出房,不能用扫把扫地毯
	清洁电话并消毒	万能洗涤剂、抹布、酒精棉球	清洁无污迹、无异味	注意抹电话线,不要将电话筒绕电话机一周放置,易损坏电话(线不外露)
	擦窗户及窗台外	擦窗器、抹布、毛刷	玻璃明亮无水渍、窗台框无尘	不要站在窗台上抹玻璃、挂窗帘钩,水珠不要往地毯上刮
	除墙面、天花板浮尘	尘扫	无尘、无蛛网	无明显污迹(如口水、痰、字迹、黑印等)
	刷洗冰箱	水桶、中性洗涤剂、百洁布、抹布	干净无异味	先断电源;退房、空房应把开关拧至“OFF”位;汽水、啤酒的温度是5℃,5℃以下易炸裂
	抹空调	湿抹布	无黑灰	注意每个小孔都要清洁,出风口经常检查,注意有无隐藏物品
	翻床垫		1次/2周或1次/周	安排与清理房间同时进行,要有记录备查
	擦电线插座	万能洗涤剂、抹布	洁白、无污渍	切断总电源,冰箱、电视机电线不外露。防潮,开关要灵活

续表

	项目	工具	质量要求	注意事项
房间	擦床头灯铜器部分	抹布、擦铜水(半干抹布)	发亮无污迹	镀铜部分要注意
	抹地脚线	抹布	干净、无尘	安排与清理房间同时进行，组合柜后及门边也要抹
卫生间	抹抽风机	抹布、刷子	干净、无尘、无污	先关机
	刷马桶污渍	百洁布、万能洗涤剂、酸性洗涤剂	无水痕、无锈渍	先关水，把水位降到最底部，以免影响清洁剂浓度，每层盖缝、马桶外部、底座都要干净
	洗马桶水箱	万能洗涤剂、百洁布、毛球刷	干净无黄迹、无沉淀物	水箱盖一定要放到安全地方以免打烂，要小心洗刷，以免损坏内部机件
	刷洗浴缸污迹	百洁布、洗涤剂	洁净无水迹、无污迹	空房也要清洁
	刷洗卫生间瓷砖墙面	牙刷、百洁布、酸性洗涤剂、抹布	界线洁白、无水渍、无皂渍	先把界线刷白、用清水冲洗并抹干，注意各部分交界边缝
	地板清洁	牙刷、万能洗涤剂、酸性洗涤剂、抹布	界线洁白、无污迹、无皂渍	注意马桶后的地板及地漏、洗脸台下的地板的清洁
	擦铜器	洗钢水、抹布	光亮无手印	浴帘杆、毛巾架、浴巾架、浴缸扶手、水龙头

计划卫生项目的多少直接影响客房的清洁保养质量，各酒店应根据客房设施设备的配置情况设立计划卫生项目，而且要注意不能与日常清洁保养工作有太多的交叉。以下是客房计划卫生所涉及的主要项目。

二、客房计划卫生周期

根据酒店的规模、档次、经营情况，客房清洁保养计划周期一般有一周、一月、一季度、半年、一年不等(见表 9-3)。

表 9-3　客房计划卫生项目及时间安排表

每天	3 天	5 天
1. 清洁地毯、墙纸污迹 2. 清洁冰箱，清洁灯罩 3. (空房)放水	1. 地漏喷药(长住逢五) 2. 用玻璃清洁剂清洁阳台、房间窗玻璃和卫生间镜子 3. 用鸡毛掸清洁壁画	1. 清洁卫生间抽风机机罩 2. 清洁(水洗)吸尘机真空器保护罩 3. 清洁职工卫生间虹吸水箱、磨洗地面

续表

10天	15天	20天
1. 空房马桶水箱虹吸 2. 清洁走廊出风口 3. 清洁卫生间抽风主机网	1. 清洁热水器、洗杯机 2. 冰箱除霜 3. 用酒精球清洁电话机 4. 清洁空调出风口、百叶窗	1. 清洁房间回风过滤网 2. 擦铜制家具、烟灰缸、房间指示牌
25天	30天	一季度
1. 清洁制冰机 2. 清洁阳台地板和阳台内侧喷塑面 3. 墙纸、遮光帘吸尘	1. 翻床垫 2. 抹拭消防水龙带和喷水枪及胶管 3. 清洁被套(12月至次年3月,每15天洗一次,4月至11月一季度洗一次)	1. 干洗地毯、沙发、床头板 2. 干(湿)洗毛毯 3. 吸尘机加油(保养班负责完成)
半年	一年	
1. 清洁窗纱、灯罩、床罩 2. 清洁保护垫△	1. 清洁遮光布△ 2. 红木家具打蜡 3. 湿洗地毯(2、3项由保养班负责完成)	

注:有△项目由财产主管具体计划,组织财管班完成,注意与楼层主管在实际工作中协调。

同步思考

在旺季时,客房服务工作繁忙,计划卫生工作还要继续执行吗?

A. 在旺季,虽然客房服务工作繁忙,但还需要在做好客房日常清洁整理的基础上,灵活执行客房计划卫生表的安排。如果客人在房间,则可以调整计划,另行安排清洁时间,避免过多打扰。做好计划卫生工作,做好服务记录。注意合理安排工作,避免疲劳服务。

B. 在旺季,由于客房服务工作繁忙,可以调整清洁周期安排,只把客人容易接触和关注部位的卫生做好,客人不易见到的死角可以在淡季时进行定期清洁,如天花板、墙角等,以减轻工作量,从而提升其他服务的品质。

C. 在B的基础上,注意了解服务中客人对客房卫生的意见,并按照客人的需求灵活调整清洁安排。

理解要点:为了保证客房的质量标准,不仅要把客人容易接触和关注部位的卫生做好,还要对客人不易见到的死角进行定期清洁,让客人对客房每一处的卫生都放心,并保证不造成人员浪费和人员疲惫,所以A的做法更好。

任务三　计划卫生的管理

客房的计划卫生应根据酒店制定的客房产品质量标准，以不断提升客房品质、超出客人预期需求为目标制订计划，并灵活实施计划卫生工作。这项服务工作也是优化创新的过程。为了做好计划卫生，客房服务员要明确其具体安排和标准以及实施的方法，有条不紊地做好这项工作。由于计划卫生涉及范围广，一般又以高空作业居多，因此客房部必须加强对计划卫生的管理。

一、制定计划卫生日程

客房计划卫生一般可以分为每日计划清洁、季节性及年度计划清洁。每日计划清洁是指在完成日常的清扫整理工作外，每天都有计划地对客房某一部位进行彻底清洁。季节性及年度计划清洁范围较大，时间较长，一般安排在经营淡季进行，并且要与前厅部、工程部密切合作，以便实行封楼层及对设备进行检修。

二、准备计划卫生工具

每次做计划卫生前必须做好准备，所需工具主要包括梯子、安全带、清洁剂、干湿抹布、刷子等。具体需要哪些清洁工具和用品，必须根据每次计划卫生的具体地点、场所和清扫项目来确定。要做好客房的计划卫生，就要重视清洁工具及清洁剂的准备工作。如果这一环节没抓好，不仅会浪费清洁剂和降低工作效率，而且往往达不到预期的清洁、保养效果，甚至会带来额外的麻烦。例如，给木质地板上蜡，本应用油性蜡，如误用水性地面蜡，不仅不美观，而且会给木质地板造成损坏。因此，根据计划卫生的内容选择适合的清洁工具和清洁剂是做好计划卫生的重要一环。

三、做好计划卫生的组织实施工作

在制定计划卫生日程的基础上，一般由客房楼层主管或领班来组织实施计划卫生，主要是安排每天计划卫生的人员、时间、工具用品等，以保证计划卫生工作的落实。可以将客房的周期性清洁卫生计划表贴在楼层工作间的告示栏内或门背后。楼层领班还可每天在服务员做房报告表上写上计划卫生的项目，以督促服务员完成当天的计划卫生任务。

四、加强计划卫生检查

客房部制订好客房的计划卫生后，应做好计划卫生的落实和检查工作（见表 9-4）。服务员每完成一个项目或房间后，填上完成的日期和本人的签名，由领班、主管检查以保证计划卫生质量。客房服务中心根据各楼层计划卫生的完成情况绘制柱形图，显示各楼层状况，以引起各楼层和客房部管理人员的重视。

表 9-4　客房计划卫生项目检查记分表

房间	
项　　目	得　　分
门(面、框、锁眼、房号、把手、窥视镜、防火通道图)无积灰和污迹	8
门吸无积灰	4
鞋篓、小酒篮无灰尘	6
过道顶板无灰尘	4
新风口无灰尘	6
冰箱柜内外无积灰和杂物	4
组合柜抽屉内外无积灰和杂物	6
电视机及转盘无积灰	4
窗玻璃、窗帘无灰尘、污迹	4
垃圾桶内外无污垢、斑迹	4
茶具、茶叶缸底部无污垢、斑迹	6
家具缝、沙发缝内清洁无杂物	8
地毯边缘(含家具四周)无积灰	12
墙纸、地毯无斑迹	4
床底无灰尘、杂物	8
窗帘整齐、不脱钩,床脚无积灰	8
壁橱顶无积灰	4
卫生间	
项　　目	得　　分
门(面、框、锁眼、把手)无积灰和污迹	6
皂碟无污迹	8
金属器(晾衣绳盒、龙头、开关)无污迹和水渍	12
马桶内外无污迹	12
水箱内部无泥沙,外部无斑迹	8
镜框除锈、上油	6
浴帘无污迹,边缘无破损	8
天花板无黄迹	6
取暖灯无斑迹	8
装饰板无斑迹	14
人体秤套无灰迹、斑迹	6
垃圾桶内外无污垢、斑迹	6

五、注意计划卫生安全

客房的计划卫生常常需要高空作业，应处处注意安全，防止出现意外事故。例如，清洁门窗玻璃，要站在窗台上；清扫高处灯管、墙角、天花板，必须用扶梯等。因此，计划卫生一般必须两人一组，在充分运用安全带、扶梯、凳子，并有人保护、确保安全的基础上进行，防止事故发生。许多酒店还聘请专业清洁公司对一些高空作业项目进行清洁保养，以确保安全。

如今手机移动端的使用对客房管理产生了很大的影响，使得计划卫生的管理更加便捷。可以把周期性卫生任务一次性录入系统，系统根据时间要求自动产生任务并进行分配（见图9-1），按周期自动提醒执行。员工通过手机接收任务，按照清单逐项处理，完成任务后可根据实际情况在手机即时回复或下班前统一回复，系统自动统计分析。通过数据分析帮助酒店设施设备保持在较良好的状态。

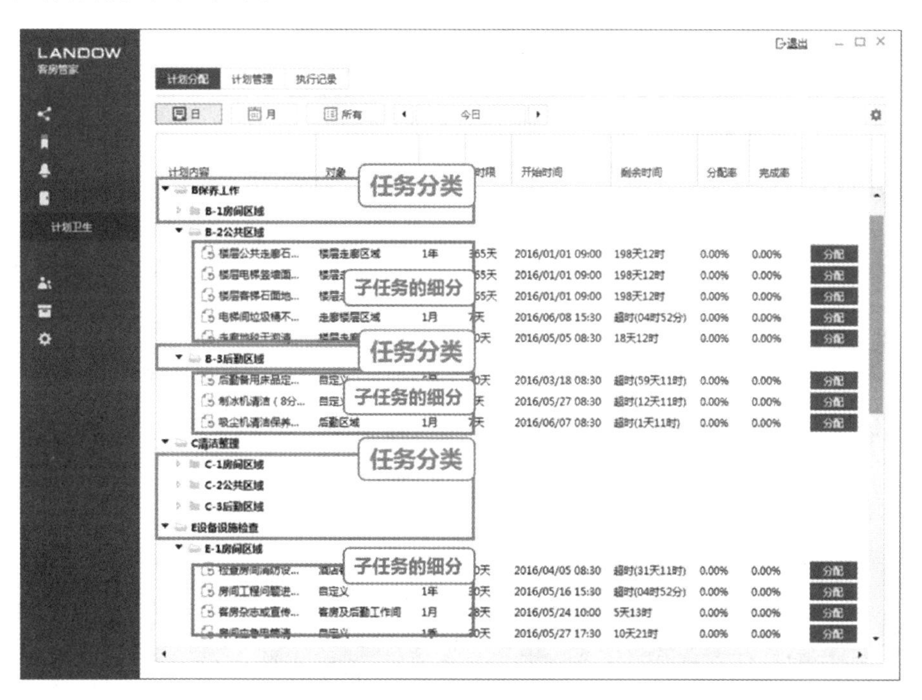

图 9-1　于机移动端客房管家系统的计划卫生任务分配

项目十
公共区域的清洁保养

学习目标

素质目标:

注重细节,精益求精,树立工匠精神。

知识目标:

1. 熟悉公共区域的清洁保养方法。
2. 熟悉公共区域的清洁任务及要求。
3. 掌握公共区域卫生质量控制的方法。

能力目标:

1. 能够熟练对公共区域各部位进行清洁保养。
2. 能够正确清洁保养地毯。
3. 能够根据清洁保养要求选用合适的清洁剂和清洁设备,熟练掌握不同区域、不同材料的清洁保养方法和操作技巧。

引例:卫生间怎么弄得干净

动画:
卫生间怎么弄得干净

背景与情境:我国北方某城市一家二星级酒店,建筑外观还不错,设备也算得上齐全,在当地也算有些知名度。住在806房间的客人,清晨起床发现室内卫生间地面上有积水,便叫服务员来收拾。因自己急于方便,便下楼到大堂公共卫生间去了。一进卫生间门,一股难闻的异味扑鼻而来,客人差一点作呕。他憋住气勉强蹲下方便以后火速离开,然后便去找服务员提意见了。谁知服务员回答说:"卫生间总会有臭味的。我们酒店人来人往,有些客人用过以后不冲水,有的人还不小心拉在地面上,怎么弄得干净?"

这位客人听后很恼火,就去找酒店部门经理,谁知那位经理也是个善于打"太极拳"的人,还是同样的话:"卫生间就是有臭味的,您就将就一些吧!"客人听后火冒三丈,他说:"你们也算是一家星级酒店,公共卫生间竟搞成这个样子!我要向你们的上级单位反映，并且告诉熟人，出差时不要住在你们酒店。”

思考：为什么说公共卫生间是酒店的名片？

酒店是一个小社会。除了住宿之外，前来用餐、开会、购物乃至参观游览的客人络绎不绝。他们往往只停留于公共活动区域，却理所当然地把它作为衡量整个酒店的标准。比起客房来，公共区域所面临的评判者更多，因而，做好公共区域的清洁保养工作是至关重要的。

任务一　认知公共区域清洁保养工作

酒店公共区域是酒店的重要组成部分。酒店公共区域的清洁保养水准直接影响或代表了整个酒店的水准。客人往往根据他们对酒店公共区域的感受来评判酒店的管理水平和服务质量。另外，酒店公共区域的设施设备很多，投资较大，其清洁保养工作直接影响酒店的日常运营以及设施设备的使用寿命。因此，做好酒店区域的清洁保养工作有着特别重要的意义。

一、公共区域的概念和特点

凡是公众共有共享的活动区域都可以称为公共区域（Public Area，PA）。通常，人们又习惯把酒店的公共区域分为室外与室内。室外又称为外围，包括外墙、花园、前后门广场及停车场等。室内公共区域又分为前台和后台。前台区域是指专供客人活动而设计的场所，如大厅、休息室、康乐中心、餐厅、舞厅和客用洗手间等；后台区域即为酒店员工而划出的工作和生活区域，如员工更衣室、员工餐厅、员工活动室、倒班宿舍等。

公共区域因在酒店中所处的位置不同，所使用的对象不同，故其清洁保养的要求也有所不同。一般来说，公共区域大多有以下特点。

（一）众人瞩目，要求高，影响大

公共区域属于公众共有共享的空间，也是酒店客流量最大的地方。任何人只要到酒店来，就必然经过公共区域。可以说，酒店公共区域是酒店的门面。很多人对酒店的第一印象都是从酒店公共区域获得的，这种印象往往影响着客人对酒店的选择。例如，有的人原计划来店住宿或用餐，但如果他们进入酒店后看到大厅不清洁、不卫生，设备用品不完好，在这种情况下，除非因为某种原因而迫不得已、别无选择，客人是不会在此住宿、用餐或进行其他活动的。因此，酒店必须高度重视酒店公共区域的清洁保养工作，并以此为酒店添光加彩，增强酒店对公众的吸引力。

（二）管辖范围广，活动频繁，环境多变，不易控制

酒店公共区域是人流过往频繁的地方，涉及的范围相当广，包括大堂、会议室、楼道、楼

梯、电梯、公共卫生间、楼外广场、绿地、外墙立面、停车场(库)、娱乐场所等。公共区域不仅范围大,场所多,活动频繁,情况多变,而且其清洁工作烦琐复杂,工作时间不固定,人员分散,因此,清洁保养工作的任务非常繁杂,而且有些工作是难以计划和预见的,造成其清洁卫生质量不易控制。

(三)专业性较强,技术含量高

酒店公共区域的清洁保养工作,尤其是其中的一些专门性工作与其他清洁保养工作相比,专业性较强,技术含量较高,需掌握比较全面的专业知识和熟练的操作技能才能胜任这些工作。而下榻酒店的客人来自祖国各地或世界各地,对所提供的服务有着很高而不同的需求。PA组应尽量满足不同客人对公共区域清洁卫生的不同需求,使客人下榻到酒店时能够感受到一种"到家"的感觉。这就要求PA人员观察细致,时刻掌握客户的需求。所以,酒店PA人员应具备较高的素质。

二、公共区域的清洁任务及要求

一般来说,客房部负责除厨房以外的所有公共区域的清洁保养,这样可以节省一些人力及有利于统一控制整个酒店的清洁质量与标准。但也有些酒店为了缩短战线、保证前台服务质量,往往将其后台区域划归其他部门负责。酒店公共区域的各个部分出于所处的位置不同、功能不同、设备材料及装饰布置不同等多种原因,其清洁保养工作的任务和要求不可能完全一样。下面简单地介绍部分主要场地的清洁保养工作的任务及要求。

(一)大厅

大厅几乎没有休息的时候,所以需要日夜不停地清洁保养。大量的过往客人和短暂停留者不时地带来尘土、脚印、烟蒂、纸屑等,而每一位新来的客人又通过大厅产生对酒店的至关重要的第一印象。这里是酒店的门面。

通常,负责大厅清洁的服务员所做的事有三件:倒烟灰、整理座位和除尘(抹尘和推尘)。如果厅内有水池,服务员还应用夹子清除池中的垃圾、杂物。在客人活动频繁的白天,服务员要能及时地做好以上工作。遇上雨雪天气,不仅要在门口放上存伞架,还应在大门内外铺上踏垫和小地毯,服务员则需更频繁地清除地面上的泥沙和水迹,并在必要时更换地上的踏垫或小地毯,否则不仅有损大厅的整洁,还可能给整个酒店的地面清洁保养带来麻烦。

那些在营业高峰期间不便做的工作,往往都安排在客人活动较少的夜晚或清晨,如吸尘、洗地、抛光打磨、清洁烟灰缸、彻底清洁家具、墙面除迹、设备维修等。

(二)电梯和自动扶梯

与大厅一样,电梯与自动扶梯也不断有客人在使用。通常,现代酒店所用的自动电梯比起由电梯员操作的老式电梯,其清洁保养的难度要大一些。电梯里的地毯特别容易脏,四壁也会留下指印和磕碰的痕迹,这些在封闭的环境里特别惹人注目。因此,服务员应对电梯进行定时清洁,管理人员应对此多加注意。

电梯的全面清洁是在夜班进行的。电梯地毯应多备几块,以便定期或临时清洁与更换。有些酒店还定做了精致的星期地毯,这对于有条件的酒店来说,确实是个值得效仿的做法。

自动扶梯一般也在晚间做彻底清洁。玻璃护板要擦亮，金属件要除渍保养，踏板槽里往往有一些脏物嵌在里面，一定要细心地清除。清洁保养得法，才能显示出设施本身的魅力。

(三) 餐厅和多功能厅

这些地方需要仔细清洁。客人落座之后，难免会左顾右盼。他们对于桌椅和地面的清洁状况有时是很挑剔的。因而，在开餐之前要进行仔细的检查。

鉴于餐厅营业时间长短不一，客房部要妥善安排好各餐厅的清扫时间并主动争取餐厅员工的积极配合。在餐厅营业时间内有清洁需要时，必须及时地予以处理，如汤汁食物等倾洒于地上等，否则，不仅有碍观瞻，而且可能造成硬地打滑或地毯上的污迹不易清除等情况的发生。不少酒店考虑到工作的便捷，往往要求在营业期间的清洁问题由餐厅自行解决。对此，客房部应予积极配合，如工作用品的配备和清洁方法的指导等。

餐厅的全面清洁保养一般在夜晚停业之后至次日开餐之前进行。由于餐厅的陈设布置差别很大，故难以一一详述其清洁项目。但通常的工作内容如下。

(1) 清除餐椅上的食物碎屑及污迹。

(2) 清洁桌椅腿、窗沿及通风口等。

(3) 清洁咨询台、收银台及电话机等。

(4) 擦亮金属器件。

(5) 地面吸尘或磨光。

(6) 有计划地为家具、灯具等清洁打蜡。

(7) 有计划地分批进行座椅和墙面的清洗。

多功能厅的清洁任务和要求基本上与餐厅相同。有时多功能厅的活动会比较紧凑，如会议、晚宴和演出连续进行，这就要求有事先周密的计划安排和现场有效的指挥及协调，至于多功能厅的座位布置，一般由营业部提出要求并检查验收。

(四) 洗手间

在一些高级酒店或宾馆中，洗手间有专职服务员负责随时进行清洁和为客人放洗手水、递毛巾、开门等工作，这无疑是一种高规格的服务模式。实际上，客人对于洗手间的清洁卫生要求一向都很高，如果有异味或不洁会带来不良的影响，以致最后失去客人。但在大多数酒店里要安排专职服务员显然很困难。

通常，酒店要根据自己的档次、客流量的大小和洗手间的设备状况确定 个清扫频率，以保证最基本的规格水准。这个频率可根据一天中使用情况的不同而有所不同。一般的清扫无非是抹水迹、擦镀铬件和镜子以及补充一些用品，基本不影响客人的行动。若需进行全面彻底的清洁，就必须在洗手间门外竖立一块牌子，说明关闭原因并指出临近洗手间的所在位置。为了保证洗手间的清洁卫生，这种大清洁除在夜班安排一次外，至少还应在白天客人活动低峰期进行一次，如下午三四点。需要说明的是，即使一些酒店平时并不安排专人在洗手间服务，但遇重大活动时也可做临时的安排和调节。有服务员在场不仅可提高洗手间的周转率，还可以防止或减少客人财物丢失的现象，后者在女用洗手间尤为重要。

洗手间的清洁卫生固然应予重视，而其保养完好也不可忽略。洗手时的功能设计是有其科学依据的，如罗马尼亚对酒店洗手间的一般规定是，每 100 位男宾设两个小便池及一个座厕,每100位女宾设三个座厕。可想而知,洗手间设备因损坏而不能使用或将座厕封闭起来作为工具间,都将构成对客人利益的损害。

(五) 吊灯

吊灯在酒店里的位置往往比较显眼,它甚至成了酒店豪华程度的象征。但大型吊灯的清洁保养却是一件令人头痛的事情。许多大厅的吊灯有成百上千件饰物,拆洗起来麻烦又不安全。当然,现在有些酒店在灯饰的设计选用上已经注意到其清洁保养问题,如安装了滑轮组以便进行升降等。升降梯或升降平台是进行高空作业所必不可少的工作设备。

吊灯的清洁工作又苦又累又费时,甚至造成损坏都很难修配。为此,美国一家酒店的员工想出一条妙计:他们把配制好的清洁剂溶液装入一只压力喷壶,用它在高梯上对吊灯饰件进行喷雾清洗,吊灯下面的地上用雨布组成一个漏斗状的积水容器。这样,整个工作过程比原先快了很多,而且安全省力。

(六) 不锈钢和铜器

不锈钢和铜器在现代化的酒店里被普遍采用,它们给酒店增添了色彩。通常,这些器件必须每天清洁,否则就会失去光泽或沾上污迹。如果保养不当,其表面还可能变色或出现细微的划痕,从而破坏原设计的效果。

擦洗不锈钢和铜器都有专门的清洁剂,若用其他的清洁剂取代则危害较大。即使用同一品名的清洁剂,其品质、功用也不尽相同。此外因不锈钢或铜制品的品质等也有差异,所以清洁剂的选用非常关键。对于那些镀铬、镀铜件,通常只需用抹布擦净即可,以免"损财又破相"。

(七) 康乐场所

酒店的康乐场所较多,各个康乐场所的营业时间、设施设备的配置及活动内容各有不同。因此,对这些场所的清洁保养工作的安排必须考虑其具体情况,并与相关部门协调配合,既要保证其清洁保养的质量,又不能影响其正常的经营活动。

(八) 绿化布置

做好酒店室外庭园、花坛、绿地、喷水池、屋顶花园、屋顶平台及其他所有室外康健娱乐场所的绿化养护工作,及时修剪草木,定期去除杂草。做好酒店室内外公共区域、高级客房的绿色植物摆放、更换工作,以美化环境。对于草地、盆景、花木等,应按规定进行浇水、施肥、修剪、除草灭虫等工作。庭院、花园的地面一般每周应用水冲洗一到两次。

(九) 后台区域

各个酒店都有后台区域,即服务员活动区域,包括服务员走道、电梯、更衣室、服务员卫生间、服务员食堂、办公室、倒班宿舍等。后台区域的使用频率高、区域范围广、清洁保养难度大。酒店后台清洁保养工作的好坏,能够直接反映酒店的管理水平,影响服务员的工作环境质量和员工的士气。后台的清洁保养工作应根据各个场所的功能用途、使用频率等具体情况进行合理安排。

1. 员工通道

员工通道通常都是混凝土或砖石地面,日常的清洁保养主要是清除地面的垃圾杂物及污迹，但要注意防滑。定期清洁保养主要是洗刷地面，清除墙面的污迹。

2. 员工电梯

员工电梯的清洁保养工作与客用电梯的清洁保养工作基本相同。

3. 服务员更衣室

服务员更衣室通常安排专人照看，其清洁保养工作的内容和要求有保持地面清洁、清除垃圾杂物、收拾衣架并送布件房、整理长条凳、清洁浴室卫生间、补充卫生用品、家居设备的除尘除迹等。

4. 办公室

办公室的清洁保养工作一般在上班前或下班后进行，中间方便的时候整理一次，倾倒垃圾。在对办公室进行清洁保养时要特别小心，防止文件丢失。有些办公室出于保密和安全的原因，清洁保养需做特别的安排，通常要与有关人员或部门协调。

同步案例：
能不能将烟灰缸放在我旁边

知识活页

制定清洁保养制度

为了保证卫生质量，控制成本和合理调配人力、物力，必须对公共区域某些清洁保养工作采用计划卫生管理的方法，制定计划卫生制度。如墙面、高处玻璃、各种灯具、地毯洗涤、地面打蜡等，不能每天清扫，需要像客房计划卫生一样，制订一份详细、切实可行的计划，循环清洁。清扫项目、间隔时间、人员安排等要在计划中落实，在正常情况下按计划执行。对交通密度大和卫生不易控制的公共场所卫生工作，必要时应统一调配人力，进行定期突击，以确保整个酒店的清洁环境。公共区域清洁保养制度一般包括日常清洁保养和分期清洁保养计划。

1. 日常清洁保养

根据各区域的活动特点和保洁要求，列出所有责任区域的日常清洁基本标准，以便进行工作安排和检查对照。其一般形式与主要内容如下。

(1) 大厅及走廊。

随时保持整洁，早中班每小时进行一遍地面推尘、倒烟灰、座位整理、扶手与平台抹尘、清除地毯及水中垃圾。夜班进行全面清洁。

(2) 客用电梯。早中班每4小时清扫一次，夜班进行全面清洁。

(3) 客用洗手间。早中班每1—2小时进行一次整理。下午及后半夜各做一次全面清洁。

(4) 餐厅。每日营业结束后进行全面清洁保养。

(5) 多功能厅。每日清洁一次,需要时可随时清洁。

(6) 行政办公室。每日下班后清洁一次。

(7) 员工更衣室。每日早中班各清洁一次。

(8) 员工通道与电梯。每班清洁一次。

(9) 外围。每日早晚清扫两遍,其他时间由外围服务员随时保持整洁。

2. 分期清洁保养计划

公共区域范围广、项目多,不少酒店从节约成本和控制质量的角度出发,把客房地毯及沙发的洗涤工作包给了公共事务部。这样,如果没有一个分散分批逐级保养的计划,则日常工作会显得手忙脚乱、无从着手。制订分期清洁保养计划类似于客房的计划卫生,但公共区域分块多,各处的使用情况有别,环境要求也不同,所以这一计划以各区分列为宜。下面以某酒店的大厅清洁保养计划为例。

(1) 每天进行抹尘、吸尘、拖地,抛光、擦亮不锈钢扶手、标牌等,擦洗大门、台面玻璃,清除地面、墙面、座椅污迹,更换踏脚垫,给花卉浇水等例行事务。

(2) 每周进行台面打蜡、电话机消毒及电话间墙面清洗,门窗的框、沟、闭门器和地脚线清洁,百叶门、窗清洁打蜡,天花板通风口清洁,硬地用喷洁蜡清洁保养。

(3) 每月进行软家具、软墙体与门、帷帘的清洁除尘,壁灯、台灯座等装饰物件的清洁打蜡,走廊吊灯和吸顶灯清洁,金属、石料或木质家具及墙面的清洁打蜡,所有透明玻璃制品的彻底清洁(大吊灯除外),地面起蜡和打蜡,用干泡法清洗休息处的地毯。

(4) 每季(或视需要)进行座椅的坐垫、靠背与扶手的清洗,帷帘与软墙体的清洗,大洗地毯。

任务二 公共区域日常清洁保养

公共区域需要做好的清洁保养项目繁多,要把每日必须清洁保养的卫生项目作为公共区域日常清洁保养工作的重点,如前厅地面除尘、清洁扶手、清洁公共卫生间等。公共区域日常清洁保养的对象易脏,人员接触频繁,对酒店影响非常明显。公共区域日常清洁保养工作繁杂,还要避开客人频繁使用和活动的时段,既要维护酒店良好的形象,保持该区域最佳的运营状态,又要方便客人,这是做好这项工作的关键。

一、大堂的清洁

大堂是酒店的门面，也是酒店中客流量最大、宾客出入最繁忙的区域。大堂整体环境的清洁卫生是极为重要的，需要不断地清洁保养，以给宾客留下良好的印象（见表 10-1）。大堂的作用决定了它是一个几乎没有休息时间的场所，需要日夜不停地清洁保养。而由于大量的过往客人和短暂停留者不断地带来尘土、脚印、烟灰烟蒂以及糖果纸屑，使得清扫工作的难度增加了。

表 10-1　大堂清洁的程序及标准

程序/项目		标　准
整理		（1）整理前台、行李架、手推车、报架等 （2）如整理中发现有客人遗落的失物，及时交给领导或失物招领处
倒垃圾		（1）烟灰缸内烟蒂超过 3 个时，需要更换烟灰缸。先用干净的烟灰缸盖在需更换的烟灰缸上，再将干净的烟灰缸换上。在倒烟灰时确保烟蒂已熄灭 （2）将垃圾桶内的废弃物品清理到固定的垃圾桶内
除尘	大理石台面	（1）用干抹布擦拭，并用清洁蜡清洁大理石的表面，每天一次 （2）保持台面无尘、无污迹
	玻璃	（1）对玻璃门等易污染的地方，随时用干布擦拭，做到无污渍、无手印 （2）定期对玻璃进行彻底清洗
	指示牌	（1）每天用玻璃清洁剂清洁指示牌的玻璃表面一次，保证玻璃表面光亮，无尘、无污迹 （2）用桐油抛亮铜边、铜牌，保持光亮无手印
	装饰物	（1）在清洁壁画、壁灯灯罩等装饰物时要谨慎小心 （2）擦拭时一手固定装饰物，另一手先用湿抹布擦拭灰尘 （3）再用干抹布将水渍擦干，保养后务必将水渍全部擦干，避免残留的水渍造成材质损坏 （4）在使用湿抹布擦拭灯罩时，避免碰触到灯管或灯泡，以免发生危险 （5）擦拭工作完成后，应检视壁画或装饰物是否悬挂牢固或摆放整齐
	计算机	（1）用专用清洁剂和专用擦镜纸擦洗计算机外部、计算机的屏幕以及放计算机的台面 （2）用干抹布擦干计算机外部的水迹 （3）保持计算机表面无污迹、无印迹 （4）擦计算机外壳时要注意断电
	踢脚板	（1）每日用干抹布擦干净踢脚板上的灰尘 （2）如发现有污迹，戴上手套用蘸有稀释后的清洁剂的百洁布轻轻擦洗踢脚板表面，使其无污迹、无印迹 （3）用湿抹布擦到干净为止，不可有去污剂残留，以免破坏地板或墙面 （4）每周一次用家具上光蜡，擦亮踢脚板 （5）如果发现踢脚板破损或不牢固，立即请工程部进行修理或更换

续表

程序/项目		标　　准
除尘	盆栽	(1) 拣去花盆内的烟蒂杂物 (2) 及时剪除枯叶,调换即将凋谢的花草 (3) 一手托住叶子底部,另一手用湿抹布轻拭灰尘,以同一方向擦拭,避免遗漏 (4) 擦好后浇水时,溅出的水滴及弄脏的地面应随手擦干、擦净
	报架、沙发、椅子	(1) 整理好报纸后,还要用干抹布轻拭报架 (2) 茶几若是玻璃的,则先用湿抹布擦拭后,再斜看有无黏上的污渍,若有则喷一点玻璃清洁剂,用干抹布擦拭干净 (3) 擦拭木椅子时要特别注意雕花部分 (4) 每日用吸尘器吸去沙发边角上的渣子、尘土,使其保持干净 (5) 每日检查报架、沙发、椅子等的牢固性,如果发现问题,及时修理
地面清洁	大理石地面	对大堂地面随时进行尘拖,保持地面光亮照人,定期保养
	地毯	随时用吸尘器吸尘,根据脏污程度更换清洗
整理归位		(1) 将艺术装饰品归位 (2) 将被移动过的大厅沙发、座椅、茶几归位 (3) 将被移动鼓起来的地毯拉平归位
注意事项		(1) 大堂打扫时间安排要灵活,尽量以不影响客人为前提 (2) 倒烟灰缸时,要注意避免烟灰飞扬,确保烟蒂已熄灭 (3) 盆栽内的烟蒂、纸屑等杂物要随时关注,及时拣除

二、公共卫生间的清洁与整理

一般客人对一家酒店的评价没有明确的标准,主要来自客人对酒店内一花一草、一桌一椅的主观感受,而他们对公共卫生间的感受就更加直接和敏感。由于酒店内客流量大,公共卫生间使用频率高,使得公共卫生间的清洁整理工作难度较大,所以,公共卫生间要随时保持清洁。对客人用过的卫生间,公卫人员要及时进行清理,如擦洗马桶内外,擦拭镜面和台面等,并将滴落在地面上的水迹擦干,随时保持卫生间的卫生清洁、空气新鲜(见表 10-2)。

表 10-2　公共卫生间的清洁程序及标准

程序/项目	标　　准
敲门进入	(1) 进入卫生间前应敲三下门确认是否有客人在使用 (2) 如有客人,则应等客人离开再打扫
准备打扫	打扫开始前在门外把手上悬挂好“正在打扫”的牌子

续表

<table>
<tr><th>程序/项目</th><th colspan="2">标　　准</th></tr>
<tr><td rowspan="9">打扫过程</td><td>清理垃圾桶</td><td>(1) 将所有的垃圾倒入指定的垃圾袋中
(2) 然后用适量稀释后的碱性清洁剂刷洗垃圾桶的内外
(3) 用抹布擦干净垃圾桶内外部，使之干净、无污迹，并套上垃圾袋</td></tr>
<tr><td>清理烟灰缸</td><td>(1) 在倒烟灰缸之前应检查烟蒂是否熄灭
(2) 清洗烟灰缸后将内外面均擦干</td></tr>
<tr><td>清洁马桶</td><td>(1) 将马桶清洁剂沿马桶内部边缘倒入
(2) 用马桶刷刷洗马桶，直到污迹消失
(3) 用清水冲洗马桶
(4) 用浸过消毒清洁剂的抹布擦洗马桶座圈、底部和桶盖
(5) 用百洁布将马桶外部由上至下擦干净</td></tr>
<tr><td>清洁立式便池</td><td>(1) 将清洁剂沿边壁倒入
(2) 使用马桶刷从上水孔至下水孔按顺序刷洗并用清水冲洗
(3) 用浸过消毒清洁剂的抹布将便池外部由上至下擦干净</td></tr>
<tr><td>清洁镜面</td><td>(1) 将玻璃清洁剂均匀喷在镜面上
(2) 用刮水器刮清玻璃上的水迹
(3) 用干抹布清洁镜面的边框</td></tr>
<tr><td>清洁洗手盆及台面</td><td>(1) 将稀释后的清洁剂均匀喷洒在洗手盆内
(2) 用浴缸刷刷洗整个面盆后再用水冲洗面盆
(3) 用抹布擦干净面盆内部
(4) 用蘸有消毒剂的浴缸刷擦洗台面并用抹布擦净
(5) 保证台面无水迹、无污迹</td></tr>
<tr><td>清洁墙壁隔板</td><td>(1) 用蘸有稀释清洁剂的抹布由上至下擦拭清洁板壁
(2) 用干净的抹布擦净
(3) 每周一次用家具清洁蜡擦净板面
(4) 保证隔板清洁、无污迹</td></tr>
<tr><td>清洁五金件</td><td>(1) 用干抹布蘸万能清洁剂擦抹金属制品表面
(2) 使用干抹布擦干净并擦亮</td></tr>
<tr><td colspan="2" style="display:none"></td></tr>
<tr><td>补充消耗品</td><td colspan="2">(1) 按规定数量补充面巾纸、手纸、洗手液，倒洗手液时防止外溢
(2) 确保客用品配备量充足，摆放整齐
(3) 同时检查烘手器、皂液器、空调等设备能否正常使用</td></tr>
<tr><td>清洗地面</td><td colspan="2">(1) 用稀释后的万能清洁剂从里到外清洁地面及边角
(2) 用干净的湿拖将地面及边角上的清洁液拖擦干净，注意角落
(3) 用干拖擦净地面及边角，注意地面不可有水迹，以防客人摔跤</td></tr>
<tr><td>室内净化</td><td colspan="2">(1) 检查清洁的程度
(2) 摆放鲜花或盆栽
(3) 适量喷洒空气清新剂</td></tr>
</table>

续表

程序/项目	标　　准
卫生间清扫时的对客服务	(1) 见客人进门,应微笑问好 (2) 为客人指引无人的厕位,并帮客人拉门 (3) 客人洗手前,先开好水龙头,试一下水温,请客人洗手 (4) 客人洗完手后,用毛巾夹递上小毛巾或擦手纸,请客人擦手 (5) 关闭水龙头 (6) 视情况和需要为客人刷衣服 (7) 礼貌送客,为客人拉门微笑道别
注意事项	(1) 通常酒店可根据自己的档次、客流量和洗手间的设备状况确定一个清扫频率,以保证最基本的规格水准,而这个频率可根据卫生间使用的高峰或低峰进行调节 (2) 抹水迹、擦镜子或添补洗手液等小范围清扫一般不会影响客人的行动,但做这些工作时最好回避客人或在人较少的时候进行 (3) 如果需要进行全面清洁,则必须在洗手间门外竖立牌子,说明关闭原因并指出临近洗手间的所在位置 (4) 为了保证洗手间的清洁卫生,这种大清洁除在夜间安排一次外,至少还应在白天客人活动最少时(一般是下午 15—16 时)再进行一次 (5) 绝对不能用客用毛巾擦地 (6) 员工卫生间的清洁可参照客用卫生间的操作流程

同步思考

有人认为,与其他客人经常使用和活动的公共区域相比,公共卫生间只要保证清洁卫生就可以了,客人更加关注酒店门面、大堂、餐厅等公共区域。你是怎样认为的?

A. 正确。酒店的公共卫生间只要为客人提供方便即可,不需要“富丽堂皇”。

B. 不正确。酒店的公共卫生间不只是为客人提供方便即可,还要非常注重其环境和服务,让客人感受到好的服务品质。有趣的是,许多客人非常关注卫生间的环境卫生,并以此作为评判酒店服务与管理水平高低的标准。酒店业赞同“环境舒适的公共卫生间可以作为该酒店一张靓丽的名片”的说法,也基于这样的认识。

C. 不一定。需要依据酒店的档次和接待的顾客群而定。

理解要点:B 的说法较为恰当。作为公共区域,酒店门面、大堂、餐厅等是非常受客人关注的,但从“环境舒适的公共卫生间可以作为该酒店一张靓丽的名片”的说法中可以看出,公共卫生间的环境卫生及舒适程度等更能够让客人感受到酒店的服务与管理的优劣。A、C 的认识不正确,会导致公共卫生间环境卫生和服务提供等服务品质下降,影响酒店的形象。

三、客用电梯的清洁与保养

微课：
客用电梯的
清洁与保养

与大堂一样，电梯也是客人使用非常频繁的设备。无论是升降箱式电梯还是自动扶梯，经过每日大量的客人使用后，都会造成卫生的污染。这就需要公共区域清扫员每天进行及时的清扫，保持电梯和自动扶梯的清洁和卫生（见表10-3）。对客用电梯的清洁一般分中、晚、深夜三次进行，清洁项目主要是天花板、灯、墙面、镜面、电话机除尘及地面吸尘，要特别注意对金属部分或镜面的除渍保养。对电梯按钮也要经常用干抹布擦拭，以保持无手印、无脏迹、无杂物。电梯厢内的地毯整天都受到踩踏，十分容易受损，酒店应采取每天更换星期地毯的办法来解决电梯地毯特别容易脏的问题。应注意的是，星期地毯应在每日零时更换。

表10-3　客用电梯的清洁保养程序及标准

程序/项目	标　　准
准备工作	（1）在需要清洗的电梯口放置“暂停使用”警告牌 （2）使电梯暂停工作，门保持开启 （3）准备好洗涤剂和打扫工具
抹尘	（1）先用湿抹布，再用干抹布对天花板、灯具及轿厢四壁进行除尘 （2）用干抹布擦拭楼层显示屏、数字按钮、电话机等 （3）关上电梯门，用干抹布擦拭电梯门内侧 （4）用玻璃清洁剂擦拭电梯轿厢内玻璃 （5）对电梯内不锈钢门和框进行擦尘和上光
清洁门轨及硬质地面	（1）用小扫帚或刷子清理门轨内的碎片或灰尘，再用潮湿的抹布清洁轨道内部 （2）对电梯内的硬质地面进行清洁 （3）清洁后拖干地面
吸尘	用吸尘器对电梯内地毯进行吸尘，有必要则更换后清洗
清洁电梯门的外侧	用干抹布清洁电梯门的外侧
收拾清洁工具	清洁器具收拾妥当，电梯恢复正常运行状态
注意事项	（1）电梯打扫工作持续时间要短，尽量避免给客人带来不便 （2）时间选择也要避开客流高峰期 （3）清洁电梯时要选择客人进出较少的楼层，以免影响客人和增加噪音 （4）大型酒店里的自动扶梯的清洁工作一般安排在晚间进行，粘在踢踏阶上的油污与口香糖渣必须去除，金属部分应加以擦拭，扶手应无灰尘、无污迹，玻璃灯罩应擦亮 （5）员工电梯、货梯等的清洁可参照客用电梯的清洁方式

四、地毯的清洁保养

地毯的更新周期一般为5—7年，其是否保养得当，直接影响酒店的经济效益。因此，酒店运行中绝不能忽视对地毯的保养。地毯的清洁保养程序如下。

微课：
地毯清洗

1. 吸尘

彻底吸尘是保养地毯最重要的工作。吸尘不但可除去地毯表面积聚的尘埃,还可吸除深藏在地毯底部的砂砾,避免人来人往时在地毯纤维根部产生摩擦而割断纤维,而且经常吸尘可以减少地毯清洗次数,保持地毯的弹性和柔软度,延长其使用寿命。

(1) 地毯吸尘,一般在客房区域要求每日一次;客人活动频繁的区域(如大厅、餐厅、商场等)每日不得少于三次。平时吸尘可用普通吸尘器,但应定期使用直立式吸尘器彻底吸除地毯根部的杂质、沙砾等。

(2) 吸尘前,先清除区域内大的垃圾和尖利物品。

(3) 吸尘时,客房或公共区域的角落、墙边等处应选用合适的吸尘器配件。

(4) 吸尘时,应采用由里向外的方法进行,并按一定的顺序,以免遗漏。

(5) 吸尘应采用推拉方式。推时应逆毛,拉时应顺毛,保证吸过尘的地毯纤维倒向一致,踩后地毯不会出现阴阳面。

2. 除渍

在日常工作中,如发现地毯出现污渍,应立即加以清除。不同的污渍应用不同的方法,否则渗透扩散后会留下永远无法清除的脏迹。

3. 清洗

清洗地毯是一项技术要求极高的工作,酒店应配备专职地毯清洗工,其经过严格培训后才能独立操作。一般酒店要求彻底清洗地毯的时间不得超过半年,平时应根据地毯使用的频率灵活掌握洗涤周期。为了尽可能避免对地毯造成损坏,使地毯变形,最好采用干泡法对地毯进行清洗,当干泡法不能彻底清洁时可采用湿洗法。清洗地毯的程序如下。

(1) 清洗地毯前,应先将待洗区域地毯上的家具、物品撤除或移开。

(2) 将待洗地毯彻底吸尘。

(3) 检查地毯有无污渍,若有应先除渍。

(4) 检查清洁剂是否符合要求,应避免使用含油质或残余物的清洁剂,以免再积成油污。测试的方法是将清洁剂进行蒸发,查看其残余物是否可被吸尘器吸取(若可以吸取,则说明该清洁剂不会积聚脏污)或先将清洁剂在小块地毯上试用。

(5) 将清洁剂按使用说明配制后,装入洗地毯机的储液器内。

(6) 清洗地毯时严格按机器使用说明或要求操作,并按从里到外的次序设计清洗路线,以免遗漏。

(7) 湿洗时,洗地毯机刷洗完毕后,用吸水机吸遍地毯,将污水彻底吸净,使地毯容易干燥。

(8) 用刷子逆毛将地毯纤维刷起,使之干后富有弹性。

(9) 地毯干之前不可留有车轮印或脚印。可将清洗区域内空调的风量开到最大或使用吹风机,使地毯中的水分蒸发。地毯干后,用吸尘器彻底吸尘,除去残余物,理顺地毯纤维倒向,并将彻底清洗后的区域恢复到原来状态。

基础训练

1. 什么是计划卫生？实行计划卫生有何意义？
2. 计划卫生清洁保养包括哪些内容？
3. 如何做好客房计划卫生的执行与控制？
4. 试分析客房日常清洁保养与周期性清洁保养的关系。
5. 公共区域清洁卫生的范围是什么？
6. 酒店公共区域清洁工作有哪些特点？
7. 如何安排大堂清洁保养计划？

技能训练

实训项目	星级酒店公共区域及面层材料的清洁保养
实训目的	使学生在实践中掌握公共区域地面、墙面以及金属器件的清洁保养工作程序及标准
实训要求	学生分组，通过查询资料、参观酒店、实际操作，掌握酒店公共区域地面、墙面以及金属器件的清洁保养工作程序及标准
实训方法	□星级酒店参观　□实训室模拟　□观看视频　□其他
实训内容	1. 公共区域地面材料的清洁保养 2. 公共区域墙面材料的清洁保养 3. 公共区域金属材料的清洁保养
实训总结	
学生签名： 日期：	

模块六

客房安全管理

Kefang Anquan Guanli

项目十一 防　　火

学习目标

素质目标：

树立安全第一、预防为主的安全意识。

知识目标：

1. 了解消防设备的种类和用途。
2. 了解火灾发生的原因，并初步掌握火灾事故的处理方法。

能力目标：

1. 能够辨认和熟练使用灭火器材。
2. 能够按防火工作的预案措施做好火灾预防工作，遇有事故及时处理。
3. 能够知道发生火情、听到报警信号、听到疏散信号该如何处理。

引例：烟感器发出报警声

背景与情境：一天晚上，杭州某酒店保安员小郝正在保安室值班。突然，烟感报警器发出尖锐急促的报警声。同时，913 房的警灯上不断闪现红色信号。这异常的声音和闪光立即引起了小郝的警觉。“不好，913 房出事了！”他立刻从座椅上跳起来，冲出房门，奔向电梯口，直奔 913 房，只见 913 房门口挂着“请勿打扰”的牌子。小郝按了一下门铃，里面没有回音，他接连按几下，仍然没有动静。小郝便用力敲起门来，一面大声叫道：“913 房客人请快开门。”里面还是死一般的寂静。小郝当机立断，叫来楼层服务员小范，让她用备用钥匙打开房门。小郝和小范闯进客房，只见缕缕浓烟直冲烟感报警器装置。原来是垃圾桶里的废纸冒出烟雾，废纸上火星点点，但尚未燃烧起来。两人急忙到卫生间弄来两杯冷水将垃圾桶里废纸的火星浇灭。“好险啊！”小郝和小范轻轻地舒了口气。

到这时，他们才发现客人正躺在床上呼呼大睡。小郝上前推推他，客人仍然睡得死沉沉的，同时一股浓烈的酒气扑鼻而来。他们明白原来是客人喝醉了。小郝一边推他，一边大声叫喊：“先生，请醒醒！”客人终于醒来，一副醉眼蒙眬的样子。

小范去泡了杯茶，递给客人。客人喝了几口，酒意渐渐消散。小郝向客人说明得到烟感器报警赶来抢救的过程，并请他说说事情经过。

原来这位客人晚饭喝醉了，一个人跌跌撞撞回到客房，坐在椅子上抽了一支烟，随手把烟头往垃圾桶里一扔，就蒙头睡大觉了，以后的事情他就全然不知了。小郝态度严肃而语气平缓地对客人说："先生，维护所有客人的生命和财产安全是酒店的责任，也是每位客人的责任。您喝酒应有节制，不要喝醉，喝醉了对身体也没好处。醉酒后抽烟，乱扔烟头，易造成火灾，后果不堪设想。刚才您差点酿成一场事故……"客人羞愧地低头认错，表示今后一定吸取教训。

思考：怎样提高安全防范意识，做好防火工作？

火灾是因失火而造成人身伤亡和财产损失的灾害。酒店的客房是最易引起火灾的地方。由于客房住宿的客人比较复杂而且分散，较易发生火灾，因此，防火工作是客房部的头等大事。

任务一　预防火灾

一、了解火灾形成的原因与种类

（一）客房火灾形成的原因

客房部形成火灾的原因很多，如客人酒后吸烟，引起被褥、床单等起火；乱扔烟头、火柴，使地毯或地板起火；客房内电线陈旧或因超负荷使用造成起火；客房内电器设备自身故障或连续工作时间过长，引起升温造成起火；客房内设备老化，造成短路起火；客人将易燃、易爆物品带进客房造成起火；客房内工程维修使用明火不当造成起火；客房工作人员违反规程操作造成起火等。在众多的起火原因中，吸烟和电器事故引起的火灾在客房中占有较大的比例。

（二）火灾的种类

《火灾分类》(GB/T 4968—2008)规定，火灾根据可燃物的类型和燃烧特性可分为A、B、C、D、E、F六大类。

A类火灾：固体物质火灾。这种物质通常具有有机物质性质，一般在燃烧时能产生灼热的余烬。

B类火灾：液体或可熔化的固体物质火灾。

C类火灾：气体火灾。

D类火灾:金属火灾。

E类火灾:带电火灾。物体带电燃烧的火灾。

F类火灾:烹饪器具内的烹饪物(如动植物油脂)火灾。

(三) 火灾的等级

根据2007年6月26日公安部下发的《关于调整火灾等级标准的通知》,新的火灾等级标准由原来的特大火灾、重大火灾、一般火灾三个等级调整为特别重大火灾、重大火灾、较大火灾和一般火灾四个等级。

(1) 特别重大火灾,指造成30人以上死亡,或者100人以上重伤,或者1亿元以上直接财产损失的火灾。

(2) 重大火灾,指造成10人以上30人以下死亡,或者50人以上100人以下重伤,或者5000万元以上1亿元以下直接财产损失的火灾。

(3) 较大火灾,指造成3人以上10人以下死亡,或者10人以上50人以下重伤,或者1000万元以上5000万元以下直接财产损失的火灾。

(4) 一般火灾,指造成3人以下死亡,或者10人以下重伤,或者1000万元以下直接财产损失的火灾。

(注:“以上”包括本数,“以下”不包括本数。)

二、火灾的预防

俗话说:“防火胜于救火。”客房部应在酒店总经理的统一领导下,成立防火小组,制订完整的防火计划,防患于未然。

(一) 加强职工培训,增强防火意识

客房部应组织员工学习酒店制定的防火手册,并制定防火安全条例,建立防火岗位责任制,明确各岗位员工在防火、灭火中的职责和任务,教会他们如何及时发现火情和报警;遇有火灾发生时,如何使用防火、灭火设备及平时如何对这些设备进行维护和保养;当火灾发生时,如何镇定地疏散客人,以及重要的财产如何保护和安置;如何在日常工作中正确执行操作规程,防止火灾发生,以及如何向客人宣传防火知识,还可定期举行消防演习等。

(二) 建筑装饰中要安装必要的防火设施和选用具有阻燃性能的材料

客房要配备有效的消防设施用品,如防火门、安全通道、自动喷水灭火装置、烟感报警器等。同时,对家具、布件等物品应选用具有阻燃性能的材料。

(三) 对住店宾客加强防火宣传

在每间客房内,要放置防火宣传材料,如《防火手册》《防火须知》等;向客人介绍客房内的消防设施,并提醒客人在室内吸烟和使用电器设备时,要注意安全防火;在房门后张贴一些防火宣传图例;一般情况下,客房还应备有《旅客须知》宣传册,向他们介绍一旦发生火灾时撤离的方法和路线。

(四) 做好日常的防火管理工作

(1) 配合保安部定期对重点部位进行全面检查,如紧急出口是否畅通,防火门是否有

效，报警、灭火设施是否良好等。

（2）发现客人使用电炉、电饭锅等设备，要及时提醒、阻止。

（3）发现楼面和客房有易燃、易爆物品，要及时清扫处理。

（4）注意检查房内电器、电线和插头等有无短路、漏电、裸露现象，如发现要及时报修。

（5）对酗酒过度，吸烟和烟瘾大的客人，要格外加以关注。

（6）对带电、带油在客房进行维修的作业人员，要及时提醒注意防火。

（7）对发生故障的清洁设备，要及时报修，以防短路或漏电而发生火灾。

（8）制订火警时的紧急疏散计划，包括如何引导客人疏散、保护重要财产等。

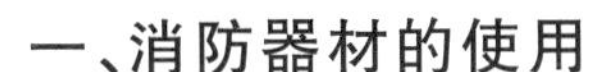

任务二　火灾事故的处理

一、消防器材的使用

酒店是个复杂的建筑物，诱发火灾的源头众多。一旦发生火灾，由于居住、逗留的人员众多，极易引发重大人员灾难，因此，一直以来酒店都是火灾防范治理的重点单位。酒店内部配备安装了不同类型的多种消防器材，会使用这些消防器材是酒店员工的基本职责之一。

（一）灭火器的使用

酒店一旦发生火灾，易造成人员伤亡及重大财产损失，产生的危害非常大，后果往往无法估计。因此，酒店内部配备安装了不同类型的多种消防器材，酒店员工必须熟悉消防设施和灭火器的使用方法。表 11-1 所示为常用灭火器的种类和使用方法。

表 11-1　常用灭火器的种类和使用方法

种类	用途	使用方法
泡沫灭火器	1. 适用于扑救一般火灾，如油制品、油脂等无法用水来施救的火灾 2. 不能扑救火灾中的水溶性可燃、易燃液体的火灾，如醇、酯、醚、酮等物质火灾 3. 不可用于扑灭带电设备的火灾	1. 在未到达火源时切记勿将其倾斜放置或移动 2. 距离火源 10 米左右时，拔掉安全栓 3. 拔掉安全栓之后将灭火器倒置，一只手紧握提环，另一只手扶住筒体的底圈 4. 对准火源的根源进行喷射即可
干粉灭火器	1. 可扑灭一般的火灾，还可扑灭油、气等燃烧引起的失火 2. 主要用于扑救石油、有机溶剂等易燃液体、可燃气体和电气设备的初期火灾	1. 拔掉安全栓，上下摇晃几下 2. 根据风向，站在上风位置 3. 对准火苗的根部，一只手握住压把，另一只手握住喷嘴进行灭火

续表

种类	用途	使用方法
二氧化碳灭火器	1. 用来扑灭图书、档案、贵重设备，精密仪器、600 伏以下电气设备及油类的初起火灾 2. 适用于扑救一般 B 类火灾，如油制品、油脂等火灾，也可适用于 A 类火灾 3. 不能扑救 B 类火灾中的水溶性可燃、易燃液体的火灾，如醇、酯、醚、酮等物质火灾 4. 不能扑救带电设备及 C 类和 D 类火灾	1. 使用前不得使灭火器过分倾斜，更不可横拿或颠倒，以免两种药剂混合而提前喷出 2. 拔掉安全栓，将筒体颠倒过来，一只手紧握提环，另一只手扶住筒体的底圈 3. 将射流对准燃烧物，按下压把即可进行灭火

(二) 消防栓的使用

(1) 消防栓装置主要使用水来扑灭火灾，一般不能用于扑救 B 类、C 类火灾。

(2) 打开消防栓柜，卸下出水口的堵头，安上消防栓扣，接上消防水带，注意接口要衔接牢固。

(3) 然后将水带甩开，注意水带不要拧花和打结。

(4) 最后拧开阀门，水即经水带输送到火场。

(5) 使用完毕后，应先关阀门，然后再把水带分解开，卸下接扣，把堵头装好。

(6) 消防水带每次使用后要冲洗干净，晾干卷好，定期检查，如发现漏水要及时修好。

知识活页

常用的灭火方法

1. 冷却灭火法。它是将燃烧物的温度降到燃点以下，使燃烧停止。通常用水和二氧化碳灭火剂。

2. 窒息灭火法。它是采用一定方法隔绝空气或减少空气中的含氧量，使燃烧物得不到足够的氧气而停止燃烧。通常用泡沫和二氧化碳灭火剂，也可用浸湿的棉被等覆盖燃烧物。

3. 隔离灭火法。它是把正在燃烧的物质同未燃烧的物质隔离开来，使燃烧不能蔓延。

4. 抑制灭火法。它是把有抑制作用的化学灭火剂喷射到燃烧物上，参与化学反应，与燃烧反应中产生的游离基结合，形成稳定的不燃烧分子结构而使燃烧停止。

二、处理火灾事故

无数次酒店火灾已经证明，酒店火灾事故绝大多数都是因为管理不当，员工培训不到位，安全意识淡薄，没有及时发现各类安全隐患，在发生火情时不能及时采取正确的处理措施所致。酒店消防安全管理一直贯彻“预防为主，防消结合”的方针，一旦发生火灾事故，保证客人的生命财产安全是酒店方义不容辞的责任。因此，酒店必须制定火灾事故处理的紧急预案，动员全员进行认真学习和严格执行。

（一）发现火情及时报警

（1）客房楼层发生火灾时，客房服务人员应充分表现良好的专业服务能力和紧急应变能力，沉着冷静地按平时防火训练的规定要求迅速行动，确保宾客的人身财产和酒店财产的安全，努力使损失减少到最小。

（2）打电话到总机或消控中心报警。报警的内容包括起火具体地点、燃烧物、火势程度等。

（3）如火情紧急，应立即使用最近的报警装置进行报警，发出警报。

（二）及时扑救

如果火势较小，可以利用水、灭火器、消防栓等器材控制火势，并尽力将其扑灭。

（三）疏散宾客

（1）如无法控制火情，应迅速有步骤地组织疏散，以免遭受重大伤亡。

（2）听到疏散信号时，应立即到楼道上协助宾客从最近的消防通道撤离。

（3）在疏散时要通知客人走最近的通道，千万不能使用电梯。一般应将事先准备好的“请勿乘电梯”的牌子放在电梯前，并将电梯锁住。

（4）各层楼梯口、通道口都要有人把守指挥，为客人引路及避免大量客人涌向一个出口，造成挤伤事故。

（5）帮助老弱病残、行动不便的客人离房。楼层主管要逐间查房，确认房内无人，并在房门上做好记号。

（6）人员撤离至指定地点后，应与前厅服务员一起查点客人。如有下落不明或还未撤离的人员，应立即通知消防队员。

（四）善后处理

（1）扑灭火灾后，应注意保护火灾现场。

（2）查明或协助查明火灾原因，核实或清查火灾损失情况。

（3）安排清洁人员清理地面水渍、走廊地毯等。

项目十二 防 盗

学习目标

素质目标:

树立安全意识、责任意识和团队协作意识。

知识目标:

1. 能够掌握安全防范的基本知识。
2. 能够熟练掌握客房或客人财物失窃的处理程序和方法。

能力目标:

1. 能够熟练处理客人或酒店物品丢失等情况。
2. 能够按防盗的预案措施做好防盗工作,遇有事故及时处理。

引例:未锁的房门

背景与情境:一日,620房间客人回房时发现房门未关,房间又无人,遂向客房部经理投诉,房内有行李怎可如此轻率行事,不关门若有遗失怎么办?经查为实习生在做房后未将门关紧。已向客人致歉,并对服务员做出批评。新员工或实习生未经过严格的培训不能独立上岗操作,上岗必须有熟练员工陪同。服务员在关门时应顺手推一下检查房门是否已关紧,客房服务员和管理者应经常巡视楼层,发现异常情况,应及时处理。

动画:

未锁的房门

思考:服务员如何提高安全防范意识,保障客人人身财产安全?

任务一　盗窃事故的预防

一、防止盗窃事故

为了有效防止盗窃事件的发生，应针对不同的失窃原因采取相应的预防措施。

（一）防止宾客盗窃

为了防止客人偷盗事件发生，可采取下列措施。

1. 对于住店客人

（1）客房服务员要提高警觉，掌握客人出入情况，做好来访登记工作，注意观察进出客人携带物品情况。

（2）房态报表、交接班簿本应对外保密。

（3）清洁员整理房间时，将工作车停在打开的客房门口，调整好工作车的位置，使工作车上的物品面对客房，防止被人顺手牵羊。

（4）加强对储藏室的管理，不可让客人自己进入储藏室拿取备用品或布巾用品。

（5）客房中价值较高的物品如挂画、灯饰等应该采用较大尺寸，以使客人无法将其装入行李箱中。

（6）客人入住时，要提醒客人将贵重钱物放总台保存。

（7）对晚间没有回房住宿的客人，应及时做好记录并向上级汇报。

（8）客人退房后，要清查房间物品，如有遗失，立即与总台联系。

（9）在巡视楼面时，如发现客人的门钥匙忘记拔下，应敲门提醒客人；若房中无人，则应将门锁紧，钥匙交存服务台并做记录。

2. 对于访客

（1）凡住客本人引带的来访客人，台班可不予询问，但要做好记录，包括访问的时间和人数。

（2）对单独来访客人，要上前询问，并查验证件，通知客人；若客人不在，应请来访客人到公共区域等候，不要带其进入客人房间等候。

（3）若访客因事较晚不能离店，应让其到总台办理入住登记手续；超时不肯离房又不愿办手续的，应报大堂副理或保安部处理。

（4）要充分发挥监控系统的作用，对客房楼道、走道、出入口等进行严格监控，发现不明外来人员要及时报告。

同步案例 冒名顶替事件

背景与情境:一天,有位新加坡客人住进酒店。这位客人有60多岁,面容和蔼,是位很慈祥的老人。老先生是酒店的常客,前台的服务员都认识他,和这位老人很熟。第二天,老先生早上十点多就出去了。在出门前嘱咐前台的服务员,说其外出办事,中午的时候会有一位广州来访客人,是其多年的老朋友,来了就让他上其房间取一份文件,并告诉了来访者的姓名。老先生交代完毕就外出办事去了。大约过了3个小时,一位年轻的客人到了前台,说是来取一份什么文件,并说出了房间号和那位住客的姓名。前台实习生小许听了也没多想,觉得既然符合姓名与事例,便给了他房间的钥匙,并打电话通知了楼层的实习生小晶,让其进房间。过了20多分钟,那位年轻的来访者交还房间钥匙后离开了。

**动画:
冒名顶替事件**

又过了一个钟头左右,来了一位40多岁的客人,向前台说明是来某房间取文件,并详细地说出了那位住客的姓名及房间号等情况。小许等几位前台服务员一听马上感觉不对,怎么有两位来访者取同一份东西?他们越想越感觉有问题,马上将情况报告主管,主管分析后,马上通知保安人员一起进房间查看。当打开门时,那位老先生的房间凌乱不堪,床上和地上到处都有被翻过的痕迹。酒店立即打电话通知了客人,经过清点物品,发现客人被盗走了10000元美金和一部数码相机。结果,酒店做了原价的赔偿,并让客人免费入住酒店。这个教训是深刻的,值得反思。

(资料来源:https://www.renrendoc.com/paper/103139472.html.)

问题:该酒店存在哪些方面的问题,如何做好防盗工作?

分析提示:第一,前台工作不仔细、不认真,没有问清情况就把房间钥匙交给陌生来访者,让其进入客房,给盗窃者提供了作案条件。第二,楼层服务员既未让来访者作"来访登记",也没有注意来访者的面貌,给公安破案增加难度。楼层服务员不应听从前台服务员的安排,有问题时应及时向自己所在部门的主管反映,超过自己权限的问题应让上级去处理。第三,酒店管理规程上出现了漏洞。当有客人要求转交物品时,应该让客人自己带来前台,让前台服务员转交,并做好关于转交财物的有关登记,不能让来访者单独去房间,给案犯提供作案机会。

加强管理防止类似事件的发生要做到:其一,加强前台以及客房员工业务素质和能力的培训,提高员工安全防范意识;其二,完善酒店管理的规章制度,加强酒店的安全管理。

(二)防止员工内盗

(1)对本店员工要加强职业道德教育,提高员工的素质,增强员工遵纪守法的自觉性。

(2)实行一定的奖惩手段堵住漏洞,不给作案者可乘之机。

(3)一旦发现有偷窃行为,要严肃处理,毫不留情。

(4)严禁在工作时间会客、串岗或擅自离岗。

（5）严格履行领用和保管物品的手续。

（6）在清扫客房时，不能随意将客房钥匙丢在工作车上或插在客房门锁上。

（7）不能主动将客人的情况告诉不明身份的访客。

（8）设立员工专用通道，防止员工或施工人员携带酒店财物离店。

二、加强客房钥匙的使用和管理

酒店是典型的住宿单位，同时建筑物较为复杂，一方面要保障客人的人身财产安全，另一方面也要维护自身的利益，需要制定完善的钥匙使用制度，并严格管理，防止各种紧急事故的发生。

（一）钥匙领取

（1）房务中心文员应根据员工所在区域发放相应的钥匙磁卡，并在房务部"钥匙领用登记本"上记录，由员工签收。

（2）非正常工作需要的钥匙领用必须经房务部经理批准。

（二）钥匙使用

（1）钥匙磁卡执行"谁领取、谁使用、谁负责"的原则。

（2）钥匙磁卡必须由专人负责。经理卡由房务经理负责保管。主管钥匙磁卡、卫生班钥匙磁卡及各库房钥匙由房务中心当班文员负责分发、收回、保管后送回房务中心，并在"客房钥匙交接登记表"上签字。钥匙磁卡需存放于坚固的钥匙柜中。房务中心文员须严格执行收发签字制度，交接班时进行核对。

（3）23:00 以后不准随便使用客房钥匙和楼层服务间的钥匙。

（4）服务员工作期间须做到钥匙不离身，严禁将钥匙乱丢、乱放等。

（5）服务员严禁利用工作之便随意进出客人房间等。

（6）楼层主管需对员工的操作进行督导、检查。

（三）钥匙归还

（1）员工和主管下班时要亲自将钥匙磁卡交给房务中心文员，在房务中心"钥匙领用登记本"上做好交还记录，并由房务中心文员签收，确认无误后方可离开。

（2）各班下班后，房务中心文员负责检查钥匙交还情况，如遇员工或主管工作结束尚未交钥匙磁卡的，房务中心文员要负责了解情况，催交直至收齐，并将情况反馈给房务中心主管。

（四）钥匙丢失处理

（1）房门钥匙丢失，须马上报告主管、领班，并要在第一时间内寻找。

（2）房门钥匙无法找到时，部门要做相应的处理，避免发生安全事故。

（3）追查、处理丢失钥匙的责任人。

同步思考

一位客人称房卡在房间内而无法进入客房,要求客房服务员帮助打开房门,服务人员应该怎样做?

A. 请客人到总台用身份证进行入住身份的确认,客房服务员凭客人入住身份确认手续为其打开房门。

B. 如果客房服务员可以确认入住该房间的客人,可以立即为客人打开房门。

C. 请客人出示身份证件,记录身份证号码后,为客人打开房门并做好记录。

理解要点:A 的做法,客房服务员做到按章办事,从保障入住客人人身及财产安全的角度是非常必要的。若客人不予配合,应从保障客人利益的角度进行解释,以获取客人的理解与配合。B 的做法比较人性化,服务及时,做法应予以提倡。但值得注意的是,服务员应该能够确认客人的入住身份和房号,否则这样的服务将承担安全风险。C 的做法不可行,因为客房服务员在服务现场无法凭借客人的身份证,确认其入住身份与房号,所以其提供的服务不能保障住店客人和酒店的利益。

任务二　盗窃事故的处理

一、客人带走客房物品的处理

客人住店期间,或出于自己疏忽,或出于喜爱等原因,会出现准备带走酒店客房物品的情况。客人的这种做法会加大酒店的成本,从维护酒店利益、降低酒店成本的角度出发,酒店应制定相关制度,服务人员也有责任维护酒店利益。在处理类似事件的过程中,自始至终都要把客人的自尊放在第一位,千万不要伤了客人的自尊,否则会得不偿失,也许酒店追回了物品,却永远失去了这位客人。

(一) 及时发现

客房服务员在查房时要认真仔细、及时准确地发现缺少的客房物品(一次性消耗品除外)。

(二) 联系上报

发现客房物品丢失,应及时通知前台和部门楼层负责人。

(三) 联系客人

与客人沟通,耐心询问,弄清原因并向客人解释酒店规定的赔偿制度。

(四) 恰当处理

(1) 应婉转地提醒客人,酒店物品发现遗失,请客人回房协助查找。

(2) 帮助客人回忆并查找房内的酒店遗失物品,指出哪些是客人可以带走的,哪些是不能带走的。

(3) 如确定客人带走物品,则单独留下客人,让其在房间自行查找。

(4) 如客人归还物品,要向客人致谢。

二、客人财物丢失的处理

客人在住店期间难免丢失物品,会向酒店报告,请求帮助查找。酒店要视情节轻重妥善处理,客房部尤其要急客人所急,积极帮助查找。酒店应对这类问题重点防范和及时处理。

(一) 接受客人报失

(1) 接到客人在房间内丢失财物的投诉后,应立即通知值班经理、保安部和客房部。

(2) 封锁现场,保留各项证物,会同保安人员、客房部人员立即到客人房间。

(3) 用亲切的语言安慰客人,使客人情绪平复。

(二) 做好访问记录

(1) 记录失主的姓名、年龄、性别、国籍、职务、来访目的,来店、离店日期和具体时间、去向等。

(2) 记录丢失物品的准确时间、最后见到失物的时间。

(3) 记录丢失物品的准确地点、位置。

(4) 记录丢失物品的名称、种类、型号、数量、特征、新旧程度、特殊标记、有无保险等。

(5) 记录丢失前是否有人来过房间,有无亲朋好友来访、打扫房间、工程维修、洗送衣服等情况,失主有无怀疑的具体对象以及怀疑的根据等。

(6) 记录失主有何要求,如开具丢失证明或要求酒店赔偿。

(三) 进行调查

(1) 向保安部调出监控系统的录像,以了解出入此客房的人员,便于进一步调查。

(2) 过滤失窃前曾逗留或到过失窃现场的人员。

(3) 经过分析后帮助客人寻找,请客人耐心等待或让客人在现场一起寻找。

(4) 将详细情况记录下来。

(四) 回复客人

(1) 若找到物品,及时交给客人。

(2) 若找不到物品,应向客人表示同情和耐心解释。若丢失原因不明,酒店不负责赔偿,应请客人留下电话,以便今后联系。

(五) 报警

(1) 遗失物品确定无法找到,而客人坚持报警处理时,立即通知保安部人员代为报警。

(2) 待警方到达现场后,让保安部人员协助客人及警方进行事件的调查。

(六) 记录备查

将事情发生的原因、经过和结果记录于值班经理交接本上,以备核查。

知识活页

失盗处理

据国外统计,在客人报称丢失的物品中,有40%是由于放错了地方,30%是客人记忆不清,30%是真正丢失。一旦发生失盗,客房部要及时报案,并协助有关人员调查原因,寻找线索,尽快破案。

客人在住店期间财物丢失、被盗或被骗后,直接报告当地公安机关,叫报案;如未向公安机关报告,只是向酒店反映丢失情况,叫报失。无论报案或报失,酒店有关部门的领导和工作人员都应该积极协助客人(或公安机关)调查失窃原因,寻找线索,尽快破案。在客房内丢失物品时,客人常常先向客房部报失,因此客房部在事故处理中承担了大量工作。

1. 报失的处理

(1) 当接到客人报失后,服务员应立即报告客房部经理,由经理与大堂副理及保安部取得联系,共同处理。

(2) 认真听取客人的陈述,问清客人丢失物品的详细内容并做记录。应到现场帮助客人尽量回忆物品丢失的前后经过,分析是否确实丢失。常有客人因害怕丢失物品而在客房里东藏西藏,最后忘记了地方。

(3) 在征得客人同意后,可由保安员与服务员共同在房间帮助查找。物品找到后应将结果记录存查。

(4) 如果调查显示客人财物确属被盗或被骗,要立即向总经理汇报,并由保安人员保护好现场。经总经理同意后向公安机关报案,待公安机关破案处理。

2. 报失后的注意事项

(1) 客人报失后,服务员只能听客人反映情况,不要做任何结论猜测或讲否定的话,以免为今后的调查工作增加困难或使酒店处于被动。

(2) 服务员个人绝不可擅自进房查找,以免发生不可想象的后果。

(3) 客人报失后,进入过客房的服务人员也要受到询问。服务员应采取积极协助的态度,不要有委屈或不满情绪,更不能在自己有失职行为时有意隐瞒。

项目十三
其他事故的处理与防范

学习目标

素质目标:

能够树立较强的对客服务意识和安全防范意识。

知识目标:

1. 熟悉解决突发性事件应采取的措施。
2. 能够掌握客人醉酒、生病、受伤及死亡的处理程序与方法。

能力目标:

1. 能够按照规定的程序及时处理紧急情况。
2. 能够掌握处理各种突发事故的正确方法。

引例:深夜醉倒的客人

背景与情境:凌晨2点,南京某宾馆的电梯在5层停住。“叮咚”一声门开了,一位客人踉跄而出,喃喃自语:“我喝得好痛快啊!”口里喷出一股浓烈的酒气。这时保安员小丁巡楼恰好经过5楼电梯口。见到客人的模样,小丁断定客人是喝醉了。他连忙跑上去扶住客人,问道:“先生,您住在哪间房?”客人神志还算清醒,他轻轻地摇摇自己的左手。小丁会意,便细看客人的左手,发现一块517房的钥匙牌。小丁一步一步把客人搀进房间,扶他躺在床上,又泡了一杯醒酒茶,然后将衬有塑料袋的清洁桶放在客人床头旁。这时,客人开始呻吟起来,小丁一面赶紧将客人稍稍扶起,将沏好的茶水端到他嘴边,一面安慰说:“您没事的,喝完茶躺下歇歇就会好的。”随后他又到洗手间拿来一块湿毛巾敷在客人额头上,说道:“您躺一会儿,我马上就来。”

不一会儿,小丁取来一些用湿毛巾裹着的冰块,换下客人额头上的湿毛巾。突然,“哇”的一声,客人开始呕吐了。说时迟,那时快,早已有准备的小丁迅速拿起清洁桶接住。等醉客痛快地吐完后,小丁又轻轻托起他的下颚,用湿毛巾擦去其嘴边的脏物。此后,小丁静静地观察了一会儿,发现客人脸色渐渐转红,便对他说:“您好多了,好好睡上一觉,明天就会好了。"他边说边帮客人盖好被子,在床头柜上留下一杯开水和一条湿毛巾,又补充一句:"您若需要帮助,请拨9,这是楼层服务台的电话。"然后他调节好空调温度,将清洁桶换上新的垃圾袋,轻轻关上门离房。

小丁找到楼层值班服务员,告知醉客的情况,并请她每过10分钟到517房去听听动静。天亮时,辛劳值勤一夜的小丁眯着熬红的双眼又来了解情况,得知醉客安然无恙才放下心来。最后他又请值班服务员在交接班记事本上写下:"昨夜517房客醉酒,请特别关照!"

思考:遇到醉酒客人如何处理,以保障客人的安全?

除火灾、盗窃,客房中还会发生许多意外事故。任何不安全的因素都应该加以重视,加以防范。

任务一　员工职业安全事故的防范

一、员工工伤事故发生的主要原因

客房服务员在进行客房服务的过程中,由于不注意安全因素,时有工伤事故发生,造成客人或员工自身的人身伤害,既损害了个人的身心健康,又影响了酒店的声誉和经济利益。归纳起来,造成工伤事故的原因主要有以下几个方面。

(一)员工的危险行为

员工的不安全动作是造成意外的原因之一,如进房间不开灯;挂浴帘时不使用稳固的梯形凳,而是站在浴缸的边沿上;忽视安全指示或安全守则等。

(二)工作环境不安全

工作环境的不安全也是一种潜在的危险。常见的容易造成伤害的因素包括以下几点。

(1)没有留意地面上的玻璃碎片。

(2)未留意有缺口的破损瓷器和玻璃器皿。

(3)泼洒在地上的液体或掉落在地上的食物未及时清理。

(4)搬动家具不小心被钉子或有刺的东西刺伤。

(5)带插头的电线没有靠墙角放置而被绊倒。

(6)过滑的地板表面。

(7)设备堆置或存放方式不当。

(8)照明不足。

（三）设备或工具操作维护不当

器械、设备的操作维护不当也是人为因素的潜在危险，例如，不遵守机器操作规定，使用表层绝缘体破损的电线，失效或功能欠佳的工具、材料没有报修等。

二、工伤事故的预防

据统计，酒店中约 80％的事故是由于员工不遵守酒店操作规程，粗心大意、精神不集中造成的，只有 20％左右是设备原因所致。因此，客房部员工在工作中应树立安全意识，加强劳动保护，防止事故发生。

（一）主管人员的责任

（1）主管人员应对下属施以正确的教导，监督工作的安全，若有不安全行为，应随时加以指导和纠正，以防止意外发生。

①防止工作方法错误引起的危害。

②防止物料储运、储存方法错误引起的危害。

③防止机械、电气、器具等设备使用不当所引起的危害。

④防止火灾、台风、地震等引起的危害。

⑤其他维护顾客、员工健康、生命安全等的必要措施。

（2）各个主管负责督导工作地区范围内的清洁及整顿。

（3）为新员工详细解释有关安全的规定及工作方法。

（二）员工安全作业须知

（1）在酒店工作范围内不得奔跑。

（2）工作地带湿滑或有油污的，应立即抹去以防滑倒跌伤。

（3）员工制服不宜过长，以免绊倒，发现鞋底过分平滑时要更换。

（4）卫生间的热水龙头要有说明指示。

（5）清理破碎玻璃及类似物品时，要用垃圾铲而勿用手收拾，处理时应与一般垃圾分开。

（6）开门关门时，必须用手按门锁，勿用手按在门边。

（7）不要将燃着的香烟弃置在垃圾桶内。

（8）手湿时，切勿接触电器，防止漏电。

（9）经常留意是否有其他危险因素。

（三）工伤事故的应急处理

一旦发生工伤事故，必须快速而圆满地处理，以保护员工的生命安全，减少员工的紧张、恐惧等不良情绪。具体可参见宾客意外伤害的处理方法。

任务二 意外事故的处理

一、客人醉酒的处理

酒店中客人醉酒问题屡有发生,其处理方式因人而异,有时会非常困难。有的醉客大吵大闹或破坏家具,有的随地呕吐不省人事。服务人员应冷静机智地根据醉客不同情况分别处理,并对客人进行及时的跟踪服务。

(一)发现醉酒客人

(1)当发现客人在房内不断饮酒时,客房服务人员应特别留意该客人动态并通知领班,在适当情况下与当班其他服务人员或领班借机进房查看,切忌单独进房。

(2)客房服务人员有时会在楼层发现醉酒客人,如果证实其为外来游荡的醉客,应请其离开,通知保安部人员将醉客带离楼层,并控制醉客的行为;若是住店客人,应通知领班或请同事帮忙,安置客人休息。

(3)发现醉酒客人时,要注意观察其醉酒程度,对于重度醉酒的客人,应及时上报并通知保安部;对于轻度醉酒的客人,应劝其回房间休息。

(二)提供恰当的服务

(1)若客人已饮酒过量,但尚清醒,应扶客人上床,将纸篓放在床边,以备客人呕吐,并准备好面巾纸、漱口水放在床头柜上。对呕吐过的地面应及时清理。

(2)征求意见后,泡一杯茶给客人放在床头柜上。

(3)安顿客人休息后,房间要留灯,然后轻轻退出房间,关好房门。

(三)做好记录

在服务员工作日报表上填写醉酒客人房号、客人状况及处理措施,并做好交接工作。

二、客人生病的处理

客人在酒店住宿期间,身体可能会偶有不适或突发疾病。客房服务员要注意观察客人的生活起居,向客人提供温情服务,要能及时发现,及时汇报处理。一般性疾病,要帮助请驻店医生;严重性疾病,要派人派车将病人送往医院救治。

(一)及时上报

发现病客要及时向上级报告并做好记录。

(二)提供温情服务

(1)对病客表示关心及乐意帮助。

(2) 礼貌询问客人生病的原因，若客人表示确有些不舒服或道出病情，服务人员应提醒客人，酒店有医务室或住店医生服务，可前去就诊或请医生到客房初诊。

(3) 为客人提供必要的生活用品，如纸巾、茶杯、热水瓶、垃圾桶。

(4) 要适时借服务之机进入客人房间并询问客人有无特殊要求，建议并协助客人与就近的亲朋好友联系，提醒客人按时服药，推荐适合客人的饮食。

(5) 关上房门并随时留意此房的动静。

(6) 客房部管理人员应亲自慰问病客，并送鲜花、水果等，祝客人早日康复。

(三) 善后处理

客人退房后，此间客房要彻底清扫整理并消毒，防止病菌感染。

同步思考

客房服务员在清洁整理房间时，发现客人可能生病了，应如何提供帮助？

A. 询问客人是否身体不适，是否需要请医生。如果客人急症病重，应立即请示上级，送往医院，并及时通知其亲属。车费、医疗费由客人自理。

B. 客人没有寻求酒店帮助，客房服务员不必过问客人隐私。

C. 根据医疗、健康常识，帮助客人店外买药、用药，力所能及地提供帮助。

理解要点：A 的做法恰当。B 的做法缺少服务情感，没有做到关爱客人，不可取。C 的做法好像在真心诚意地帮助客人，可是服务员不是医生，所提供的“外行服务”容易出现难以预料的不良后果，应杜绝采用。

知识活页

服务生病客人的注意事项

在日常对病客的照料中，服务员只需做好必要的准备工作即可离去，不得长时间留在病客房内，病客若有需要可电话联系。

如遇危重病人，应及时与医院或急救站联系，组织抢救，救护车未到前由驻店医生给予必要的救治处理，同时要立即逐级上报，大堂副理或值班经理应亲临处理。如客人处于清醒状态，则需征得客人同意。

未经专门训练和相应考核的服务员，若发现客人休克或有其他危险迹象，应及时通知大堂副理或值班经理采取必要措施，不得随意搬动客人，以免发生意外。

若有客人要求服务员代买药品，服务员首先应婉言向客人说明不能代买药品，并推荐酒店内医务室，劝客人前去就诊。若客人不想看病，坚持让服务员代买药品，服务员应及时通知大堂副理，并由其通知驻店医生到客人房间，进而由医生决定是否从医务室为客人取药。

若发现客人患有传染病，应做到以下几点。

(1) 关心安慰客人，稳定客人情绪。

(2) 请酒店医务室的医生为其诊治。

(3) 将客人转到医院治疗。

(4) 客人住过的房间请防疫部门进行消毒。

(5) 彻底进行清理后再出租。

三、客人意外受伤的处理

客人住店期间,在客房内遭受的伤害大多数与客房内的设备用品有关:一是设备用品本身有故障,二是住客使用不当。酒店应对受伤的客人进行及时处理,提供完善的后续服务。

(一) 前往现场

(1) 接到报告后立即前往现场。

(2) 开房门发现客人倒在地上时,应注意客人是否在浴室倒下,是否因病倒地,是否在室内倒地时碰到家具,身上是否附着异常东西,倒地附近是否有大量血迹。应判明客人是否因病不能动弹,是否已经死亡。

(3) 询问受伤者的伤情。

(4) 在发生事故后,应立即安慰客人,稳定伤者情绪,注意观察病情变化,在医生到来之后告知病情。

(5) 如需要,建议伤者前往医院接受进一步检查。

(6) 如伤情严重,应安排能与客人进行语言沟通的员工陪同伤者去医院就诊。

(二) 及时处理

(1) 如果伤处出血,应用止血带进行止血;如果不能缠绕止血带,应用手按住伤口,待医生到达后即遵医嘱。

(2) 如果是轻度烫伤,先用大量干净冷水进行冲洗;如果是重度烫伤,不得用手触摸伤处或弄破水泡,应听从医生的处置。

(3) 如果四肢骨折时,应先止血后用夹板托住;如果是肋骨骨折,应在原地放置不动,立即请医生处置。

(4) 如果头部受了伤,在可能的情况下要小心进行止血,并立即请医生或送往医院。

(5) 如果后背受了伤,尽量不要翻转身体,应立即请医生或送往医院。

(6) 如果杂物飞进眼睛,应立即上眼药水或用洁净的水冲洗眼睛。

(三) 善后处理

(1) 详细记录事件发生和处理过程。

(2) 与有关部门合作,为伤者提供一切酒店能够给予的帮助。

(3) 合理赔偿。

四、客人意外死亡的处理

意外死亡是指客人在住店期间因病死亡、意外事件死亡、自杀、他杀或其他原因不明的死亡。除前一种属正常死亡外，其他均为非正常死亡。住客死亡多发生在客房，楼层服务员要提高警惕，发现客人或客房有异常时要多留心，及时报告管理人员。

（一）保护现场，及时报告

一旦发现客人在客房内死亡，应立即报告客房部经理、总经理、保安部等有关方面，双锁房门，由保安部报告公安机关并派人保护现场，等候调查。

（二）协助公安机关调查

（1）对因突然发病死亡人员，先确认是否可救，如未死亡，应尽快通知就近医院或急救中心进行抢救；如确定已经死亡，通知客房部经理、保安部前往现场，并同时请医院专业人员查验死亡原因，待调查清楚死亡原因后，酒店组织有关人员做好善后工作。

（2）对自杀死亡人员，首先保护现场，劝阻无关人员靠近，待公安、保卫人员到达后，寻找死者遗书等证据材料。

（3）对他杀死亡人员，首先保护现场，观察周围有无可疑人员，不许无关人员靠近，待公安人员到达后，汇报情况并提供有关线索。

（三）做好善后工作

（1）死者的遗留物品应及时整理、清点和记录并妥善保存，等待死者亲属认领并做好领取的签收手续。

（2）请卫生防疫部门严格消毒客房，客人用过的物品和卧具焚毁处理。

五、客房遗留物品的处理

住店客人退房时，容易将个人物品遗漏在酒店。酒店有责任为客人保管遗留物品，并将其归还给客人。

（一）发现与上交

（1）当客人办理结账手续时，楼面服务员查房发现宾客遗留物品，应立即通知房务中心文员，由其联系客人取回。

（2）如客人已离店，无法联系到，楼面服务员应立即将物品送至房务中心，填写“客人遗留物品登记表”，并在交班本上记录房号、物品名称、房务中心经手人姓名。

（3）清洁走客房时发现遗留物品，楼面清洁员应在“楼面清洁员工作日报表”上遗留物品一栏内填写清楚，并立即汇报房务中心文员及楼面主管。

（二）登记

（1）员工将遗留物品交房务中心后，房务中心文员必须将实物与“客人遗留物品登记表”核对。

（2）核对准确后，再将遗留物品的日期、房号、物品名称、数量及拾获人姓名填写在“客人遗留物品登记表”上。

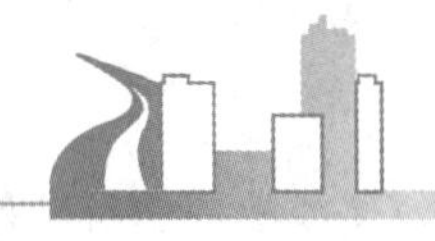

(3) 将各遗留物品的信息填写在挂牌上,编号,以备查找。

(三) 保管

(1) 遗留物品的保存期按物品的价值分为:贵重物品——保存半年,一般物品——保存三个月,食品——保存三天至一个月,一般物品需经整理后封好存入遗留物品柜中,贵重物品经登记后交房务总监签收并由部门文员保管,危险物品应立即交保安部处理。

(2) 遗留物品中的衣物等物品交洗衣房清洗,洗好后将其包装好贴上标签后存放。

(3) 遗留物品存放于专用地点,每次开门后应将钥匙封存,并签上封存人的姓名、时间。

(四) 认领

(1) 失主前来认领遗留物品,必须要求失主说明失物的情况,并验明证件,由失主在“客人遗留物品登记表”上签名后取回该物。

(2) 凡通过他人来认领的,须问清楚客人姓名、遗失物品情况、遗失部位、时间,所有资料相符,才可将遗留物品记录后交给客人,并需记录该人身份证号码,同时让其签名。

(3) 凡客人通过电话来查询遗留物品,经查登记本上所记录的确实与客人所述相符合,应立即把结果告诉客人,并征询客人处理意见。如客人要求寄回,可先把物品寄回给客人,然后把账单副本寄给客人,要求客人把款项汇回酒店;如属贵重物品,尽可能让客人来取。

(4) 遗留物品认领或代领后,应在“客人遗留物品登记表”上记录客人的姓名、有效证件号码,请客人签名并注明以表示了结此事。

(5) 客人签名后的失物挂牌由房务中心回收并妥善保存。

(五) 处理

(1) 在每月规定日,由房务中心夜班人员整理一次已过保存期的遗留物品,将物品赠给拾捡者,并在“客人遗留物品登记表”上签字注销,由部门经理在“物品出门单”上签字放行。

(2) 对于不可返还的物品,如书、杂志、使用过的衣物或已开封的食品等,在过保存期后统一销毁,并在“客人遗留物品登记表”上签字注明。

(3) 以三个月为一期限,在保安部的陪同下将遗留物品处理。其全部情况记录在册,存档备案。

(4) 所有的遗留物品处理结果或转移情况均须在“客人遗留物品登记表”上予以说明。

基础训练

1. 如何预防火灾的发生?

2. 灭火的方法和灭火器主要有哪些?

3. 客房内如何防止偷盗事件的发生?

4. 客人离店后,服务员在查房时发现客房内少了一条毛巾,应如何处理?

5. 怎样管理好客房钥匙?

6. 员工如何保障自身的安全?

7. 客人生病、出现意外时应如何处理？

8. 对醉酒客人应如何处理？

技能训练

实训项目	认知酒店安全系统
实训目的	了解酒店及客房部安全系统的组成与运转，找出安全隐患
实训要求	学生分组，通过查询资料、参观酒店、实地调查，掌握酒店安全系统的组成及运转情况
实训方法	□星级酒店参观　□观看视频　□其他
实训内容	参观高星级酒店及低星级酒店各一家，并进行以下比较分析： 1. 两家酒店的客房部安全系统各有哪些组成部分？ 2. 星级较低的酒店在客房安全方面是否存在安全隐患？ 3. 星级较高的酒店在客房安全方面能否找出安全隐患？ 4. 即使是星级较高的酒店，在客房安全方面的隐患是否可以忽视？
实训总结	
学生签名： 日期：	

模块七

客房成本控制

Kefang Chengben Kongzhi

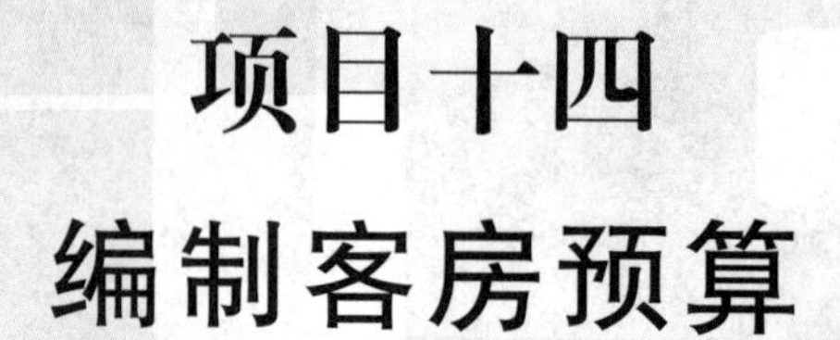

项目十四 编制客房预算

学习目标

素质目标：

精益求精，树立成本意识。

知识目标：

1. 熟悉客房预算的主要内容。
2. 熟悉客房预算编制的程序与方法。
3. 熟悉客房预算控制与分析的主要方法。

能力目标：

1. 会编制客房预算。
2. 初步具有对客房预算进行控制与分析的能力。
3. 初步具备对酒店客房部实际经营活动进行管理与控制的能力。

引例：预算管理嬗变

背景与情境：“预则立，不预则废”的理念，在企业实践中体现为预算管理的重要性。从传统的Excel手工预算到集成的全面预算管理平台，预算管理的嬗变伴随着企业规模的不断扩张，也日益成为增强企业管控能力的重要工具。Excel手工预算已经在锦江酒店沿用多年，但是，自2005年开始，锦江之星进入了每月至少新设一家经济型酒店的扩张通道，这种速度令锦江酒店的财务人员感到，Excel手工预算编制和分析已无法实现对企业的管控，他们根本不清楚自身还有多少资源来支撑锦江之星的扩张规模与速度，无法预知扩张过程的风险与效率。Excel手工预算作为IT应用工具，其数据无法集中管理的缺陷被凸显出来。于是锦江酒店开始实施Hyperion的全面预算管理体系，将各部门不同年度的预算数据和实际数据进行集中统一管理。

全面预算平台为锦江酒店提供了强大的预算管理协同工作平台，使集团各预算单位能够在该平台上共同参与全面预算管理。通过全面预算管理，锦江酒店能更加清晰地了解企业的运营状况，全面提升了集团管理的决策支持能力，并能精确地预测各项活动对集团运营所产生的影响，同时对市场的变化做出及时的反应，发现和推进潜在的利润增长点，保持集团的竞争优势。

思考：怎样做好客房预算编制与控制工作？

客房作为酒店经营的主要项目，其租金收入一般占整个酒店收入的50%以上，因此，加强客房营业费用的控制，对降低整个酒店的费用支出具有重要的意义。客房成本控制是客房管理的主要任务之一。客房成本控制主要是在严格执行客房成本预算的基础上，做好客房设备用品的采购、保养和管理工作等。

任务一　客房预算的编制

一、客房预算的编制程序与方法

客房预算既是酒店预算的基础和重要组成部分，又是客房管理的任务和经营目标的集中体现。它直接决定客房管理的资源分配、资金使用、劳动消耗及经济效益。通过制定客房预算，可以有效控制客房部各项成本、费用，提高客房部的经济效益，同时也为今后的管理工作做好详细规划。正确编制客房预算，合理确定预算指标，充分发挥客房预算控制功能，是酒店客房管理的重要依据和首要条件。

（一）客房预算的编制程序

微课：预算编制

编制预算一般按照“上下结合、分级编制、财务汇总、审议下达”的程序进行，使预算具有科学性、先进性、适用性。

（1）首先确定本部门经营周期内的各项经营指标，主要包括利润指标、销售量指标、成本指标等。

（2）进行市场调查，收集有关资料，并进行分类及评价。

（3）部门编制好经营预算草案，上交酒店。

（4）根据酒店整体预算要求，由酒店预算会议对各部门预算草案进行讨论、协调与修改，最终确定整个酒店的经营指标及包括客房部在内的各部门经营指标。

（5）经过预算会议讨论确定、落实预算方案，下达给部门。各部门的单项预算一经酒店修改审定确认，必须将经修改的预算及时通知最初制定该项预算的负责人，同时就修改原因及必要性做出充分解释，以说服部门经理愉快地接受新的预算。这种在预算管理中充分尊重基层积极性和意见的程序是不可简化的，它将决定预算是否具有扎实的群众基础。

(6) 将最后确定的部门预算指标分解,下达给各层次管理者和员工。

(7) 制定预算执行业绩的奖惩制度,做到责权利挂钩,实现目标管理,充分发挥预算的控制作用。

(二) 客房预算的编制方法

1. 固定预算法

固定预算法又称静态预算法,是以客房部历史经营资料为基础,按预定的下一个经营周期的销售量、费用开支和利润指标的增长率或递减率来编制客房部下一个经营周期预算的方法。预算一旦确定,在经营周期内预算执行过程中,一般不再对预算指标进行任何修改,具有相对固定性。这种方法的优点是比较简便,缺点是实际业务的发展与预算业务预测的差距很大时,无法分析、考核业绩,发挥不出预算管理的优势。

2. 滚动预算法

滚动预算法又称永续预算法,即预算期是连续不断的,始终保持某个固定的期限。具体操作时,可按月份或季度滚动编制预算。以客房部年度月滚动预算为例,在客房部经营预算执行了一个月之后,应对客房部预算的执行结果进行分析、评估,结合经营因素的变化情况,及时调整原定的经营指标,并在原来的年度预算期末再加上一个月的预算,从而使预算期始终保持 12 个月的预算期间。

二、客房部经营预算的编制

编制客房预算时,一般要以计划期内的经营预测、经营历史资料、资源情况、客源状况等为依据,采用科学的方法,准确预测,合理确定,并且要保持预算的连续性和完整性。

(一) 客房营业收入预算

客房营业收入预算是预算编制的起点,必须尽量确保其准确性。客房营业收入实际包括两方面内容:一是房租收入预算,它是客房营业收入预算的最主要内容,是由客房出租率、客房双开率、平均房价的高低决定的;二是除房租收入外的相关收入,如洗衣房收入、客房小酒吧收入等。这些营业收入应与房租收入预算指标分列,真实反映本部门的预算和实际经营效果。洗衣房与客房小酒吧收入可以根据上一个计划期已经达到的水平大致确定。在实际工作中,准确预测房租收入相对较为困难,需要首先确定客房出租率、平均房价等之后才能编制预算。其计算公式为

$$客房营业收入=客房总数\times平均房价\times客房出租率\times计划天数$$

(二) 营业费用预算

客房营业费用项目很多,包括房屋、家具用具、洗衣房的机器设备等固定资产的折旧,员工工资与各项福利开支、水电费、燃料费、各种物料消耗、维修费用及税金等。客房营业费用预算是在客房收入和出租率预测的基础上制定的,格式如表 14-1 所示。下面以物料消耗品为例。

表 14-1　某酒店客房营业费用预算总表　　单位:元

项　　目	上年实际	上年预算	本年预算	备　　注
第一优先项目				预计今年出租率上升 9%,补齐缺编 10 名员工
工资	338400	340000	430560	增加物价上涨因素(按 15%计)
工作服	16920	17000	26000	增加员工,今年每人需发皮鞋一双(70 元/双)
医药费	25560	23560	27960	240 元/人年×104 人+3000 元重病超支保险费
床单			57600	急需补充两套,30 元/床
洗衣房洗涤剂	36000	35000	45000	业务量增加,洗涤剂价调 15%
客房,PA 洗涤用品	15000	18000	9600	部分改用国内产品
客房易耗品	245000	230000	226000	去年有剩余。3.3 元/间×240 间×82%出租率×365 天×95%消耗率
维修保养费	70000	75000	38000	去年购置烘干机一台 4 万元
第二优先项目				
清洁工具等	9000	15000	1100	考虑物价上涨因素
临时工工资	12000	10000	6000	去年用得多,今年旺季用一些
差旅培训费	4800	5000	4500	去年批量实习,今年少数骨干培训
邮电通信费	2100	2000	2100	
第三优先项目				
办公用品及印刷品	4000	5000	3000	去年有剩余
员工生日及生病等	2700	3000	2800	
奖金	293280	280000	330000	员工、业务增加,计划增长 10%
劳保用品	16920	18000	18720	
累计			1228940	

$$物料消耗预算=\sum(某类消耗品每间客房配备量\times客房总数\times预算期天数\times客房出租率\times某类消耗品平均单价)$$

例如,某酒店共有客房 400 间,年平均客房出租率预测为 80%,茶叶和牙具每天每间客房配备量分别为 2 包和 2 只,单价分别为 0.3 元和 0.5 元,确定茶叶和牙具的年度预算。

解:根据上述公式,茶叶和牙具预算分别为

$$2\times400\times80\%\times365\times0.3=70080(元)$$

$$2\times400\times80\%\times365\times0.5=116800(元)$$

物料消耗预算也可以先测算出单位变动费用(间天变动费用),然后再确定预算期客房费用。其计算公式为:

预算期客房费用=客房单位变动费用×预算期客房出租间天数

例如,某酒店在客房内为客人提供的一次性消耗用品平均为25元/间天,预计年度客房出租间天数为43800间天,确定一次性消耗用品年度预算。

一次性消耗用品年度预算=25×43800=1095000(元)

(三)营业利润预算

客房营业利润预算是以收入预算和成本利润预算为基础的。营业利润是由预算期客房的各项营业收入减去客房的营业成本、营业费用和营业税金后的余额。

例如,某酒店的客房年营业收入预算为:房租收入10932.74万元,客房酒吧收入111.05万元,洗衣房收入129.06万元。营业费用预算为:管理费用306.12万元,维修费用196.79万元,水电费用262.39万元,洗涤费用153.06万元,棉织品费用87.46万元,客用品费用174.92万元,清洁用品费用229.59万元,其他费用1727.37万元,固定资产折旧612.07万元,营业税金714.44万元。确定该酒店的客房年营业利润预算。

解:客房年营业利润预算=10932.74+111.05+129.06-306.12-196.79
-262.39-153.06-87.46-174.92-229.59
-1727.37-612.07-714.44=6708.64(万元)

同步思考

客房部费用预算通常是由酒店统一制定的,你赞同这种说法吗?

理解要点:客房部预算是由客房营业收入预算、营业费用预算和营业利润预算三部分组成的。只有营业收入与利润预算涉及酒店的各个方面,通常由酒店统一编制和决定,而客房部费用预算一般由客房部完成。

任务二　客房部预算的控制与分析

微课:
客房部预算的
控制与分析

一、客房部预算的控制

控制是管理的基本职能之一,客房预算的控制是酒店内部管理的重要部分。只有预算而缺乏有效的控制,预算就会失去实际意义,无法实现经营目标。客房部预算经过审批后,必须严格执行,并对执行情况进行检查,一旦与实际状况发生较大误差,必须及时采取措施,以确保预算指标的完成。同时,还要对客房预算的执行情况、经营状况等进行研究与分析。

（一）客房营业收入的控制

酒店应建立健全客房营业收入的内部控制制度，通过客房收入的发生、确认、计算、取得、汇总等一系列活动，对酒店客房收入进行有效的控制。客房部营业收入主要是通过出售客房产品所有权来实现的。但在经营过程中，客房部实际上只是充当了客房产品的“生产者”的角色，销售职能通常由销售部与总台来承担。这种产品生产与销售分离的模式给控制客房营业收入带来了一定的难度，必须由客房部、前厅部、财务部互相协调配合，并从事前、事中和事后三个环节进行控制，以防止营业收入流失。

1. 事前控制

酒店能够接受的付款方式主要有现金、信用卡、支付宝、微信、转账以及凭单等。前 4 种方式相对比较安全、稳妥，而且快捷。对于选用后 2 种方式付款的单位，应事先与其签订具有法律效力的付款协议；对于选用后 2 种方式付款的客人，应先了解客人的身份，以加强预付款管理。做好客房出租收入的预收款收取工作，就是做好了客房部营业收入的事前控制。

2. 事中控制

客房部的营业收入是通过客人的总账单反映出来的。总账单既是客人结账付款的凭证，又是财务核算的依据，因此，它是客房部加强营业收入事中控制的主要书面凭证。客房部必须制定严格的制度，采取各种措施和手段，对客人入住到离店过程的各个环节加强管理与控制。

3. 事后控制

客房产品的生产、销售和结算三大职能，分别由酒店的客房部、前厅部和财务部三个相互独立的部门承担。三个主要部门相对独立又相互制约，构成一个控制体系。该体系以前台结账为中心构成一个收入信息系统，如图 14-1 所示。它们之间既相互联系又相互牵制，这种关系本身能起到相互监督的作用，可以在一定程度上避免销售过程中舞弊、逃账、漏账等事件的发生。但如果只有制度的制定与执行，而缺乏严格的监督，时间一长就难免出现漏洞。因此，酒店应完善财务审计制度，对预付款、账单、优惠折扣等方面的管理制度加强监督，提高客房销售收入控制的效果，确保客房部营业收入预算目标的实现。

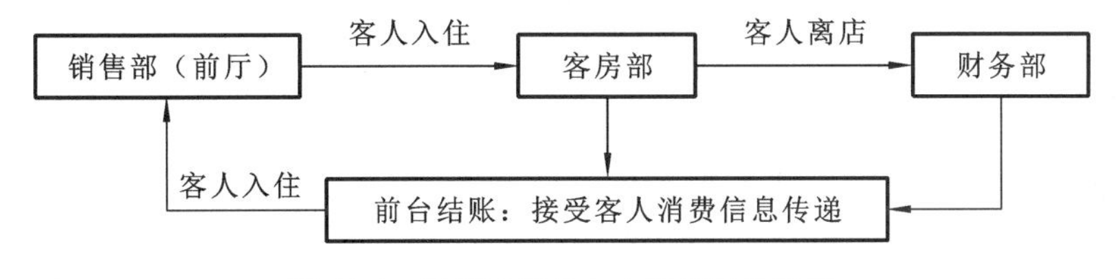

图 14-1　酒店客房收入内部控制体系图

知识活页

客房营业收入内部控制的原则

（1）合法性。客房收入的内部控制必须在合法的前提下进行，无论是客人入住手续，还是房费的计价、增减，都应符合相关法律法规、有关部门及酒店企业管理的程序。

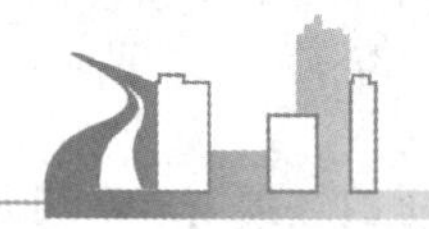

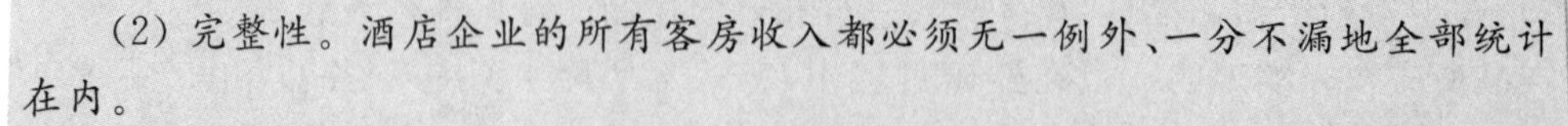

(2) 完整性。酒店企业的所有客房收入都必须无一例外、一分不漏地全部统计在内。

(3) 准确性。酒店企业的客房收入应用科学的方法准确地计量,并在相当长的一段时间内保持计量方法的一致性。

(4) 及时性。酒店企业的客房收入应按规定及时入账,暂时收不回来的,应该有相应的措施加以催收。

(二) 客房部费用的控制

客房部经营过程中发生的各项支出可以通过营业费用进行核算。客房费用的高低与客房出租率的高低有直接的关系。客房费用分为固定费用和变动费用两部分,因此,控制客房费用的支出,降低消耗,应从这两方面着手。

1. 降低单位固定费用

客房费用中绝大部分支出属于固定费用支出,且该项支出的绝大部分是在投资时决定的,所以有效地控制固定费用,需从投资时开始,要进行详细的市场调研,确定准确的市场定位和酒店企业的档次定位,控制好投资总额。在酒店企业建成后,要通过出租数量的增加来降低每间客房分摊的固定费用。另外,还要做好对固定设施的日常维护和保养,延长设施使用寿命,减小提前报损的比例。

2. 控制单位变动费用

变动费用虽然相对于固定费用来说占用的比例较小,但其控制的难度较大,若重视不够就会积少成多,造成客房费用的上升和浪费。应做好以下几点。

(1) 制定并很好地执行客房消耗品支出定额。消耗品定额是对可变费用进行控制的依据,必须按酒店企业的不同档次制定消耗品配备数量和等级规格。对一次性消耗品的配备数量,要按照客房出租情况落实到每个岗位和个人,做好登记,以便对每个人所管辖的客房消耗品数量进行对比和考核,并根据具体情况和有关规定进行相应的奖励和处罚。对于非一次性用品的消耗,要按酒店企业的档次和正常磨损的要求确定耗用量,尽量减少使用不当造成的损耗,加强布草房的领发料控制和安全保卫工作,减少损失。

(2) 对水电消耗进行有效控制。有的酒店采用划分水表、电表的方式,并通过给部门下达控制指标的方法进行部门控制;还有一些有条件的酒店,通过再投资进行更新改造,实行电子磁卡门锁等装备,有效降低了电费的消耗。

(3) 酒店要适应时代发展的需要,开发建设绿色酒店企业,注重环保意识的培养和符合环保要求的酒店产品的开发,降低洗涤费的支出,减少对环境的污染。

二、客房部预算的分析

(一) 盈亏平衡点分析

客房部预算的编制与控制,除了对营业收入和营业费用进行预测外,还应对其进行盈亏平衡点分析,预测预算期内客房部的保本营业额。盈亏平衡点也称“保本点”,是营业收入与成本费用相等、不亏不盈的分界点。对客房而言,保本点可以用客房出租间天数表示,也可以用营业收入和出租率来表示。其计算公式为

$$保本客房出租间天数=\frac{保本营业额}{平均房价}=\frac{固定成本总额}{平均房价\times(1-变动成本率)}$$

$$保本营业额=\frac{固定成本总额}{1-变动成本率}$$

$$保本出租率=\frac{保本营业额\div平均房价}{客房出租间天数}\times100\%$$

$$=\frac{固定成本总额}{平均房价\times客房总数\times计划期天数\times(1-变动成本率)}\times100\%$$

例如,某酒店共有客房 300 间,客房的平均房价为 100 美元,2016 年 10 月客房营业收入为 80 万美元,固定成本为 30 万美元,变动成本率为 40%。分别用月客房出租间天数、营业收入和出租率来表示盈亏平衡点。

解:

$$客房保本营业额=\frac{30\times10000}{1-40\%}=500000(美元)$$

$$保本客房出租间天数=\frac{500000}{100}=5000(间天)$$

$$客房保本出租率=\frac{500000\div100}{300\times30}\times100\%=55.6\%$$

如果这家酒店的客房出租率低于 55.6%,酒店就会亏损;若高于 55.6%,酒店就可以盈利。

(二) 比较法

比较法又称对比分析法,是通过对可比性的指标进行对比来确定指标间的差距,发现问题,查明原因。一般可以用计划作为标准,也可以用历史资料作为标准,或是以同行业的相同指标作为标准。

(三) 结构分析法

结构分析法是以统计资料为基础,分析构成客房部的某一项预算指标(如营业收入、营业费用等)的各种要素在总体中的比重及其变化,从而找出主要原因的一种方法。

例如,某酒店共有客房 438 间,2018 年第三季度的客房销售及前后两期的相关资料如表 14-2 所示。试用比较法和结构分析法对该酒店客房销售收入及其变动情况进行分析。

表 14-2　某酒店客房销售收入统计表

项　　目	三季度计划	三季度实际	二季度实际	去 年 同 期
出租率(%)	82.5	84.2	81.6	83.4
平均房价(元)	328.4	335.6	312.7	329.8
折扣率(%)	90.2	92.8	88.4	89.5
出租间天数(间天)	33244.2	33929.23	32881.54	33606.86
房租收入(万元)	984.75	1056.68	908.93	991.98

续表

项　　目	三季度计划	三季度实际	二季度实际	去 年 同 期
其中:散客	418.52	441.69	395.38	422.58
商务	181.19	215.56	152.74	180.54
团队	262.93	248.32	232.78	273.79
其他	122.11	151.11	128.03	115.07

解:(1) 比较法。

具体运用比较法时,对不同标准进行比较的计算方法基本相同,一般可以采用绝对数比较和相对数比较的形式。

①绝对数比较。

其是利用绝对数进行对比,从而寻找差异的一种方法。以平均房价为例,2018 年第三季度与计划数、第二季度和去年同期比较,增减变动情况分别为

$$335.6-328.4=7.2(\text{元})$$

$$335.6-312.7=22.9(\text{元})$$

$$335.6-329.8=5.8(\text{元})$$

②相对数比较。

其是以增长百分比或完成百分比指标来进行分析的一种方法。同样以平均房价为例,2018 年第三季度与计划数、第二季度和去年同期比较,增减变动情况分别为

$$7.2\div328.4\times100\%\approx2.19\%$$

$$22.9\div312.7\times100\%=7.32\%$$

$$5.8\div329.8\times100\%=1.76\%$$

其他指标的计算方法相同,结果如表 14-3 所示。

表 14-3　客房销售对比分析表

项　　目	绝 对 差 异			相 对 差 异		
	与计划比	与上期比	与去年同期比	与计划比	与上期比	与去年同期比
出租率(%)	1.7	2.6	0.8	2.06%	3.19%	0.96%
平均房价(元)	7.2	22.9	5.8	2.19%	7.32%	1.76%
折扣率(%)	2.6	4.4	3.3	2.88%	4.98%	3.69%
出租间天数(间天)	685.03	1047.69	322.37	2.06%	3.19%	0.96%
房租收入(万元)	71.93	147.75	64.70	7.3%	16.26%	6.52%
其中:散客	23.17	46.31	19.11	5.54%	11.71%	4.52%
商务	34.37	62.82	35.02	18.97%	41.13%	19.4%
团队	−14.61	15.54	−25.47	−5.56%	6.68%	−9.3%
其他	29.00	23.08	36.04	23.75%	18.03%	31.32%

（2）结构分析法。

用结构分析法可以对房租收入结构的变动情况进行比较分析。以与计划期比较为例，2018 年第三季度与计划数、第二季度和去年同期比较，增减变动情况分别为

散客为　441.69－418.52＝23.17（万元）

增加　23.17÷418.52×100％＝5.54％

商务客人为　215.56－181.19＝34.37（万元）

增加　34.37÷181.19×100％＝18.97％

团队客人为　248.32－262.93＝－14.61（万元）

减少　－14.61÷262.93×100％＝－5.56％

其他客人为　151.11－122.11＝29（万元）

增加　29÷122.11×100％＝23.75％

其他指标的计算方法相同。

项目十五
客房部设备用品的成本控制

学习目标

素质目标：

注重科学管理，树立节约环保意识。

知识目标：

1. 掌握客房设备选择、使用、保养的方法以及客用品的有效管理方法。
2. 了解客房设备用品的分类。
3. 掌握客房用品的消耗定额管理方法以及日常控制管理方法。

能力目标：

1. 初步具备客房部设备用品成本控制的基本方法与技巧。
2. 能够识别不同类型的客房设备用品。
3. 能够制定客房布草和用品的管理方法。

引例：三种不同观点

背景与情境：某酒店总经理、财务部经理和采购部经理之间因为存货问题发生了如下有趣的争论。

财务部吴经理："邓总，我认为这个问题应立即解决。"吴经理指着总经理办公桌上季度财务报表中"存货"一栏说道。

总经理邓总："这是怎么搞的？"邓总发现存货实际库存已经超过预算30万元。他知道酒店目前短期借款已达500万元，库存30万元，意味着酒店多支付30万元的银行借款利息。而近年来物价都呈现下降趋势，库存增加，显然令他吃惊。于是，他带着埋怨的口吻对着财务部吴经理说："为什么不早报告？"吴经理回答说："财务报表每月都向您汇报啊！"吴经理并不认为自己失职。

邓总："采购部没有执行压缩库存的决定。"于是打电话让采购部经理来他的办公室。采购部刘经理很快来到邓总办公室。邓总问道："你是怎么搞的？为什么存货这么多？"

刘经理说:"有些原材料,例如×××、×××等,都有涨价的趋势,市场供应量在减少,现在多买一些,一是划算,二是保险。若库存少,以后进货难,影响经营,我可负不了责。"作为采购部的经理,这番话不是没有道理。可是财务部经理不这样认为,总经理也另有想法。

邓总:"可是我们现在的效益不好,负债很高,酒店破产了谁来负责?"邓总显然是希望财务部经理支持他的观点。

吴经理:"我们库存物资占用资金太多,利息支出的压力很大。"财务部经理支持邓总的观点,又想减少自己的财务费用。

思考:怎样才能有效降低客房成本并做好成本控制?

客房的设备和用品体现了酒店的星级水平,只有使各种设备和用品始终处于完好和充足的状态,才能保证客房服务的质量。客房设备用品管理,就是对酒店客房商品经营活动所必需的各种基本设备和用品的采购、储备、保养和使用所进行的一系列的组织和管理工作。客房设备用品是客房服务的物质基础,其品种多、投资大,管理是否科学合理,将直接影响客房的服务质量及经济效益。因此,客房部要加强客房设备用品的管理,在满足客人需求、保证服务质量的前提下,努力降低成本,提高社会和经济效益。

任务一　客房部设备的成本控制

客房部的设备主要包括客房设备和清洁设备两大类。客房设备种类繁多,价值相差悬殊,必须用科学的方法做好设备的管理工作。客房设备的管理是全过程的管理,即从设备的选择到设备的日常使用、保养、维修及更新改造等,每个环节都要加强管理,以达到有效控制客房成本的目的。

一、客房部设备的科学配置

(一) 客房设备的选择

客房设备的选择是客房设备管理的第一个环节。客房设备选择的基本要求是:技术上先进,价格上合理,符合酒店的档次,适应客人的需要,有利于提高工作效率和服务质量。每个酒店要根据自身的特点确定客房设备的选择标准,这是进行客房设备管理的基础。选择客房设备的目的是选购技术上先进、经济上合理、适合酒店档次的最优设备,提高工作效率和服务质量,满足客人需求。在选择时要综合考虑以下几个主要因素。

1. 适应性

适应性是指客房设备要适应客人享受的需要,而且要适应酒店等级,与客房的格调一

致,造型美观,款式新颖。

2. 方便性

方便性是指客房设备的使用方便灵活。客房设备主要是供客人直接使用的,使用简便尤为重要。同时,要选择易于维修保养、工作效率高的设备。

3. 节能性

节能性是指能源利用的性能。设备的选择要考虑节能效果,即选择那些能源利用率高、消耗量低的客房设备。如电热淋浴器虽然使用方便而且美观,但耗电量太大,对大多数酒店来说是不应该选择的。

4. 安全性

安全是住店客人的基本要求。在选择客房设备时,要考虑其是否具有安全可靠的特性和装有防止事故发生的各种装置,如家具饰物的防火阻燃性、冷热水龙头的标识、电器设备的自动切断电源装置,等等。此外,商家的售后服务也是设备安全的重要保证。

5. 成套性

成套性是指设备的配套。客房本身就是由房间、冷暖空调设备、家具设备、电器设备、卫生设施、装饰用品和生活用品等组成的。这些设备用品的有机组合构成了客房产品的硬件部分。客房设备用品要求布局合理、配置得当。一个服务项目、一项服务设施所需的各种设备也要配套,如闭路电视、音响系统等都要求配套。

以上是选择客房设备要考虑的主要因素,对于这些因素要统筹兼顾,全面权衡利弊。

(二) 客房设备的购置

一旦确定了客房设备的种类、数量、规格等要求,客房部就要形成具体的设备购置计划,并经有关部门批准,交由采购部负责具体的采购工作。在采购过程中,一要注意选择供货商,要充分了解供货商的声誉、售后培训、维修保养能力、零配件的供货情况、产品尺寸的标准性等;二要注意设备的使用寿命、价格等,但在价格上不能盲目追求低价,在考虑价格的同时还要进一步考虑其他因素,综合考虑设备的性价比;三要注意所有设备采购进店后必须由客房部相关人员检查验收,客房管理者必须把好验收关。

同步思考

在选配客房设备时应该考虑哪些因素?

理解要点:在选配客房设备时应该考虑两个方面的因素:一是酒店方面的因素,二是设备方面的因素。酒店方面的因素有:酒店客源市场、酒店建筑装饰风格、酒店的档次、酒店财力、社会服务情况等。设备方面的因素有:设备的适应性、设备的方便性、设备的节能性、设备的安全性、设备的成套性,等等。

二、客房部设备服务期成本的有效控制

设备投入运行,开始为客房部营业出力的时期,称为设备服务期。设备服务期是设备以

最经济的费用投入，发挥其最高综合效能的重要时期。抓好这一时期的管理，不论从经济上还是技术上，对提高双重效益都有着重要意义。

（一）设备的资产管理

设备服务期首先要进行的是资产管理，目的是让管理者明确本部门的设备资产情况，正确掌握设备的进出与使用情况。

1. 建立账卡

（1）建账。

建账就是将客房楼层各类设备详细地登记在设备账本上，在建账过程中要做到“账物相符”和“账账相符”。

（2）要求。

分类细致，通常设备有多少种，账本就应有多少页，每一页应登记如表 15-1 所示的项目。

表 15-1　楼层设备账本

楼层

名　称	编　号	规　格	数　量	领　出	结　存	建账日期	经手人

2. 建立设备档案卡

楼层设备还要建立相应的档案卡（见表 15-2）。建卡时要求做到“账卡相符”，即档案卡登记设备的品种数量要与账本相符合，以便核对控制。设备在使用过程中发生维修、变动、损坏都应在档案卡做好登记，设备的使用状况也要做好记录。在建客房设备档案时，要按一定的分类法进行分类编号，使每件设备都有分类号，以便管理。

表 15-2　客房设备档案卡

<table>
<tr><td>项目</td><td>购买日期</td><td>供应商</td><td>价格</td></tr>
<tr><td></td><td></td><td></td><td></td></tr>
<tr><td colspan="4">型　号　　　　　　编　号
出外维修</td></tr>
<tr><td>日期</td><td>价格</td><td>维修项目</td><td>修理方式</td></tr>
<tr><td></td><td></td><td></td><td></td></tr>
<tr><td></td><td></td><td></td><td></td></tr>
<tr><td></td><td></td><td></td><td></td></tr>
</table>

设备的编号，酒店一般采用三节编码法：第一节表明设备种类；第二节说明使用部门；第三节表示设备编号。如客房的书桌可写成 C3—6—8，其中：C——家具类；3——书桌；6——客房部；8——书桌的编号。

3. 建立设备日常管理制度

(1) 做好培训工作。

客房部要加强对客房楼层员工的技术培训,提高他们的操作技能,培养其良好的职业道德及责任心,使其自觉爱护设备,掌握楼层各类设备的用途、性能、使用及保养方法。

(2) 制定保养制度。

所有的设备均应制定保养制度,定期对设备进行检查维护,使其处于正常的状态,如定期给家具上蜡、电话机消毒。各种设备都应注意防潮、防锈、防腐蚀、防超负荷使用。那些存在库房中的备用设备或维修、报废设备必须擦干净、摆放整齐,并有防护措施。

(3) 做好相关记录。

楼层客房设备不能随意搬进搬出。客房设备的搬动或更换都必须办理相关手续。所有需要出门维修的设备,即使是从客房部拿到工程部,都必须经过客房办公室做好记录,填写维修单或维修保养卡(见表 15-3),同时要在原设备摆放处打上维修标志或用备用品补充,直到维修的设备送回原处。

表 15-3 客房设备维修保养卡

维修卡	维修附卡(1)	维修附卡(2)
日　期 物件名称 取　自 收　归 需维修项目	日　期 物件名称 收件部门(人) 收件日期 送修部门(人) 送　至 送修日期 备　注	日　期 物件名称 收件部门(人) 收件日期 送修部门(人) 送　至 送修日期 备　注

(4) 制定报损、赔偿制度。

如果住客不慎损坏了客房设备,应根据酒店有关赔偿制度索赔并填写客房遗失损坏报告表(见表 15-4)。如果无法修复,应按有关程序报废。若是员工损坏设备,则根据具体情况做出相应的处理。

表 15-4 客房遗失损坏报告表

房号	团体	散客	报告时间	遗失	损坏	物品名称	数量(单位)	客房报失者或员工损坏者	收银接报者	备注

(5) 定期盘点。

客房楼层设备要定期盘点,以免日久或交接频繁出现误差。发现账物不符,要找出原因,及时处理。

（二）设备的使用与维护保养

设备的正确使用和维护保养是客房设备管理的两个不可分割的环节。合理使用、妥善保养各种设备，可以保证客房产品处于正常完好的状态，有利于提升酒店的服务品质，也可以延长设备的使用寿命，相对降低设备的成本消耗。

1. 设备的使用管理

（1）建立完善的设备使用制度。

客房部应制定设备使用的规章制度，包括设备使用操作规程、设备维护规程、操作人员岗位责任制、交接班制度、日常检查制度等。各项规程要落实到班组和个人，定机定人，使全体员工在制度的约束下，按规程操作，管好、用好、养好设备，高质量地完成工作任务。

（2）加强对客房部服务人员的培训。

对客房部服务人员进行必要的培训，使他们掌握设备操作的方法与技巧，以便及时、准确地为客人服务，避免因为客人不会使用或使用不当而造成设备的损坏。

（3）合理安排客房的周转率。

各种设备是根据不同的科学技术原理设计制造的，其性能、运行负荷、适用范围等都有一定的要求。因此，客房部应科学合理地安排、控制客房的周转率，确保设备合理的工作负荷。

同步案例：
淋浴器风波

2. 客房设备的维护保养

对客房设备保养不善，不仅会缩短设备的使用寿命，还会直接影响对客服务质量，甚至会引起客人的投诉。因此，客房部要加强对员工的培训，提高员工的操作技能水平，使他们懂得客房设备的用途、性能、使用方法及保养方法等。客房服务员要按规程对客房设备进行日常的检查与维护保养，发生故障及时报修。如今通过手机移动端管家系统可以很便捷地对设备保养情况进行管理（见图 15-1）。

3. 客房设备的日常检修

客房服务人员在日常工作中应按规程对设备进行日常检查，发生故障要及时与有关部门进行联系。客房服务人员在引领客人进房时，须按照服务规程介绍客房设备的性能和使用方法。如遇宾客损坏设备，要分清原因，适当索赔。工程部员工也要按计划规定的时间对客房设备进行全面的检查，以便及时发现问题，及时维修或保养，保持设备良好的性能。工程部的维修人员如进入客房进行维修，必须由客房服务员陪同进房，如果客人在房间，应征得客人同意后方可进行维修。

（1）当客房服务员发现客房内某些设备需要维修时，应按要求做好登记。

（2）及时报修，填写设备维修单，一式三份；如遇紧急情况可电告工程部先维修再补单。

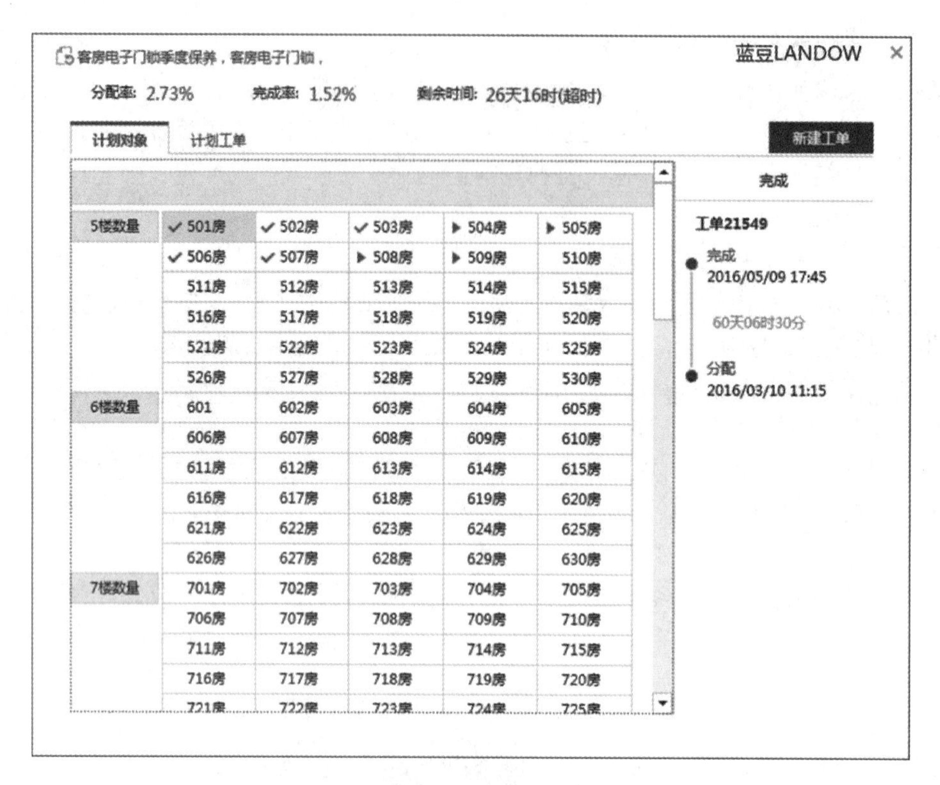

图 15-1　手机移动端管家系统对设备保养情况进行管理

(3) 客房服务员陪同工程部人员一起进房,维修完后,验收并签名确认。

(三) 客房设备的更新改造与报废

设备由于磨损或某些系统配置不合理,适应不了市场的需要,无法满足客人的需求时,为了保证对客服务质量,必须对设备进行更新、技术改造或报废处理。

1. 客房设备的更新改造

为了保证酒店的规格档次和格调的协调,保持并扩大对客源市场的影响力,满足宾客不断变化的需求,酒店要制订客房设备的更新改造计划,并根据市场情况对一些设备进行强制性的淘汰。客房部应与工程部一起制定固定资产定额,设备的添置、折旧、大修和更新改造的计划,减少盲目性。

(1) 常规维护。

这项工作一般每年至少进行一次。其内容包括地毯、饰物的清洗,墙面的清洗和粉饰,常规检查和保养,家具的修饰,窗帘、床罩的洗涤等,其目的是保持客房的基本标准。

(2) 部分更新。

客房设备使用 3—5 年,对下列项目应实施更新计划:地毯、墙纸、沙发布、靠垫、窗帘、床罩等。由于酒店业竞争日趋激烈及客人需求不断变化,酒店客房更新周期越来越短,有些酒店几乎年年在部分更新。

(3) 全面改造。

全面改造往往 10 年左右进行一次。它要求对客房陈设、布置和格调等进行全面彻底的更换、改变及调整，如更换地毯、改变客房风格、调整房内布局等。

客房设备的更新尤其是全面更新改造前，一定要做广泛的市场调查，了解国内外同行业情况，掌握酒店业、旅游业最新发展趋势，根据市场需求合理地调整设施配备和产品结构，根据酒店自身的经济实力，既要适合需求，又要有一定的远见性，适度超前，体现特色，以保持和增强酒店的竞争力。另外，还需要考虑改造成本，力求尽快收回投资。

全面改造项目包括：橱架、桌子的更新，弹簧床垫和床架的更新，座椅、床头板的更新，更换新的灯具、镜子和画框等装饰品，地毯的更新，墙纸或油漆的更新，卫生间设备的更新，包括墙面和地面材料、灯具和水暖器件等。

2. 客房设备的报废处理

对客房部更换下来的设备进行报废处理也是控制设备成本的重要环节。客房设备的报废，首先由客房部提出申请，由工程部会同有关技术单位进行技术鉴定，确认符合设备报废条件后，填写设备报废鉴定书。对于价值较大的设备，应由总经理批准，由设备管理部门组织对报废设备进行利用和处理。报废设备残值回收凭证应随酒店领导批准的报废意见同时交给财务部，注销设备资产，同时注销台账卡片。设备报废的各项手续、凭证必须存入设备档案。

任务二 客房用品的成本控制

客房用品又称日常客用品，主要是供客人日常使用的物品。这些物品品种多、数量大，使用频率高，又有很强的实用性，如果管理不善，就会造成浪费和流失，增加成本。因此，加强客房用品的管理，是客房管理工作中的重要一环。

一、客房用品的选购

由于客房用品的种类繁多，因而在选择时必须坚持四项原则。

（一）实用

客房用品是为了方便客人的住店生活而提供的，所以要做到实用。

（二）美观大方

美观而大方的客房用品布置在清洁舒适的客房，是酒店档次的重要标志。

（三）适度

客房用品应能体现酒店的档次并突出风格、特色，而不是种类越多越好。

（四）价格合理

现在，客房用品的供应商越来越多，酒店选购客房用品可以从好中选优、优中选廉。因为客房用品的耗用量很大，所以价格因素很重要。

总之,客房用品不仅种类多,而且处在不断地筛选和改进中。酒店在选择时应遵循上述四条原则,并结合工作经验和具体情况来进行。有时,别出心裁的选择可以获得意想不到的效果。

知识活页

客房用品的分类

客房用品的分类方法很多,但主要有两种。

1. 按消耗的形式划分

(1) 一次性消耗品,如茶叶、信笺、信封、牙刷、香皂、梳子、沐浴液等。这些用品是一次性消耗物品。

(2) 多次性消耗品,如床上布草、卫生间"四巾"、衣架、烟缸、杯具等。这些用品可连续多次供客人使用。

此种分类方法有利于客房部分类制定客用品的消耗定额,加强客房用品的预算和控制。

2. 按供应的形式划分

(1) 客房供应品。其即上面所说的一次性消耗用品。客房供应品是客人可以带离酒店的物品,包括香皂、洗衣袋、礼品袋、鞋擦、文具、一次性拖鞋、沐浴液、洗发液、牙具、淋浴帽、梳子、卫生纸、火柴、面巾纸、茶叶、针线包、圆珠笔、明信片等。

不同酒店对客房供应品的范围做了不同的规定。有些豪华酒店的供应品还包括指甲刀、一次性剃须刀、糖果、鲜花等。

(2) 客房备用品。这类物品是放在客房或在客房内使用的,一般不允许客人带走,包括衣架、卫生间防滑垫、棉织品、茶水具、酒具、烟灰缸、服务夹等。

(3) 宾客租借品。这类物品一般不放在房内,而是存放在客房服务中心,供客人临时需要而借用。有不少客人,特别是女客,常会向酒店借各种用品,如吹风机(现有不少酒店已在房内配备)、熨斗、熨衣架、冰袋、急救袋、泡沫枕头等。因此,客房部应准备这类物品,以满足客人的需求,同时要有相关制度,以保证这些借用物品的归还。

客房备用品和宾客租借品都属于多次性消耗用品。此种分类方法有利于客房用品的分类保管和使用。

二、客房用品的配备

楼层客房用品应有一定的储备量。制定一个合理的储备量,既能满足对客服务的需要,又不会过多占用流动资金。

(一) 客房配备标准

客房配备标准详细规定各种类型及等级的客房用品配备及摆放位置,并将其以书面形式固定下来,最好附有图片,以供日常发放、检查及培训之用。其是控制客房用品的基础。

(二)工作车配备标准

工作车配备标准一般以一个班次的耗用量为基准。如早班清扫员每天清扫 12 间客房,就以 12 间客房的耗用量来配备各类物品。

(三)楼层工作间储备标准

楼层工作间一般备有一周的客房用品储存量。储存量应列出明确的标准置于工作间,以供申领时对照。

(四)客房部库房储备标准

客房部库房通常储备一个月的客房用品。它既可供各楼层定期补充,又可满足楼层因耗用量过大而造成的临时领料。目前有一些酒店为了加强对物品的管理,减少人员开支,通常只设总库房(一级库),各部门不另设库房即二级库,总库房分早、中、晚班,以备领料。

三、客房用品的发放和日常管理

(一)客房用品的发放

客房用品的发放应根据楼层工作间的配备标准和消耗情况,规定使用周期和领发时间,一般是一周发放一次,固定在某一天。这样不仅可以方便库房的工作,也可使楼层日常工作条理化,减少漏洞。在小型酒店,客房用品的领发和保管一般由楼层领班兼管,大型酒店可设专人负责。领班每天汇总楼层物品的消耗量,每周汇总一周的消耗量,再根据楼层的存量开出“物品申领单”到库房领取。

(二)客房用品的日常管理

这是客房用品控制工作中最容易发生问题的一个环节,也是最重要的一环。

1. 正确存放

客房用品有许多是印刷品及纸盒包装的,还有洗发液、沐浴液等瓶装液体,在领发时要注意小心操作。工作间的存放环境要干燥、整洁,配有存放柜,摆放时要整齐,避免受重压。瓶装液体不能倒置或横摆,以免液体外流,造成不必要的损耗。工作车同样要整洁干净,重物在下,轻物在上,分类摆放。

2. 控制流失

客房用品的流失主要是员工造成的。因此,加强管理、做好员工的思想工作很重要。楼层领班要通过服务员每日清扫房间的数量来控制其物品消耗,并分析比较每个服务员每间客房的平均耗用量。另外,要加强现场检查和督导,减少客房用品的浪费和损耗。如有些员工图省事,将客房棉织品当抹布使用,或者将客人未使用过的消耗品当垃圾一扫而光。发现这些现象后领班要批评教育,必要时给予一定的经济处罚。

酒店要给员工创造不使用客房用品的必要条件。如在工作间、更衣室及员工浴室配备员工用的挂衣架、卫生纸、香皂等,以免员工拿用客房用品。楼层闲杂人员、住客及其他部门的员工也有拿取客房用品的现象,所以楼层库房门要随时上锁;工作车最好能装门柜,以便上锁,或者用布将物品罩住;控制闲杂人员及酒店无关人员进入楼层。另外,酒店应制定相应的制度,如员工上班不能带包到工作岗位,上下班必须走员工通道,主动向值班保安人员展示自己的包。

3. 推行“4R”做法

“4R”是指4个以R为开头的英文单词,即Reduce、Reuse、Recycle、Replace,是人们对降低消耗和环境保护工作的一些具体做法的高度概括和总结。

(1) Reduce(减少)。

客房部可以从以下几个方面着手。

①尽量减少或不用对环境有污染和破坏作用的材料或用品,如塑料用品和塑料包装材料,含氯等的化学清洁剂等。

②尽量减少能源和物资的消耗,如水、电、客用品和清洁材料。如改进马桶抽水装置的设计,有效控制马桶的用水量;减少客用物品的配置和更换。减少配置主要是适当控制一些用品的品种和数量。对于客人不常用的一些用品不作为正常供应品在客房内配置,如果客人需要,可以临时提供。一些用品的数量也可以减少,如在一些通常只是单住的双人间里只配置一套客用消耗品。如沐浴液、洗发液等只需够一次使用即可。至于减少更换,主要是针对客房的一些布件,尤其是卫生间的毛巾。很多酒店都在卫生间里放置一只专用的篮子或其他类似物品,供客人放置需要更换的毛巾,并在卫生间放置醒目的告示,用于提示和解释,告示的内容可以这样设计:“尊敬的宾客,请您将需要更换的毛巾放在篮子里,感谢您对环保的理解和支持!”一方面提示客人将想要更换的毛巾放在篮子里,换句话说,如果客人不将毛巾放在篮子里,酒店将不予更换;另一方面理解这种做法的原因和目的,即“环保”。这种尊重客人意愿,为了双方共同利益而减少物品更换的做法在大多数酒店里都是可行的。

(2) Reuse(再利用)。

客房可以再利用的物品很多,人们对这些物品再利用的方法也很多。

①注重回收。员工在日常工作中,一定要注重对那些虽被用过但仍有再利用价值的物品的回收。客房服务员打扫房间时,可以回收报纸、杂志、酒瓶、饮料罐、食品盒、肥皂头、剩余的卷纸、用过的牙刷、用剩的牙膏、淋浴液等,有些物品的包装材料和容器等也可回收。

②合理利用。凡是具有再利用价值的物品,回收后要合理利用,这样既可以减少物品消耗,又可避免简单地将其作为垃圾处理而造成环境污染。如肥皂头、牙刷、牙膏、沐浴液、洗发液等可以用于清洁保养工作,报纸、杂志等可以卖给废品收购站。有些用品经过很好的处理,甚至还可以在客房使用,如沐浴液、洗发液的瓶子等。

(3) Recycle(循环)。

客房的一些物品如果在材料和设计上做些调整,可以进行循环重复使用,如洗衣袋。以前,很多酒店客房里使用的洗衣袋都是塑料袋,是一次性消耗品,用过即弃,不仅浪费,而且污染环境。现在很多酒店都用布袋作为洗衣袋,且设计和制作比较考究,经久耐用。

(4) Replace(代替/取代)。

为了减少物料消耗、降低费用、保护环境,客房内的一些物品可以用其他物品替代。如小包装的沐浴液、洗发液可用液压式大瓶装的替代,这样就可以减少购买包装物的费用,又可避免过多包装物的丢弃对环境造成的污染。当然,采用这种做法时,酒店应采取相应的管理和控制措施,防止因客人带走等原因造成的浪费和损失。

4. 做好统计分析

客房用品的消耗量应每天汇总、每月统计,分析比较。

客房服务员完成每天的客房清扫任务后，应填写物品耗用量，然后由领班再汇总楼层每日物品的耗用量。根据物品耗用量做出每月楼层耗用量汇总表，分析每间房每天的平均耗用量，结合住客率及上月情况制作每月消耗分析对照表（见表 15-5）。

表 15-5　每月消耗分析对照表

品　名	单　位	单价（元）	上月消耗	金额（元）	本月消耗	金额（元）	与上月相比	
							增（%）	减（%）
圆珠笔	支							
夹纸笔	支							
针线包	个							
擦鞋纸	张							
杯　垫	张							
行李牌	张							
意见书	张							
店　卡	张							
明信片	张							
牙　具	个							
服务指南	本							
洗发液	袋							
淋浴液	袋							
……	……							
合　计								

上月住客率	本月住客率	与上月相比		上月每间房消耗额	本月每间房消耗额
		增（%）	减（%）		

同步思考

某酒店在客房用品的发放方面，原来的做法是由领班根据用品使用情况将用品领到楼层，再由服务员自行补充，余下的用品由楼层保管，留待下次再用。但在实际使用过程中出现了客房使用数与领用数不等的情况。该酒店应该对楼层用品管理采取什么方法从而取得比较满意的效果？

理解要点：首先要控制流量，即控制日常客用品消耗量；其次要每日统计，并填写每月物资消耗分析对照表；最后要定期分析，可以通过每日楼层消耗品汇总表、楼层日常消耗品月度用量汇总分析表、月度营运状况表、控制对照表等表格进行统计分析。

四、客房用品的控制

(一)制定客房用品消耗定额

制定客房用品的消耗定额,就是以一定时期内为完成客房接待任务所必须消耗的物资用品的数量标准作为基础,将客房用品消耗的数量定额加以确定,并逐月分解和落实到每个楼层,以加强计划管理,用好客用物品,达到增收节支的目的。

1. 一次性消耗品的消耗定额

一次性消耗品定额的制定方法是以单房的配备为基础,确定每天的需要量,然后根据预测的年平均出租率来制定年度消耗定额。其计算公式为

$$A = B \cdot x \cdot f \cdot 365$$

式中:A=单项客房用品的年度消耗定额;B=单间客房(标准间为准)每天配备数量;x=客房数;f=预测的年平均出租率。

例如,某酒店有客房300间,年平均出租率为80%,牙膏牙刷、圆珠笔的单间客房每天配备额为2支、1支。求该酒店牙膏牙刷、圆珠笔的年度消耗定额。

牙膏牙刷的年度消耗定额=2×300×80%×365=17.52(万支)

圆珠笔的年度消耗定额=1×300×80%×365=8.76(万支)

确定定额标准后要按定额进行供应,满足需要。如果有额外需要的客人,也应满足供应。同时,对各楼层消耗不足和超额消费的物品可进行内部调剂,尽量使在单位时间内接待的总人次的过夜数的物品消耗总量不突破指标。

2. 多次性消耗品的消耗定额

多次性消耗品的消耗定额是指在酒店客房正常运转的条件下,客用多次性消耗品的年度更新率的确定。客房棉织品即布件、毛巾等是客房部使用频率最高、数量最多的多次性消耗品,客房棉织品消耗定额的制定是控制客房费用的重要措施之一。其定额的确定方法,首先应根据酒店的星级或档次规格确定单房配备的数量,然后确定棉织品的损耗率,即可制定消耗定额。计算公式为

$$A = B \cdot x \cdot f \cdot r$$

式中:A=单项棉织品年度消耗定额;B=客房单间配备的套数;x=客房数;f=预测的年平均出租率;r=单项棉织品年度损耗率。

例如,某酒店有客房400间,床单单房配备3套。预计客房平均出租率为75%。在更新周期内,床单的年度损耗率为35%。求其年度消耗定额。

床单的年度消耗定额=3×400×75%×35%=315(套)

(二)客房用品的日常控制

客房部对客房用品的日常控制一般采取三级控制的方法。

1. 楼层领班对服务员的控制

这是客房部对客房用品的第一级控制。

同步思考

在对客房用品进行定额管理时，并不是所有的一次性用品都在当天消耗掉，这时应该如何科学地进行定额管理呢？

理解要点：定额管理是根据客房档次、价格、客源结构、用品的规格质量及价格等因素，定出合理的消耗定额，并制定相应的制度，以加强客房用品的消耗控制，降低费用。客房消耗物品的定额一般以标准间作为基础确定每天的需要量，再根据预测的年平均出租率来制定年度消耗定额。控制严格的酒店还根据不同类型的房间（如标准间与写字间）、不同的接待对象（如内宾和外宾、散客和团队、全价客人和折扣优惠价客人等）及不同用品制定每种物品不同的消耗率。在实际工作中，按照标准配备的一次性用品当天没有被消耗掉，就应根据一次性用品的消耗统计资料制定消耗标准。计算公式为

单项消耗用品年度定额＝单房（以标准间为准）配备标准×客房出租间天数×消耗率

每月、每周的消耗定额计算只要计算出月、周预测平均出租率即可。

（1）通过工作表控制服务员的消耗量。

楼层领班通过服务员的做房报告控制每个服务员领用的消耗品，分析和比较各个服务员每房、每客的平均耗用量。服务员按规定的数量和品种为客房配备和添补用品，并在服务员工作表上做好登记。领班凭服务员的工作表对服务员领用客房用品的情况进行核实，防止服务员偷懒或克扣客人用品据为己有。

（2）检查与督导。

领班通过现场指挥和督导，减少客房用品的浪费和损坏。领班督导服务员在引领客人进房时，必须按服务规程介绍房间设备用品的性能和使用方法，避免不必要的损坏。督导和检查服务员清扫房间的工作流程，杜绝员工的野蛮操作。例如，少数员工在清洁整理房间时图省事，将一些客人未使用过的消耗品当垃圾一扫而光，或者乱扯乱扔客房用品等，领班应及时对其加强爱护客房用品的教育，尽量减少浪费和人为的破坏。

2. 建立客房用品的领班责任制

各种客房用品的使用主要是在楼层进行的，因此，使用的好坏和定额标准的掌握，其关键在领班。建立楼层客房用品的领班责任制，是客房部对用品的第二级控制。

（1）楼层配备客房用品管理人员，做到专人负责。楼层可设一名兼职的行政领班和一名专业领班。行政领班负责楼层物资用品的领发和保管，同时协助业务领班做好对服务员清洁、接待工作的管理。小型酒店则不设行政领班，而由楼层领班兼管物资用品的保管和领发工作。

（2）领班每天汇总本楼层消耗用品的数量，向库房报告。

（3）领班每周日应根据楼层的存量和一周的消耗量开出领料单，交客房中心库房。

（4）每月底配合客房中心库房的物品领发员盘点各类用品。

(5) 随时锁好楼层小库房门,工作车按规定使用。

3. 客房部对客房用品的控制

客房部对全酒店各楼层客房用品的控制,可以从两个方面着手:一是通过客房中心库房的管理员(物品领发员)负责整个客房部用品的领发、保管、汇总和统计工作;二是楼层主管应建立相应的规范和采取措施,使客房用品的消耗在满足业务经营活动需要的前提下达到最低限度。这就是第三级控制。

(1) 中心库房对客房用品的控制。设立客房部中心库房的酒店,可由中心库房的物品领发员或客房服务中心对客房楼层的客房用品耗费的总量进行控制,负责统计各楼层每日、每周和每月的客房用品使用损耗量,结合客房出租率及上月情况,制作每月的客房用品消耗分析对照表。

(2) 楼层主管对客房用品的控制。楼层主管或客房部经理对客房用品的控制主要通过制定有关的管理制度和加强对员工的思想教育来实现。

(3) 防止客人的偷盗行为。这就要求酒店实行访客登记制度,尽可能少设置出口通道,对多次性消耗用品,如烟灰缸、茶杯、茶叶盒等可标上酒店的标志,管理好工作车,将衣架固定起来,等等。

同步案例:
三张环保卡片

基础训练

1. 客房预算的主要内容有哪些?

2. 客房预算分析的主要方法有哪些?

3. 怎样做好客房预算的控制工作?

4. 客房设备用品有哪些种类?如何选择客房设备用品?

5. 在选配设备时,需要综合考虑酒店本身及设备方面的因素吗?

6. 如何加强客房用品的使用控制?

7. 客房用品的年度损耗定额如何确定?

8. 某酒店有客房200间,年平均出租率为85%,茶杯、茶叶的每间客房配备额为2只、4包。该酒店茶杯、茶叶的年度消耗定额为多少?(茶杯的年损耗率为15%)

技能训练

实训项目	客房用品的选择与管理
实训目的	使学生掌握客房用品的选择与管理方法
实训要求	学生通过调研、资料查询、酒店客房的实训，了解酒店用品布草的选择标准与管理方法
实训方法	□星级酒店参观　□实训室模拟　□观看视频　□其他
实训内容	1. 客房用品的选择程序 2. 客房用品的消耗定额管理 3. 客房用品的发放与控制
实训总结	
学生签名： 日期：	

模块八

客房部基层管理

Kefangbu Jiceng Guanli

项目十六
客房服务质量管理

学习目标

素质目标：

树立精益求精的标准意识、制度意识、质量意识。

知识目标：

1. 了解客房服务质量的内容与要求。
2. 明确制定客房清扫标准的原则。
3. 熟悉客房清洁整理标准的内容。
4. 掌握查房的步骤和要求。
5. 熟悉客房的逐级检查制度。

能力目标：

1. 能够有效控制客房清洁卫生质量。
2. 能够按要求检查客房，并判断是否为OK房。

引例：房间卫生清扫未达标

动画：
房间卫生
清扫未达标

背景与情境：822房间的客人欧先生投诉：客房内茶几螺丝松动；写字台桌边有胶未擦干净；台灯与床头板有灰尘。客人认为上述几点与五星级酒店标准有一定距离。经查，这是由于客房出租率较高，因而服务人员在清扫房间时，对房间卫生标准有所放松，且楼层经理（主管）和领班查房不细所致。

思考：如何保证客房的服务质量？

客房是酒店的基本设施，是酒店的主体部分。客房产品是酒店销售的核心产品，提升客房产品质量不仅对提升客房本身品质有着重要作用，而且对酒店的整体服务质量、酒店的品牌建设及经济效益都有着非同寻常的影响，因此，应做好客房服务质量的控制工作。

任务一　客房服务质量控制

一、客房服务质量的内容与要求

客房服务质量内容一般包括客房服务设施设备条件、服务水平、安全私密、环境气氛等几个部分。

(一) 客房服务设施设备条件

客房服务设施设备条件是客房提供服务质量的物质基础，是客房的硬件部分。它是星级档次的基础，也是宾客评价客房服务质量的首要内容。客房服务质量对其服务设施设备的要求是：服务设施设备总体水平达到星级标准相应的水准；服务设施设备尽可能完善，让住客感到实用、方便；各种设施设备处于良好的状态，让住客感到舒适愉快；建立严格、高效的维修保养制度，确保客房的接待服务正常运转。

(二) 服务水平

客房服务水平是客房服务质量的主体，是检验客房服务质量的重要内容，这也是人们常说的软件部分。其内容如下。

1. 礼节礼貌

礼节礼貌是整个客房服务水平中最重要的部分，它反映了一家酒店客房服务员的精神文明和文化修养，是客房部员工最重要的职业基本功，它体现了客房对住客的基本态度。针对客房服务方面，其基本内容和要求如下。

(1) 外表是个人的形象，应符合酒店要求，做到庄重、大方、整洁、美观、和谐。

(2) 语言要符合客房服务语言规范。在客房接待服务中讲究语言艺术，谈吐文雅，注意语气语调，应对自然得体，同时还要用好敬语。

(3) 行为举止要符合酒店客房的服务规程。举止大方、彬彬有礼、不卑不亢；坐、立、行都要有正确的姿势，注意克服易引起客人反感的无意识的动作。

2. 服务态度

服务是宾客享受到的，而态度是宾客感觉到的。服务态度可概括为 4 个词：热情、主动、耐心、周到。

(1) 热情。热情服务是客人的第一需求，主要表现在服务中待客如亲人，笑容常展，语言亲切。

(2) 主动。主动服务主要表现为以宾客为中心，服务在宾客开口之前。主动服务有两种形式：一类是按服务规程提供服务，它是有一定规律的，如对入住的客人主动介绍情况、客到茶到等；另一类是按宾客临时需要而提供的主动服务，如客人醉酒后的主动照料等。

(3) 耐心。耐心服务主要表现在任何情况下服务员都保持态度和蔼,不急躁、不厌烦,百问不厌,遇事不急、处理果断。

(4) 周到。周到服务主要表现在待客诚恳,服务细致热心、照顾周到,服务效果超过客人的期望。

3. 服务技能

服务技能可概括为四个方面。

(1) 操作技能。客房操作技能主要是指做房、设备设施维护保养技能等。

(2) 处理特殊问题的技能。如对醉酒客人的处理、对客人投诉的处理等。

(3) 推销技能。例如对住客介绍酒店服务项目,刺激其在酒店的消费。

(4) 沟通技能。包括内部沟通和与客人沟通的能力。

4. 服务项目

服务项目可分为两大类:一类是按服务规程的规定,对每个宾客都需要的项目;另一类是宾客临时提出的、不一定是每个宾客都需要的项目,如代购物品、代找亲友、代客煎药等。

5. 清洁卫生

清洁卫生是客房工作的一个重点,也是客房服务质量的重要内容。随着社会物质文明和精神文明建设的发展,人们对酒店的卫生要求越来越高。因此,管理者在质量管理中要做到以下几点。

(1) 转变观念。如清洁卫生应以保持干净为标准,而不能以做了多少次为标准。

(2) 制定各项清洁卫生的标准。认真落实我国《旅游饭店星级的划分与评定》有关公共区域设施设备维修保养及清洁卫生质量的标准、有关客房设施设备维修保养及清洁卫生质量标准等。

(3) 落实清洁卫生制度,加强检查,做好原始记录登记,以此作为奖罚的依据。

(4) 对服务员的个人卫生进行督导,对服务员的操作要有卫生要求。如拿茶杯、水杯,不能拿杯子上部的三分之一;客房清扫要用三至五块抹布操作等。

同步案例 一根头发丝

背景与情境:晚上10点左右,1105房间入住了一位香港的李先生。李先生很快洗了一个澡,然后掀开已经开好的夜床准备休息,却突然发现床单上有一根长长的头发丝,接着又发现床单有些皱。于是,李先生打电话到大堂副理处投诉说:“我房间的床单皱巴巴,而且上面还有一根头发丝,肯定没有换过,我要求立即更换床单。还有,你们酒店给我提供的是一间‘次品房’,因此我要求房价打折。”大堂副理迅速赶到1105房,果然发现李先生的陈述属实,便对他说:“先生,真对不起,我马上让服务员更换床单,并给您的房价打八折,您看可以吗?”李先生表示接受大堂副理的处理。

动画:
一根头发丝

(资料来源:https://www.renrendoc.com/paper/103139472.html)

问题:服务员在清洁房间卫生时都应该注意哪些方面?

分析提示:客房是客人在酒店逗留时间最长的地方,也是其真正拥有的空间,因而他们对于客房的要求往往也比较高。市场调查表明,客人选择酒店需要考虑各种要素,这些要素虽然对不同类型、不同层次的客人来讲不尽相同或侧重不同,但是对客房清洁卫生要求甚高却是相同的。因此,酒店在服务过程中,应特别注意这类设备、用品的清洁卫生。①本案例中的李先生显然是一位经常住酒店而且十分关注酒店清洁卫生状况的客人。因此,当他发现床单上有一根头发,而且床单有些皱时,就自然怀疑服务员偷懒,未更换床单。也觉得自己的利益得不到保证,就要向酒店投诉。对客人来说,床单上无论如何都不应该有头发丝,如有就说明是没有达到清洁卫生标准的次品房。②酒店应严格执行清洁卫生标准,以防止因类似的投诉而给客人的房价打折,带来经济上的损失。③服务员不要小看一根头发,它是事关服务质量的大问题,事关酒店形象的大问题,客人对客房卫生的投诉往往是从"一根头发丝"开始的。

6. 服务效率

服务效率是一家酒店素质的综合反映,客房服务效率是指提供服务的时限。其有以下三类。

(1) 工时定额的服务效率。如打扫一间客房的工时等。

(2) 时限服务效率。如住客挂出请速打扫牌,服务员在30分钟内完成打扫房间工作等。

(3) 时间感觉的服务效率。如客房的马桶坏了报修后,多长时间来修理完毕。

客房服务效率是容易引起住客投诉的问题之一。因此,在质量管理中,客房管理者首先要树立效率观念,要尽量在减少宾客等候时间方面下功夫;其次要核实客人交代的、投诉答复的项目内容,督促有关人员迅速办理;最后就是要有全局意识,主动协作,共同提高服务效率。

同步思考

某日清晨,客人王先生对正在清洁整理客房的客房服务员抱怨,隔壁房间的客人夜里打麻将,影响他的休息。此时服务人员应该怎么做?

A. 边工作边对客人说,等清扫他们房间时与其沟通一下,问题不大。

B. 停下手中的工作,认真了解情况,向客人承诺,立即与相关客人沟通,得到客人认可后继续清洁整理房间。做好该房间的清洁工作后,立即报告上级。若需要服务员本人处理,应听取上级指导,及时提供相关服务。

C. 客人说说而已,不提出投诉,服务人员无须小题大做。

理解要点:本案例中客人的抱怨表面看来好像是由隔壁房间客人造成的,其实不然,而是由于酒店不能给客人提供安静休息环境所致,酒店应及时给予解决。A的做法反映出服务意识不强,给客人不重视和缺乏解决问题的诚意的印象,不可取。C全然不顾客人的抱怨,在客人看来眼前是一台"清扫机器",对酒店服务一定会失望之极,应立即改进。B的做法反映出服务意识强,客人认为酒店重视自己的意见,相信酒店能够解决好问题。

（三）安全私密

保证每一位住客的生命和财物安全是客房服务质量最重要的一环。安全私密是客人的第一需要。因此，客房要建立严密的保安制度，如防盗、防火、防劫，应对电梯故障、断电、台风等意外事件的防范措施。此外，还要尊重宾客的私密性，如不在电梯内或公众场所谈论客人的姓名、房号，不能擅入客人房间等。

（四）环境气氛

客房的环境气氛是由建筑、装饰、陈设、设施、灯光、声音、色彩以及员工的仪表仪容等因素构成的。这种视觉、听觉印象对客人的心理感受影响颇大，客人往往把这种感受作为评价客房服务质量优劣的主要依据。因此，客房管理者必须十分注意环境气氛的设计，让宾客感到安静、舒适、愉快。

二、制定客房清洁保养质量控制标准

客房的清洁卫生质量与管理者制定的标准及检查制度和检查标准有关，同时也与这些标准的贯彻程度有很大关系。国外一家机构曾对宾客选择酒店各种要素的排列顺序做过调查，其结果显示，卫生因素的得分率为63%，服务因素的得分率为42%，设备因素的得分率为35%。由此可见，宾客选择酒店的诸因素中，卫生状况是最先考虑的因素。清洁保养水平对酒店来说的确非常重要，其管理好坏不仅影响宾客对酒店的选择，还直接影响酒店的形象、气氛乃至经济效益。而酒店的清洁保养水平往往取决于客房部的管理，因为客房部通常承担酒店大部分区域的清洁保养工作，尤其是前台区域。

（一）制定客房清扫标准的原则

1. 酒店的经营方针和市场行情

酒店的档次和星级的高低主要反映的是不同层次客源的不同要求，标志着建筑、装潢、设施设备、服务项目、服务水平与这种需求的一致性和所有住店客人的满意程度。酒店的档次和星级不同，其服务规格的高低和服务项目的多少必然有所区别。客房部在制定客房清洁整理标准和规格时，应以酒店的经营方针和市场行情为依据。

2. 尽量少打扰客人

客房的清洁整理工作是客房部管理水平、人员素质等内容的综合体现。客房之所以成为客人休息、睡眠的区域，成为客人的“家外之家”，主要有两个条件：一是整洁，否则无法很好地生活；二是安全，否则无法称其为“家”。客房部管理人员在制定有关客房清洁整理的程序和规范时，应将尽量少打扰客人作为一条重要的原则。

3. “三方便”准则

所谓“三方便”准则，是指在制定有关标准和程序时，必须依照方便客人、方便操作和方便管理的准则进行。

(1) 方便客人。

实行标准化管理的目的在于使客人获得满意的服务，使其有宾至如归的感受。宾至如归，就是要让客人在客房的起居生活感到像在家里一样方便且享受家里没有的氛围。因此，客房的清洁整理标准，包括家具设备摆放的位置、用品的配备，各项服务标准都必须以此为出发点。脱离了客人的需求，单纯强调一切标准化，是没有任何意义的。标准化的管理要注意结合客人的特点。客房服务的对象是人，因此，在客房的清洁整理工作中，既要按相应的规范提供服务，以保证服务的质量，同时又应根据客人的不同特点和要求，进行灵活机动的针对性服务。

(2) 方便操作。

节省时间，方便员工操作，减少不必要的体力耗费，提高工作效率，是制定标准应遵循的一个准则。因此，制定的客房清扫标准应该简明、实用。如果清扫客房的操作程序和规范要求让员工感到费力难做，就失去了标准化管理的本来意义。

(3) 方便管理。

实行标准化的管理，在于减轻管理者的负担，便于贯彻管理意图，使客房服务工作有一个统一的质量标准。客房的清洁整理标准不是什么新东西，各个酒店都有，而且国内外不少酒店都有自己成功的经验。但这些标准是否都合理，是否都适合自己酒店，是否都有利于提高工作效率，就不一定了。客房服务标准的制定和贯彻是管理的一种手段，因此，客房部的管理者，凡事都要有自己的管理思想，都必须根据自身的情况，包括客房设施设备的条件、清洁器具的配备和员工素质，甚至自己的管理风格等，来制定和实施符合自己酒店客房实际情况的标准，而不应照抄照搬别人的东西。

(二) 确定客房清洁整理标准应考虑的具体因素

1. 进房次数

进房次数，即进入客房进行清洁整理的次数，是客房服务规格高低的一种重要标志。但进房次数增多，意味着客房各方面的成本都将上升。因此，客房部究竟实行几进房制，应根据本酒店的档次、客房的等级和房价的高低、客源对象和营业费用进行全盘考虑。就我国目前情况而言，一般应以二进房制为主，亦即实行对房间白天的例行大清扫和晚间夜床服务。当然，不论规定几进房制，一旦客人需要整理客房，酒店则应尽量满足。对 VIP 客人和住豪华房间的客人，还可实行每天三进房甚至四进房制。

2. 操作方法与标准

操作方法与标准应包括对操作细节的研究和单项操作的标准时间，例如，中式铺床在多长时间内完成等。

3. 布置规格

布置规格应以图文说明，以确保规格一致和标准的统一。布置规格应讲求美观、实用、简洁，方便操作和客人使用。

4. 整洁状况

如前所述，客房的整洁状况标准包括生化标准和视觉标准两个方面。由于各个酒店的“硬件”不一致，以及人力条件的差异，在掌握清洁卫生的视觉标准尺度上会有一定的差异，但对生化标准必须严格执行。同时，客房整洁与否，要看酒店能否把握客人的要求。唯有多了解客人的要求，从中总结出规律，不断改进，才能使每一位客人都能接受直至感到满意。

5. 速度和定额

客房部员工整理清洁房间的速度往往不会是一样的，但是经过培训合格的熟练工，其打扫标准间的平均速度应达到:走客房30—40分钟/间;住客房15—25分钟/间;空房和夜床约为5分钟/间。当然,在实际工作中由于受诸多因素的影响,员工的清扫速度常常会有例外。

规定员工整理清洁房间的速度与定额,必须考虑下列因素。

(1)是否是专职的卫生班服务员。

不少酒店由于人力紧张,往往让客房服务员既做台班服务,又兼做客房的清洁卫生,这必然会影响整理房间的速度和质量。员工当班的任务要单一化,这样才能提高服务质量,这是管理的常识。

(2)是否跨楼层清扫客房。

从节省时间、提高效率的角度考虑,最好不要让员工跨楼层清扫客房。因此,酒店在设计每一楼层的房间时,其数量一般为服务员工作定额的整倍数,否则会影响员工的房间清扫量。

(3)客人的素质。

来自不同国家和地区的不同类型的客人,由于所处的社会经济环境不同、生活习惯不同,以及文化修养不同,对客房环境破坏的程度往往相差较大。客人的素质是影响客房清扫速度和定额的重要因素之一。

(4)其他因素。

客房员工的素质、客房的工作环境、洗衣房布件的供应、客房整洁的规格标准以及工作器具的配备等,都将影响客房清扫的速度和定额。

(三)客房清洁整理标准的内容

客房清洁整理标准的内容主要包括以下几个方面。

(1)客房清扫前的准备。

(2)选房程序。

(3)如何进房。

(4)客房清扫的基本方法。

(5)卧室清扫程序(包括住客房、走客房、空房)。

(6)中式铺床程序。

(7)卫生间清扫程序(包括住客房、走客房、空房)。

(8)晚间服务规范(包括小整服务)。

(9)客房卫生视觉标准。

(10)客房卫生生化标准。

(11)客房卫生的消毒规范。

(12)客房计划卫生制度。

酒店制定清洁整理客房的标准后,让员工按标准、程序行事,可使他们的工作程式化,从而养成良好的职业习惯,有利于为宾客提供优质的服务,也可使服务工作不因员工的变动而引起质量的波动,同时还便于控制工作的进度,避免操作人员过多的体力消耗和意外事故的发生。各酒店都应有自己的管理标准,并根据客人需求的变化和酒店的发展定期予以修改和补充。

同步思考

对于服务质量的控制一般要把握事前、事中和事后控制三个环节。请你思考一下，在客房服务质量控制的三个环节中应该重点做好哪些工作？

理解要点：

1. 准备过程的质量控制

(1) 精神准备。要求每个服务人员必须精神饱满，思想集中，着装整洁，规范上岗。必要时要事先了解客人的身份、生活习惯等，以便有针对性地提供服务。

(2) 物质准备。包括前厅、客房、安全保卫等各方面的准备工作。保证宾客一进店，就能提供满意的服务。例如，客房部要检查房间的设备是否齐全完好，房间是否整洁，布置是否美观、舒适，用品配备如何等，以确保客房质量标准。

2. 接待服务过程的质量控制

(1) 严格执行接待服务规范，加强服务质量检查。

(2) 收集质量信息，分析产生质量问题的原因，尽快研究改进。

3. 结束过程的质量控制

1) 宾客离店前的工作

(1) 服务人员要主动、诚恳地征求意见，对服务质量不足之处要表示歉意。对一些未尽事宜或宾客提出的要求和投诉，要尽可能给予补救和答复解决。

(2) 宾客离店时，主动告别，并表示感谢，欢迎下次光临。

2) 宾客离店后的工作

正确处理宾客遗留、遗弃物品。做好新一轮的服务接待准备工作，以迎接下一批宾客的到来。

任务二　查　　房

领班查房是服务员自查后的第一道检查关口，也可能是最后一道关口。当客房清扫员对客房进行清洁卫生后，楼层领班要对所负责区域内的每间客房进行全面检查以确保质量。这也是楼层领班最主要的工作任务。它是客房清洁卫生质量控制的关键，是提供优质客房商品的保障。

微课：
领班查房

一、卫生检查的流程

客房卫生检查流程如图 16-1 所示。

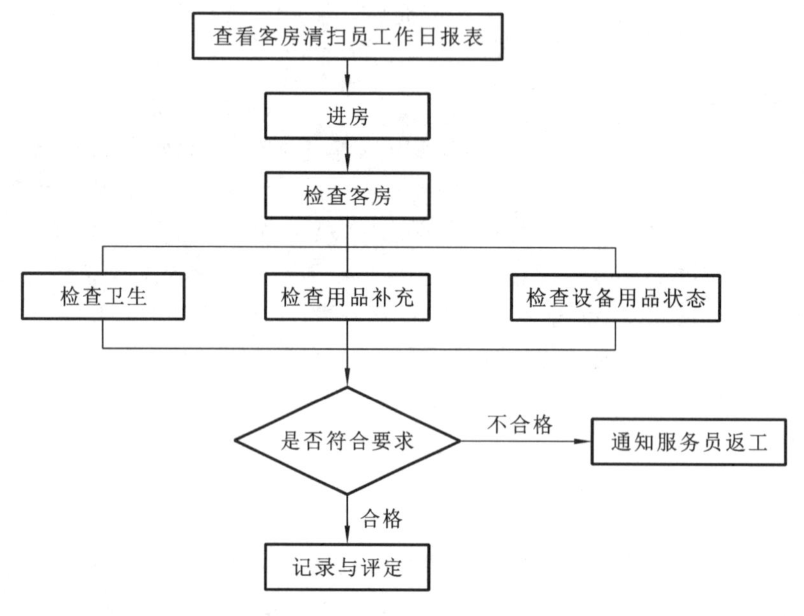

图 16-1　客房卫生检查流程图

二、卫生检查的具体步骤

(一) 查看工作日报表

楼层领班巡视查看客房清扫员的工作日报表,检查已清洁过的客房。

(二) 进房

(1) 按规范要求进房。

(2) 检查住客房一般在客人不在房间时进行。

(三) 检查

(1) 检查时应注意按照顺时针或逆时针的方向进行,以免遗漏。

(2) 检查客房的清洁卫生质量是否达标。

(3) 检查客用品补充数量与摆放规格是否符合标准。

(4) 检查各种设施设备是否运转正常。

(四) 情况处理

(1) 如果在检查时客人回房间了,领班除了与客人打招呼问好外,还应尽可能与客人交谈,获取客人对服务质量和清洁质量的意见与建议的相关信息,以便进一步改进员工的服务质量和清洁质量。

(2) 发现问题应及时让员工返工整改。如今在互联网工具的支持下,检查工作可以逐步做到系统性、实时性、随机性,更大限度发挥质检的价值,提升客房服务质量。

(3) 检查中发现有工程问题,应立即报请紧急修理,以在客人回房前完成修理工作。

(4) 领班把检查合格的房间报告客房服务中心,由客房服务中心文员报总台出租。

(五) 记录与评定

(1) 领班在检查完毕后必须在领班的工作单上填写实际检查时间和检查情况。

(2) 根据员工清扫客房的质量进行评定,作为员工日常工作的考核内容。

同步案例 迷你吧酒水账单输错

背景与情境:727 房间的客人喝了迷你吧中的两听可乐,而离店结账时账单上出现了四听可乐,客人要求解释清楚并拒付款,经查,白班服务员给管家部报了账但未交接,中夜班员工又报了一次,造成酒水输错。

动画:
迷你吧酒水
账单输错

问题:服务员和主管(领班)在查房中如何检查迷你吧的酒水?

分析提示:迷你吧酒水结账是容易引起争议的一个问题,一般情况下应以客人为准,同时今后在迷你吧酒水的管理方式上和管理观念上应与国际接轨。①楼层服务员在清洁客房时应做好迷你吧酒水的检查工作,如果客人饮用了迷你吧酒水,酒水种类应立即记入账单。若服务员知道客人离店时,应立即通知客房中心房号、饮用的酒水、数量及姓名,记入迷你吧酒水消费表。②服务员对某些事项忘记交接班是个老问题,此案例反映出来的关键问题还是员工的工作责任心。③楼层经理(主管)和查房员(领班)应加强对员工的相关培训。④员工应严格遵守操作规程,尽量避免工作失误给客人带来的不愉快。

知识活页

客房的逐级检查制度

检查客房又称查房。客房的逐级检查制度主要是指对客房的清洁卫生质量检查实行领班、主管及部门经理三级责任制,也包括服务员的自查和上级的抽查。由于员工的检查方法和标准有差异,采用逐级检查制度是确保客房清洁质量的有效方法。

1. 服务员自查

服务员每整理完一间客房,应对客房的清洁卫生状况、物品的摆放和设备家具是否需要维修等作自我检查。服务员自查应在客房清扫程序中加以规定。

2. 领班普查

领班普查是服务员自查之后的第一关,常常也是最后一关。因为领班负责 OK 房的报告,总台据此就可以将该客房向客人出租。客房部必须加强领班的监督职能,让其从事专职的客房某楼面的检查和协调工作。有的酒店既让楼层领班担负客房清扫的检查工作,又给其规定一定数量的客房清扫任务,使其检查的职能往往流于形式。

3. 主管抽查

客房主管是客房清洁卫生任务的主要指挥者。主管只说不做不行,只做不说也不行。加强服务现场的督导和检查,是客房主管的主要职责。

主管检查的重点是:检查领班实际完成的查房数量和质量;抽查领班查过的房间,以观察其是否贯彻了上级的管理意图;检查领班掌握检查标准和项目的宽严尺度是否得当。主管在抽查客房卫生的同时,还应对客房楼层公共区域的清洁、员工的劳动纪律、礼节礼貌、服务规范进行检查,确保所管辖区域的正常运转。

4. 经理抽查

楼层服务是客房部工作的主体,客房部经理也应拿出1/2以上的时间到楼面巡视和抽查客房的清洁卫生质量。这对于掌握员工的工作状况,改进管理方法,修订操作标准,更多地了解客人的意见,具有十分重要的意义。

客房的逐级检查制度应一级比一级严格,所以,经理的查房要高标准、严要求,亦即被称为“白手套”式的检查。经理的检查宜不定期、不定时,检查房间的重点是房间清洁整理的整体效果、服务员工作的整体水平,以及是否体现了自己的管理意图。

5. 总经理抽查

酒店总经理要控制客房的服务质量,也必须充分运用检查这一职能,其检查的方式为不定期和不定时,或总经理亲自抽查,或派大堂副理或值班经理代表自己进行抽查,以获得客房部管理水平和服务质量信息,督导客房部经理的工作。

项目十七
员工管理

学习目标

素质目标：

注重科学管理，增强责任感与使命感。

知识目标：

1. 熟悉编制定员的基本步骤。
2. 掌握制定工作定额的原则与考虑因素。
3. 掌握编制定员的基本方法。
4. 掌握劳动力调配的方法。
5. 掌握员工培训计划制订的流程和方法。

能力目标：

1. 初步具备编制定员的基本方法与技巧。
2. 能够确定员工的工作定额。
3. 能够初步具备劳动力日常调配的能力。
4. 学会制订培训计划，并能组织员工培训活动。

引例：他培训后辞职了

动画：
他培训后辞职了

背景与情境：有一家酒店管理公司声誉很高，但是有一点，其管理人员流动得非常快。小何在来这家酒店工作以前，已经在别的酒店里工作有15个年头了。虽然小何知道，即便自己已经有了15年的工作经验，但按照这家酒店的要求，他还是要完成酒店内部提供的6个月左右时间的全部培训课程。应聘酒店客房部经理岗位的第二天，小何开始了他的正式培训课程，他被分配到酒店做客房服务员、领班已经三个多月了，他在所有的培训岗位上都表现得很出色，甚至比酒店对他要求的都要好。小何开始对自己仍然被留在现有岗位工作感到不满足了。由于被安排在现有岗位工作这么长时间，小何怀疑自己可能正在被酒店利用，成为他们要达到节省劳

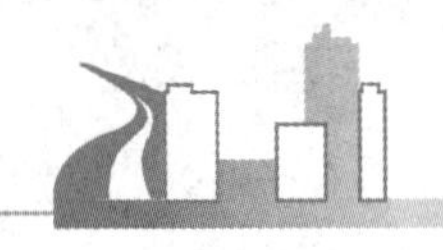

动力目的的工具。因为他知道,其他接受培训的管理人员也都需要在基层培训很长的时间,大概酒店这么做的目的就是节省劳动力成本。小何经过简单的了解后得知,公司目前的预算很紧张,酒店里每一笔开销都不能超出总公司的预算。所以,他们把正在接受培训的管理人员作为酒店临时的钟点工,尽量减少酒店的额外支出,这也就不足为奇了。他对酒店的这种做法不太赞成。

在基层工作了15周左右的时间,通过人事经理的帮助,小何终于有机会做客房部主管了。此时,在涉及公司内部的员工培训计划及管理的作用方面,小何与总监、部门经理之间产生了不同的看法——他对自己能否得到提升根本没有信心。由于他一直认为酒店在利用他们这些培训人员做廉价劳动力,以达到节省开支的目的,他开始考虑自己是否应该继续留下工作。

由于有了这些想法,小何在酒店工作的热情、效率明显地降低,对自己分内应承担的责任也不太在乎。由于感觉到小何对培训计划已经没了兴趣,再加上酒店并不想失去这样一个很有潜力的经理,总经理匆匆忙忙地结束了小何的培训计划。同时,小何也越来越感觉到这家酒店经营管理的模式与自己的想法相差甚远,他觉得酒店这种培训方式一方面会让他们失去自己在工作中的信心,另一方面也有损于他们在员工眼中的形象,这对他们以后的管理工作是非常不利的。小何希望自己能成为一名有能力、有前途的好经理,所以他在该酒店工作了5个月后就辞职不干了。不久以后,他接受了另一家很有竞争实力的外资酒店客房部经理的职位。

思考:怎样制订有效的培训计划,并保证培训实施的效果?

客房部员工管理,就是运用科学的方法,合理选用和培训员工,不断提高员工素质,充分有效地利用员工的聪明才智,从而不断提高客房部的劳动效率。它不仅影响到客房部的有效运转,更关系到客房部员工的成长和酒店的发展。

合理地指派员工、分配工作不仅关系着部门人力资源的优化,有效地降低人力成本,还能调动下属的工作积极性,有利于工作的开展。酒店经营是个动态管理过程,随时都可能发生变化。因此,对基层管理人员来说,编制定员和工作安排是一项复杂而有难度的工作,要求管理人员必须具备过硬的管理技能和实际工作经验。

任务一　编制定员

客房部的编制定员,就是在确立客房部组织机构的前提下,确定各岗位所需人员的数量。客房定员是客房部建立组织机构的重要内容,做好定员编制,合理确定人员数量和结构，是做好客房部管理与服务工作的前提和基础。

一、编制定员的基本步骤

（一）确定服务模式与管理层次

客房服务一般有两种模式，即楼层服务台和客房服务中心，不同的服务模式在用人数量上有很大的差异。楼层服务台岗位要求在每个楼层设置2—3班的值台服务人员，因此需要更多的定员编制。相反，客房服务中心人员编制就比较精简。每一种服务模式都直接影响客房部的编制定员，所以，酒店应根据自己的具体情况，对客房服务模式做出正确的选择。此外，客房部管理方式也影响着定员编制的确定，如酒店将公共区域卫生中地面和镜面的清洁维护外包给清洁公司，公共区域的人员编制相应就会减少。

客房部的管理层次与酒店的规模，以及客房部管辖的范围有关。规模大、范围广、分工细的酒店通常会设置经理、主管、领班和服务员四个层次；星级高、规模大的酒店层次多，但小型酒店通常将主管和领班合并为一个层次，同时不设经理副职，再加上对服务员不做工种的细分，而是只划分班次和区域，在人员的配备上肯定会比档次高、规模大的酒店少。

（二）预测工作量

工作量是客房部定员的一个重要依据，客房部的工作量往往与客房部的业务范围有关，规模大、档次高的酒店客房部的工作量往往就大，工作量的大小与所需的员工数量成正比。客房部在编制定员时必须科学准确地预测部门、各分支机构及各岗位的工作量。对于整个部门而言，客房部的工作量主要包括三个部分：固定工作量、变动工作量和间断性工作量。

1. 固定工作量

固定工作量是指那些只要酒店营业就必然存在，而且必须按时去完成的日常例行工作任务。例如，客房部管辖范围内的所有公共区域的日常清洁保养、客房部管理工作、客房中心的工作、布草房的工作等。只有保质保量地完成这些工作，才能保证部门甚至整个酒店的正常运营，保持酒店的规格标准。固定工作量的多少往往反映一个酒店或一个部门工作的基本水准。

2. 变动工作量

变动工作量是指随着酒店业务量等因素的改变而变化的工作量，在客房部主要表现在随客房出租率变化而改变的那部分工作量。例如客房的清扫整理、对客服务、洗衣房的布件洗熨，以及一些特殊情况的处理等。影响最大的还是客房出租率，因此，客房部在预测这部分工作量时，应以客房出租率为主要依据。

3. 间断性工作量

间断性工作量通常是指那些时间性、周期性较强，只需定期或定时完成的非日常性工作量。例如，酒店外墙的清洁，地毯的清洗，大理石地面的清洗、打蜡，餐厅、舞厅和多功能厅的清洁，金属器具的擦拭，玻璃的擦拭等。客房部在预测工作量时不能疏忽这部分工作，这部分工作量需要管理者逐项分解和测试单项操作标准时间，以便较准确地测算工作量。

（三）制定工作定额

工作定额是指每个员工在单位时间内，在保证服务质量的前提下，平均应完成的工作量指标。工作定额是对工作效率的要求，是实行定员编制的基础；定员是对人员配备的要求，是完成工作定额的手段，二者相互联系、相互作用。工作定额可用时间定额和工作量定额两种方法来表示。时间定额是指在一定的物质技术和劳动组织条件下，采用合理的方法完成某项工作，或生产某一产品所需消耗的时间标准，如按传统方法和要求铺一张单人西式床的标准时间为 2 分 30 秒。工作量定额是由时间定额推算出来的，即在一定的物质技术和劳动组织条件下，采用合理的方法，在单位劳动时间内应该完成的达到合格标准的工作量，如一名早班客房服务员在 8 个小时的工作时间内，应该清扫整理 14 间客房(标准间)，并达到合格标准。在绝大多数酒店，凡能实行定额管理的部门和岗位，都实行了定额管理。实行定额管理使编制定员、确定用工标准等工作有据可依，能充分调动员工的工作积极性、提高工作效率，也便于检查、考核，还有利于开展劳动竞赛和总结推广经验。

由于客房劳动随机服务较多，不同于生产型企业和其他服务性企业，所以除客房清洁员外，其工作定额指标不易确定，需要灵活掌握。制定工作定额的方法有以下几种。

1. 经验估计法

以本酒店历史上实际达到的指标为基础，结合现有的设备条件、经营管理水平、员工的思想及业务状况、所需达到的工作标准等，综合分析进一步提高劳动效率的有利因素和不利因素，预测工作效率可能提高的幅度，经过综合分析而制定工作定额。

2. 统计分析法

参考过去的统计资料，结合当前劳动条件和管理条件，制定工作定额。

3. 类推比较法

以过去达到的指标为基础，分析同类酒店客房工作定额指标，结合酒店客房服务的现状，通过对比分析来估算工时消耗，制定工作定额。用这种方法制定定额，方法简便，工作量小，易于操作，所制定的定额能够反映员工的实际工作效率，比较适合酒店工作的特点。但这种方法不够细致，定额水平有时会偏向平均化，不够先进。

4. 技术测定法

技术测定法就是通过分析员工的操作技术，在挖掘潜力的基础上，对各部分工作所消耗的时间进行测定、计算、综合分析，从而制定定额。这种方法包括工作测试、分析和计算分析等多个环节，操作起来比较复杂，但却较为科学。需要注意的是，抽测的对象必须能够客观、真实地反映多数员工的实际水平，测试的手段和方法必须比较先进、科学。

用技术测定法确定工作定额，关键是要先准确测定单项操作时间，可根据单项操作时间制定一份标准时间表。其中的标准时间不包括操作准备、设备清洁等工作时间。有了操作标准时间表，就可以根据工作时间长短制定基本工作定额。以楼层为例，一般的定额为日班清洁员 8 小时内完成 12—14 间标准房的清洁整理工作；中班服务员负责 40—50 间客房的夜床服务；日班领班要检查 60—80 间客房，中班领班要负责 120—160 间客房的工作区域。当然由于酒店本身的等级，以及对清洁卫生的规格质量要求的不同各酒店的工作定额是有一定差异的。

此方法适用于客房清洁员工作定额指标的确定。具体做法是：根据“单项操作时间测试表”(见表 17-1)中所列项目和要求，按照清扫操作规程和质量要求，组织具有不同操作水平的员工多次清扫操作，记录每个人每一项目的完成时间，可以获得各单项操作的标准时间，再根据各项工作的具体内容、操作程序和规格标准，将准备工作和善后工作等所花费的时间全部考虑进去，就可确定有关工作的定额标准。此表仅供参考，不作为统一标准。各酒店在实际工作中应根据本酒店的具体情况进行测试、分析和计算。

表 17-1　单项操作时间测试表

序号	工 作 项 目	基本时间/分钟	间歇许可/(%)	意外耽搁/(%)	标准时间/分钟
1	铺一张西式床	1.8	22.0	10	2.38
2	清洁一个脸盆	1.2	13.0	10	1.48
3	清洁一个浴缸	1.92	14.5	10	2.4
4	清洁一个便器	0.94	16.0	10	1.18
5	擦净一张梳妆台	2.43	11.0	10	0.52
6	一张梳妆台打蜡	0.85	13.0	10	1.05
7	清洁一只垃圾桶	0.72	11.0	10	0.87
8	硬地面吸尘 10 平方米	0.8	12.5	10	2.22
9	地毯吸尘 10 平方米	4.3	16.0	10	5.42
10	硬地面推尘 10 平方米	1.2	13.5	10	1.48
11	硬地面湿拖 10 平方米	4	16.0	10	3.02
12	机器洗地 10 平方米	2.3	13.0	10	2.83
13	机器抛光地面 10 平方米	2.1	11.0	10	2.84

例如，某家中高档酒店早班客房服务员的工作定额的确定。早班客房服务员的工作时间为 8 小时，其中班前准备和下班结束工作共需 0.75 小时，工间休息 0.5 小时，对客服务 0.5小时，更换布草、领取物品 0.5 小时，剩余的 5.75 小时用于清扫整理客房。如果走客房和住客房平均每间清扫整理的时间为 0.45 小时，那么早班客房服务员的工作定额就为 5.75 除以 0.45 约等于 12.8 间，如果是专职客房清扫员，其工作定额还可更高一些。

二、编制定员的基本方法

编制定员必须做到科学、合理，确定较为合理的工作量，采用灵活的方法，既要相对稳定，又要适时调整。客房部业务范围广、工作岗位多、员工数量大，各区域、各岗位工作性质和工作特点不尽相同，要使每个员工都有适合的岗位，人尽其才，在编制定员时应采取的具体方法就不可能一样。这里只重点介绍客房部编制定员的基本方法：定额定员法和岗位定员法。

（一）定额定员法

定额定员法就是根据工作量、工作定额和员工出勤率等，计算员工人数的定员方法。主要适用于实行定额管理、从事变动性工作的岗位，如客房清洁员。其计算公式为

$$定员人数=\frac{工作量}{工作定额\times出勤率}$$

例 1：某酒店有客房 600 间，年平均出租率为 80%，每个客房清洁员每天的工作定额为

12 间,出勤率一般为的 95%,应该如何确定清洁员定员人数?

解:根据计算公式可得

$$定员人数=\frac{600\times 80\%}{12\times 95\%}\approx 42(人)$$

(二) 岗位定员法

岗位定员法就是根据组织机构、服务设施等因素,确定需要人员工作的岗位,再根据岗位职责及业务特点,考虑各岗位的工作量、运行班次、员工的出勤率等,确定各岗位所需配置的人员数量。

首先,选择不同类型人员进行动作研究,测定员工在各项动作所消耗的时间。

其次,根据动作研究记录,对各项劳动消耗时间进行归类与统计。一般可以将劳动时间分为 4 类:t_1 为准备作业时间,t_2 为结束交接班时间,a 为基本作业时间(每间客房),b 为随机服务时间(每间客房)。

再次,根据 8 小时工作制及服务质量要求,确定客房清扫服务人员的劳动标准。其计算公式为

$$X=\frac{T-(t_1+t_2)}{(a+b)\cdot(1+f)}$$

其中,X 为劳动标准,T 为规定劳动时间(每天 8 小时),f 为休息系数。

最后,根据客房预测和计划出租率、出勤率和员工休息安排,确定不同季节的客房定员人数。其计算公式为

$$Q=\frac{D\cdot r}{X\cdot e}\times\frac{7}{5}$$

其中,Q 为定员人数,r 为计划出租率,D 为客房总数,e 为计划出勤率。

例 2:某酒店有客房 580 间,管理人员选择了快、中、慢三种类型的服务员进行动作研究。经测定,测试人员每天班前准备 10 分钟,班后交接 5 分钟,计划出勤率为 98.5%,夜班人员每天劳动标准为 60 间/人,白班人员平均清扫一间客房各项动作的平均时间见表 17-2。客房清扫服务员每周工作 5 天,每天工作 8 小时,休息系数为 0.12,请完成以下计算。

(1) 以动作研究时间为基础,核定客房清扫人员劳动标准。

(2) 酒店上个月前半月客房出租率为 74.5%、后半月为 79.8%,客房部配备了白班清扫人员 48 人,问他们每人每天实际清扫了多少间客房?是否完成了劳动标准?

(3) 下个月进入旺季,酒店预测前半月的客房出租率可达 88.2%,后半月可达 96.8%,问按劳动标准,下月需要配备多少名白班和夜班服务员?

(4) 酒店实行休假制,按酒店规定,店龄 2 年以上的员工可享受酒店年假 7 天;店龄 5 年以上的可享受酒店年假 14 天,其人数分别占员工总数的 50% 和 45%。经预测,酒店在旺季、平季和淡季的平均出租率分别为 92.5%、74.6% 和 58.4%。问实行休假制后,按不同季节的客房出租率各需多少名客房清扫服务员?

表 17-2 客房清扫人员动作研究表

单位:分钟

分类 步骤	单人房		标准房		套房		统计	
	住	走	住	走	住	走	合计	平均
检查换气	1.2	1.3	1.5	1.6	1.7	1.8	9.1	1.52

续表

分类 步骤	单人房		标准房		套房		统计	
	住	走	住	走	住	走	合计	平均
做床	2.0	2.2	3.8	4.2	3.8	4.4	20.4	3.40
擦拭整理	4.2	4.8	5.4	5.8	6.8	7.6	34.6	5.77
卫生间	9.8	10.6	10.4	11.2	10.6	11.4	64.0	10.67
吸尘	3.8	3.8	4.2	4.8	4.6	5.4	26.6	4.43
检查填表	1.2	1.2	1.3	1.3	1.5	1.5	8.0	1.33
合计	22.2	23.9	26.6	28.9	29.0	32.1	162.7	27.12
随机服务	4.2		4.8		5.2		14.2	4.73

解：

(1) 核定白班服务员的劳动标准

$$X=\frac{T-(t_1+t_2)}{(a+b)\times(1+f)}=\frac{480-(10+5)}{(27.12+4.73)\times(1+0.12)}=13.04\approx 13(\text{间}/(\text{人}\cdot\text{天}))$$

(2) 上月日出租客房间数 $=580\times\frac{(74.5\%+79.8\%)}{2}=447.47\approx 448$(间)

上月白班上岗人数 $=\frac{48\times 98.5\%\times 5}{7}=33.77\approx 34$(人)

上月每人每天实际清扫客房数 $=\frac{447.47}{33.77}=13.25\approx 14$(间/(人·天))

(3) 下月日出租客房间数 $=580\times\frac{(88.2\%+96.8\%)}{2}=536.5\approx 537$(间)

下月需要配备服务员人数 $=\left(\frac{536.5}{13.04}+\frac{536.5}{60}\right)\times\frac{7}{5\times 98.5\%}=71.19\approx 72$(人)

(4) 客房服务员开工系数 $=\frac{365-115-7\times 50\%-14\times 45\%}{365}=65.8\%$

休假后旺季需用人数 $=\left(\frac{536.5}{13.04}+\frac{536.5}{60}\right)\div 0.658\div 98.5\%=77.28\approx 78$(人)

休假后平季需用人数 $=\left(\frac{432.68}{13.04}+\frac{432.68}{60}\right)\div 0.658\div 98.5\%=62.32\approx 63$(人)

休假后淡季需用人数 $=\left(\frac{338.72}{13.04}+\frac{338.72}{60}\right)\div 0.658\div 98.5\%=48.79\approx 49$(人)

任务二 劳动力调配

劳动力调配是客房部运营过程中的一项日常性工作，对劳动力进行合理安排和有效控制，一方面能够保证客房部的正常运作，另一方面也能够避免人力浪费。

一、采取多种工作制度

用工制度对客房部劳动力的安排与控制有着直接的影响。针对客房工作变化多、随机性强这一特点,客房部通常采用固定工和临时工相结合的用工制度。如果当地的劳动力资源比较充足,客房部在编制定员时,就可以有效避免因工作量较少而造成的人员闲置和浪费现象。当客房出租率较高、工作量较大时,酒店可以适当招聘一些临时工来缓解人员紧张的矛盾。对临时工可以采取计时或计件工资制,以确保酒店所付出的工资费用与所得到的回报相一致。如果当地的劳动力资源不够充足,客房部则应将固定工的编制定得充裕些,以免一旦客情忙起来,无法补充人员,而使员工都疲于奔命,甚至连正常的工作节奏都被打乱,造成质量下降、缺勤率高,陷入恶性循环的窘境。目前,很多酒店都与本地甚至外地的职业院校建立长期的合作关系。对酒店而言,职业院校的实习生是优质的廉价劳动力;对于职业院校来说,酒店是稳定的实习基地。

二、改革薪酬分配制度

为充分调动员工的积极性,最大限度地保证运行、提高质量、减少工资支出,许多酒店对薪酬分配制度进行了改革。客房部大部分岗位员工所承担的工作都是可以计时计量的,如客房清扫员、布草收发员等岗位。这部分员工可以实行计时工资或计件工资,多劳多得、优劳优酬。不少采用计件计时分配制度的酒店,客房部出现了争着做房、积极要加班的工作场面。

三、根据客情变化灵活排班

由于酒店每天的客情是不断变化的,客房部的工作量也因此不断变化。客房部的员工排班必须依据客情变化而灵活操作。原则上是先安排固定工,然后根据工作量的变化安排临时工。

四、合理安排员工班次

(一)合理排班

客房部人员的工作班次,应顺应客人的生活习惯及酒店经营的需要。一些酒店经常出现班次安排不合理的情况,原因是服务员上班过早或过晚,用于等候的时间过长或工作堆积造成人力紧张。为避免这种情形,客房部应根据客人生活习惯来灵活安排工作时间。

(二)采用小组作业制

客房部的许多工作,如客房清扫、地毯清洗、布草洗熨等工作,既可以采用个人单干的形式,也可以采用几人一组的工作方式进行。采用小组的工作方式,不仅可以提高员工的工作效率,还有利于降低劳动强度、增加员工工作安全系数。希尔顿等一些使用小组作业方式的酒店通过实践证明,小组作业形式与个人单干的形式相比,具有许多优越性,例如增进集体的凝聚力,增强集体荣誉感,提高工作效率,缓解工作任务比较集中时的一些矛盾,有利于合理配置劳动力,减少对设备的需求量,等等。

知识活页

员工工作安排

1. 了解客情

客情预测是客房部日常用工人数计算的基础。及时、准确地将客情预测信息传递到客房部也就显得非常重要。为确保这一点，除了要求客情预测部门努力提高预测的准确性，还应规范部门之间信息传递的内容、时间及方式。传递到客房部的客情预测内容有：次日及近期的住客情况、预计客人抵离情况、团队预订情况、会议预订情况、重大活动安排等。当酒店举办大型会议等活动时，往往需要提前清洁、准备场所，公共洗手间也可能需要固定专门人员，因此，此类信息同样也要提前通知到客房部。客情预报通常要求每天下午送到客房部，以便客房部有时间估算第二天需要调用多少服务人员，进行预排班。

2. 确定每天用工人数

每天用工人数的确定，应该根据预测的客情、工作计划及员工工作定额进行科学计算。在客房部工作中，由于楼层每天所需人数不同，需要每天进行此项工作。为方便操作，客房部管理人员可预先制作一份客情与人员需求人数对照表。例如在考虑客房清扫员时，由于客房出租率直接决定工作量的多少，可预先制作一张客房出租率与所需清扫员的对照表。还可预先排出员工在未来一段时间内（如15天）的各班次，然后每天再根据当天的客情预先对人员安排进行一些调整。

3. 日常工作安排

(1) 将计划清洁在员工派工单上注明。

(2) 将工作要点和注意事项在员工派工单上注明。

(3) 将需要另行完成的工作在员工派工单上注明。

(4) 安排员工清洁公共区域。

(5) 每日下班前根据次日到岗人员安排次日晨会前的清洁工作。

(6) 安排工作应本着合理、高效、公平、公正的原则。

同步案例：

这是谁的责任

任务三　员 工 培 训

一、培训需求分析

培训需求分析是培训工作的起点，是培训质量控制首要的一环。客房培训工作要取得实际效果，就要提高培训课程的针对性。因此，了解员工的真正需求显得尤为重要。客房部管理人员应加强对客服务流程的控制，及时发现员工工作中存在的问题，以此作为培训员工的契机。也可以根据客人投诉、员工建议和检查发现的问题进行培训。进行培训需求分析的方法主要有座谈、问卷调查、观察、测试、检查、客人投诉、暗访、会议、工作活动分析等。

二、制订培训计划

培训计划必须满足组织及员工两个方面的需求，兼顾组织资源条件及员工素质基础，并充分考虑人才培养的超前性及培训结果的不确定性。培训计划中重要的一项是培训方案，一个完整的培训方案包括培训目标、指导思想、培训对象、培训内容、培训导师、培训形式及方法、培训时间及地点、培训教材、培训要求、培训考核、费用等内容。培训方案要尽可能细化，操作性要强。

下面以“如何进入客房”(见表 17-3)为例，对具体培训方案进行说明。

表 17-3　“如何进入客房”培训方案

培训项目	如何进入客房	时　间
培训目标	训练结束时，学员应知道如何进入客房的步骤	40 分钟
培训标准	要等客人从房内回答，如果没有回答，要等 5 秒钟才能打开客房房门	
培训工具	房间钥匙、客房门	
培训方法	讲解与示范相结合	
讲课	教员清楚地解释如何敲门以及应等待多久让客人做出反应	10 分钟
示范	教员示范如何敲门(用指关节敲)以及用卡片钥匙开门。如果房门上挂着“请勿打扰”牌或上了双保险，就不要敲门	10 分钟
练习	学员按照教员所示范动作重复做一次，即如何敲门、开门	10 分钟
测试	①为什么要等待客人反应？②为什么需要用指关节敲？③为什么不能敲挂有“请勿打扰”牌及上了双保险的门？	8 分钟
总结	在进入客房前得先敲门，并等候客人的反应(每敲一次门需等候 5 秒钟)	2 分钟

三、培训实施与控制

客房部根据培训计划安排和要求采用多种方式进行培训。在正式开始前应使员工明确培训的必要性，以及对员工发展的益处，提高员工参加培训的积极性和主动性。在培训的具体实施过程中，最重要的是如何加强培训效果。培训效果取决于客房部管理人员是否做好组织工作，培训师是否能运用培训的艺术，员工是否合作等。

对培训工作进行有效控制，是指在培训计划中要规定培训课程或活动的结果必须达到什么标准。所定的标准既要切合实际，又要便于检查控制；在确定达标人数、成绩、出勤率等数量要求时，要尽量量化。检查与反馈是质量控制必须抓住的另一个关键环节。要检查培训方案、培训大纲、场地、教材、经费、培训师的准备、落实情况；检查学员的学习态度、表现、出勤情况；将学员对教学方面的意见及时反馈给培训师，对需要调查的问题及时做出调整，让教学活动紧紧围绕培训目标进行。在实施培训工作中，培训部要制定规章制度与控制措施，以监督培训方案的贯彻落实。培训部主管人员还必须通过旁听或参加有关培训活动、课程，监督检查培训工作的正常进行。

四、培训考核

培训结束后，通过安排笔试、口试或实际操作测试等方式对参加培训人员进行考核，以便确定培训是否按计划达到预期目标。最后，将培训人员考核成绩填入考核评价表中，存入员工个人培训档案。

五、培训效果评估

培训效果评估就是对培训效果的确定，这一环节常在酒店培训中被忽略或者做得不好。培训效果评估是依据组织目标和需求，运用科学的理论、方法和程序从培训项目中收集数据，以确定培训的价值和质量的过程。培训者征求参加培训的员工意见及建议，并从培训内容、培训方式、组织管理及培训效果等方面进行评估和总结，以便今后改进和提高培训管理和技能水平。对培训效果进行评估应该设立多项指标，并将这些指标按受训者、培训师、管理者三类分类，最后构成评估的指标体系。

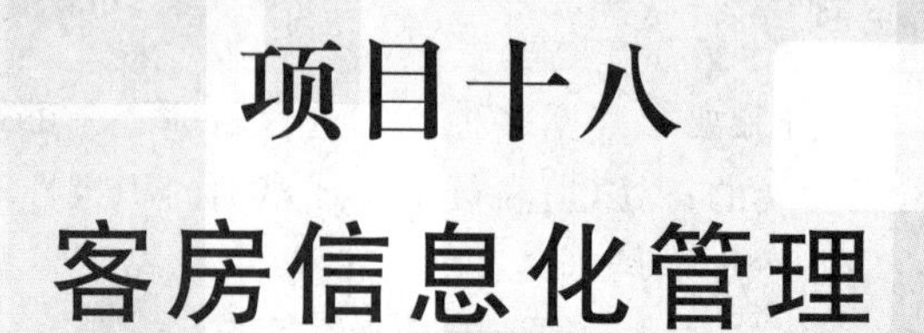

项目十八 客房信息化管理

学习目标

素质目标：

树立职业的责任感与使命感，培养创新意识。

知识目标：

1. 熟知酒店房态及房态管理操作流程。
2. 理解房态差异及产生差异的原因。
3. 了解手机移动技术在酒店客房部经营管理的模式。
4. 掌握利用手机移动技术对客房管理的方法。

能力目标：

1. 能够利用 Opera 系统有效管理客房及进行房态更改操作。
2. 能够利用 Opera 系统的档案为客人提供客房优质服务。
3. 学会利用移动技术对酒店客房管理进行变革。

任务一　Opera 系统客房管理

Opera PMS 是目前国际上较通用的酒店前台操作系统，它能满足不同规模酒店以及酒店集团的需求，为酒店管理层和员工提供全方位系统工具，以便其快捷高效地处理客户资料、客房预订、入住退房、客房分配、房内设施管理以及账户账单管理等日常工作。

Opera PMS 中的房间管理功能，能宏观掌握房态的整体情况，有效监督实时房态信息，包括可用房、脏房、住客房、维修房等，以及房间设施的管理。这些信息将帮助酒店将房态冲突的可能性降到最低，有效提高出租率和收入，同时可以有效地安排客房的清洁工作。可以在系统中对客房打扫人员的区域分配、用工统计以及客房用品进行管理，并且在房间排队的功能中，可有效协调前台和客房清洁工作，针对已分配给客人的特殊房间，通过系统通知，安排优先打扫次序。

该模块主要包括客房服务(Housekeeping)、故障房/小修房(Out of Order/Service)、客房历史(Room History)、超预订(Overbooking)、出租率图表(Occupancy Graph)、维修(Maintenance)等功能(见图 18-1)。

图 18-1　Opera PMS 中的房间管理功能

一、房态管理

Opera 系统房态管理功能允许客房管理者实时记录和查看房态。状态信息包括可用房数据，各个房间是净房还是脏房，是被占用房还是空房等。Opera 系统允许用户查看、打印和更改所有房间或指定房间的房态。用户可以挑选几间指定的房间显示房态，还可以记录哪些房间不可用或哪些是故障房。在系统里显示的状态与管家人员报备的实际状态存在差异的房间，用户可以记录下来并查看。

1. 客房服务(Housekeeping)

该模块包括客房管理(Housekeeping Management)、待清房间(Queue Rooms)、房间用途/房间使用条件(Room Conditions)、房态差异(Room Discrepancies)等(见图 18-2)。

(1) 客房管理。客房员工登录 Housekeeping Management 后，可以进行客房状态管理。此界面最重要的作用就是修改房态(Room Status)。在房态栏点击下拉箭头，可以修改房态(见图 18-3)。客房状态包括脏房、净房、空房、占用房、清扫房、自用房、维修房、预订房等房态，房态的转化需要充分必要条件，空房通过开房变为占用房，占用房通过退房变成空房，空房通过预订配房或者临时预订变成预订房。也可以查看每个房间的具体详细信息或所有房间统计信息(见图 18-4、图 18-5)。

(2) 待清房间。如果客人已经到达前台办理入住，而此时客房仍未打扫干净，前台工作

图 18-2 客房服务模块主要功能

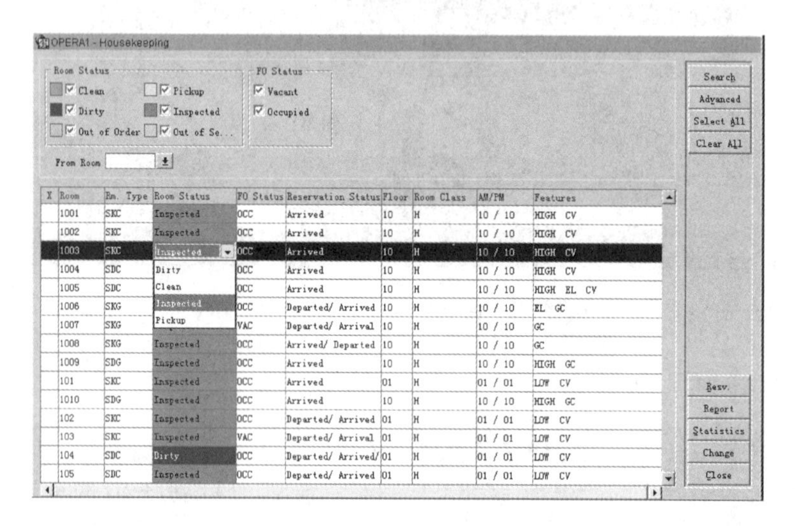

图 18-3 修改房态

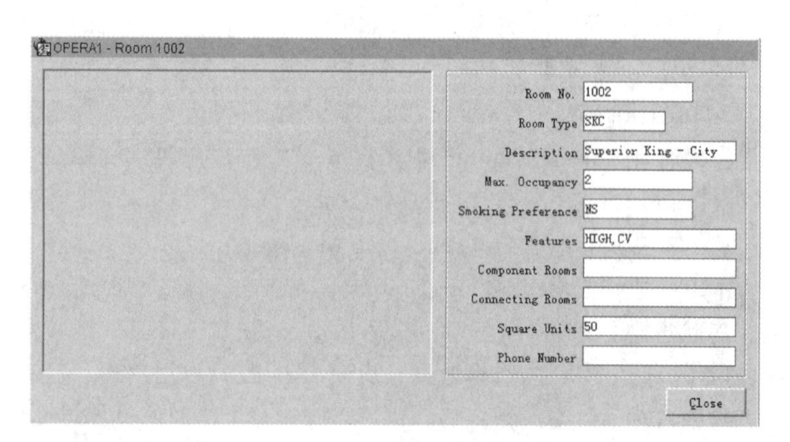

图 18-4 查看每个房间的具体详细信息

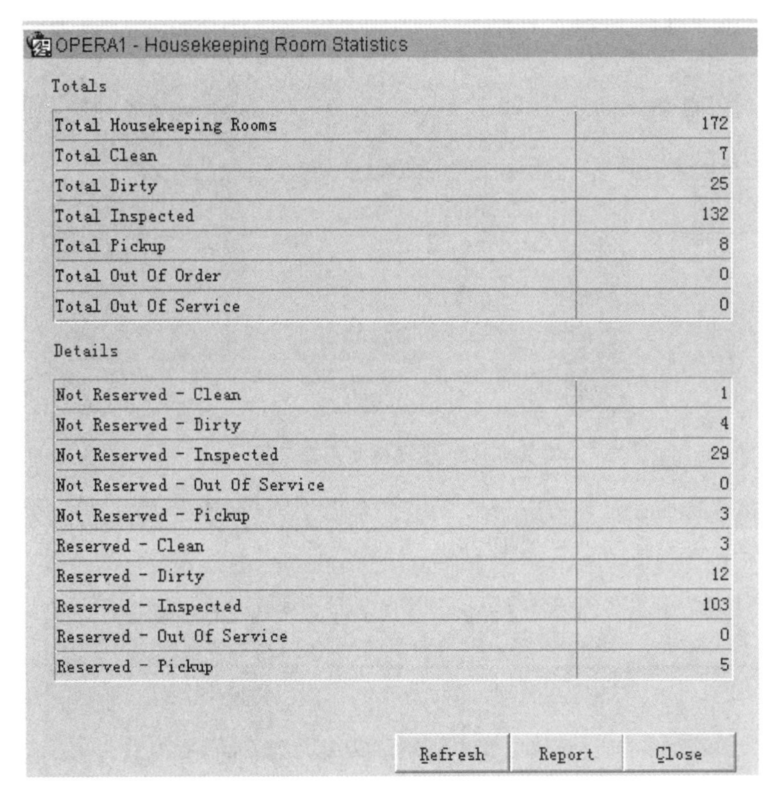

图 18-5　查看所有房间统计信息

人员可以将此房列入待清房间(见图 18-6),客房部看见该信息后会第一时间集中安排员工优先清扫,确保客人尽快入住。

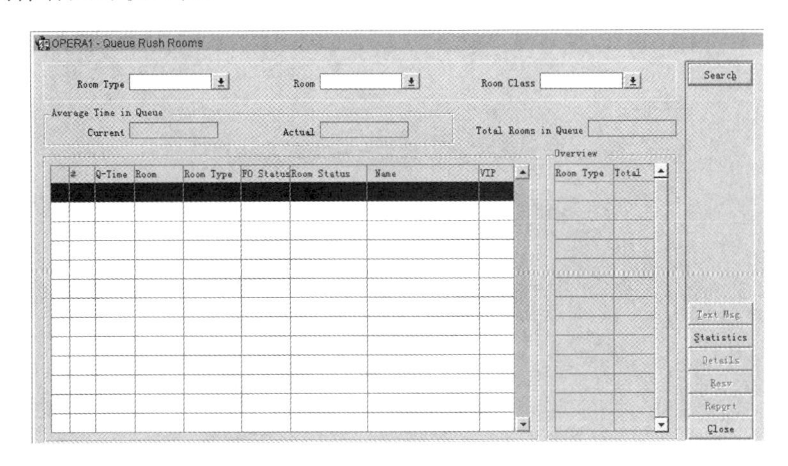

图 18-6　待清房间

(3) 房间用途(房间使用条件)。该功能可以将某个房间进行用途设置,如酒店需要设置展示房(样板房)供客人参观之用。可以新建房间用途,或变更房间用途设置(见图 18-7)。

(4) 房态差异。差异房也称为“矛盾房”,即酒店客房的前台查询房态与客房部实际房

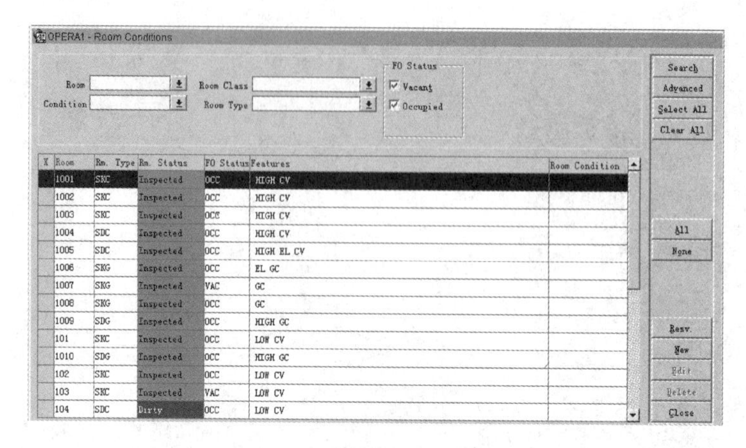

图 18-7　变更房间用途设置

态不一致。如该客房前台查询为空房而客房状态仍是锁房，或者前台显示为锁房而客房检查显示该房已空。查看房态差异见图 18-8。

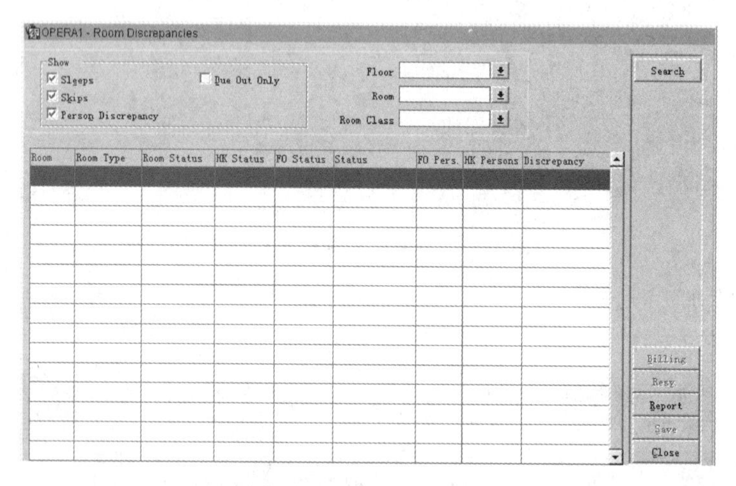

图 18-8　查看房态差异

(5) 夜床服务管理。可以查看入住房间是否需要夜床服务以及是否完成服务等(见图 18-9)。

(6) 客人服务状态。查看住店客人是否有请勿打扰、请即清扫等服务需求(见图18-10)。

(7) 派工管理(任务分配)。客房部每天都要对客房进行清洁打扫或检查。管理者每天需要将清洁任务分发到每位客房清洁员。系统提供非常便利的清洁任务派工单功能，用于客房员工分配客房清洁工作。派工单的操作支持逐个客房派工和批量客房派工(见图 18-11)。

2. 故障房/小修房(OOO/OOS)管理

如果客房被定义为 OOO 房，则它将不参与客房出租率的计算；如果客房被定义为 OOS 房，则不影响客房出租率的计算。查看和设置故障房/小修房见图 18-12、图 18-13。

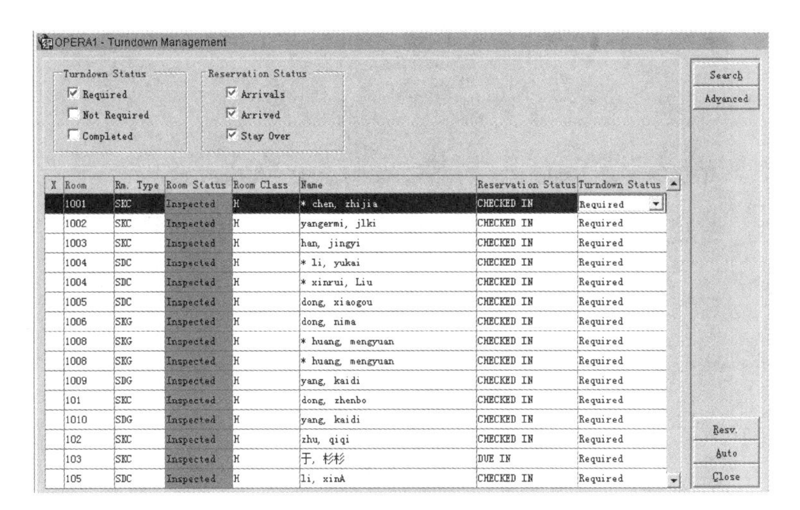

图 18-9　夜床服务管理

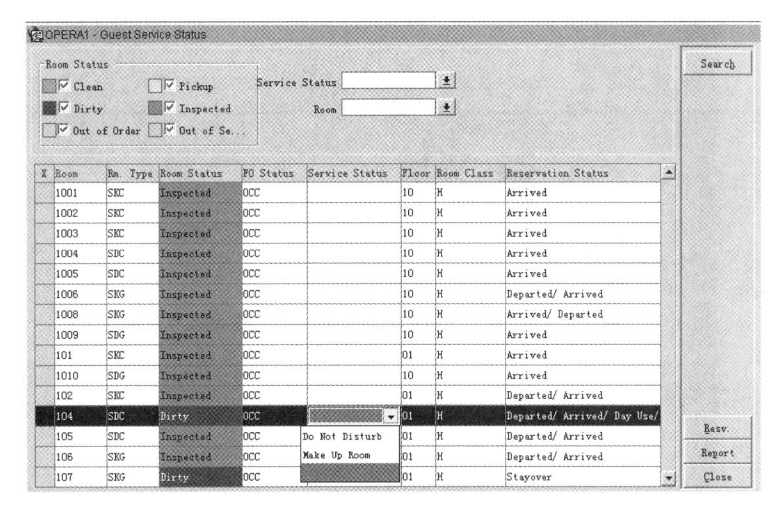

图 18-10　客人服务状态

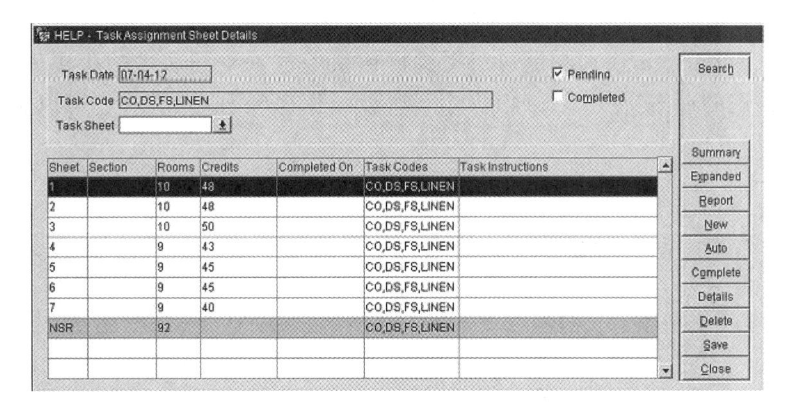

图 18-11　派工管理

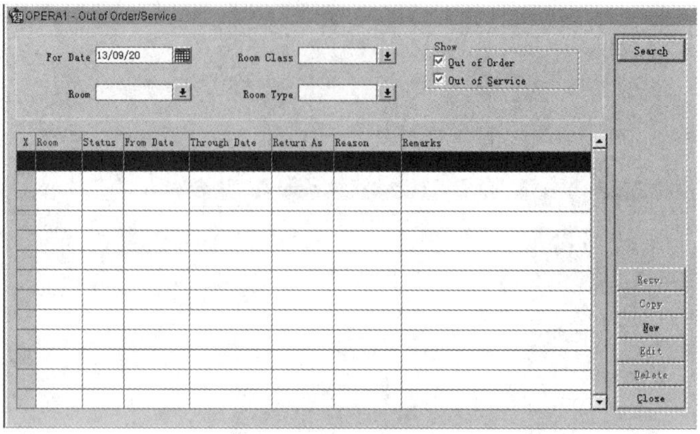

图 18-12　查看故障房/小修房

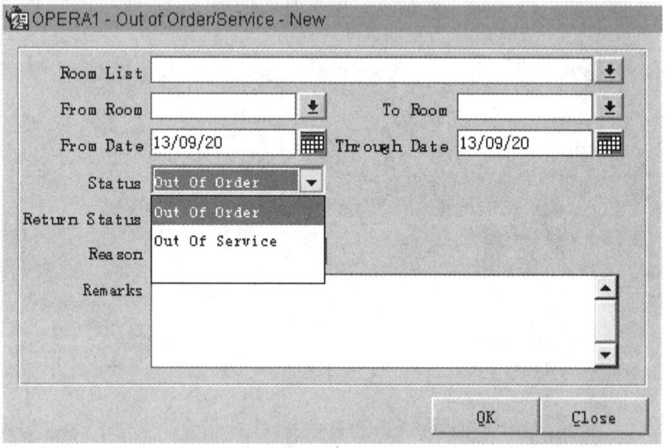

图 18-13　设置故障房/小修房

二、客房设置

1. 客房历史

客房历史(Room History)功能可以帮助酒店快速查看某间客房的历史入住情况,是前厅部、客房部常用的功能(见图 18-14)。除了可以根据房间号码查询,还可以根据客人信用卡信息直接查询订单。

2. 超预订

可以查看和设置超预订(见图 18-15、图 18-16)。

3. 出租率图表

可以查看客房出租状态(见图 18-17)。

4. 维修

可以查看维修房和设置维修房(见图 18-18)。

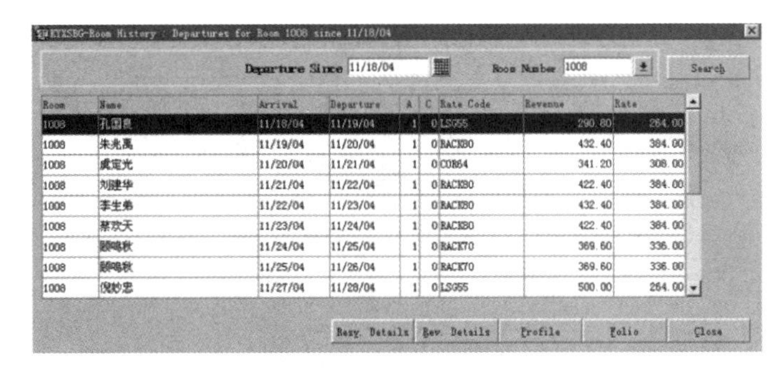

Room	Name	Arrival	Departure	A	C	Rate Code	Revenue	Rate
1008	孔国良	11/18/04	11/19/04	1	0	LSG55	290.80	264.00
1008	朱兆禹	11/19/04	11/20/04	1	0	RACK80	432.40	384.00
1008	戚定光	11/20/04	11/21/04	1	0	COR64	341.20	308.00
1008	刘建华	11/21/04	11/22/04	1	0	RACK80	422.40	384.00
1008	李生弟	11/22/04	11/23/04	1	0	RACK80	432.40	384.00
1008	蔡欢天	11/23/04	11/24/04	1	0	RACK80	422.40	384.00
1008	顾鸣秋	11/24/04	11/25/04	1	0	RACK70	369.60	336.00
1008	顾鸣秋	11/25/04	11/26/04	1	0	RACK70	369.60	336.00
1008	倪妙忠	11/27/04	11/28/04	1	0	LSG55	500.00	264.00

图 18-14　客房历史

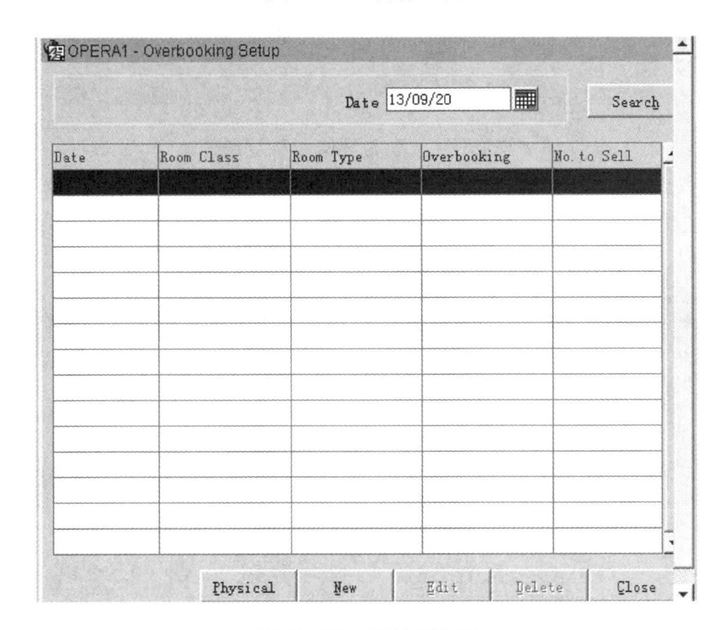

图 18-15　查看超预订

New Default Overbooking
From Date 13/09/20
To 20/09/20
Sun Mon Tue Wed Thu Fri Sat
Set Overbooking
Room Class
Room Type
Overbook Level
Number　Percentage
OK　Close

图 18-16　设置超预订

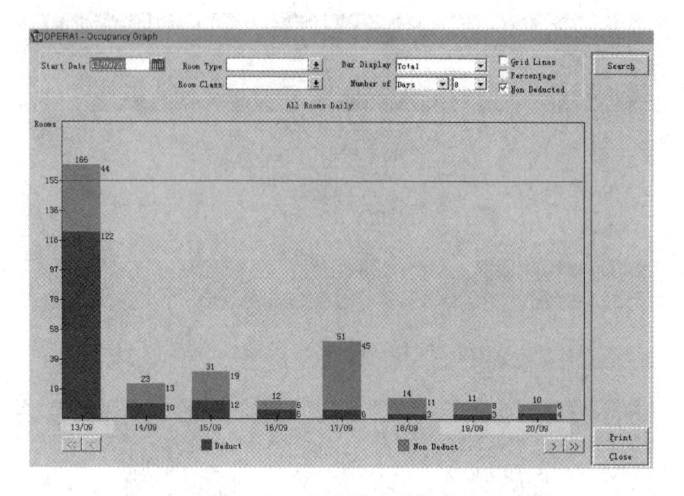

图 18-17　查看客房出租状态

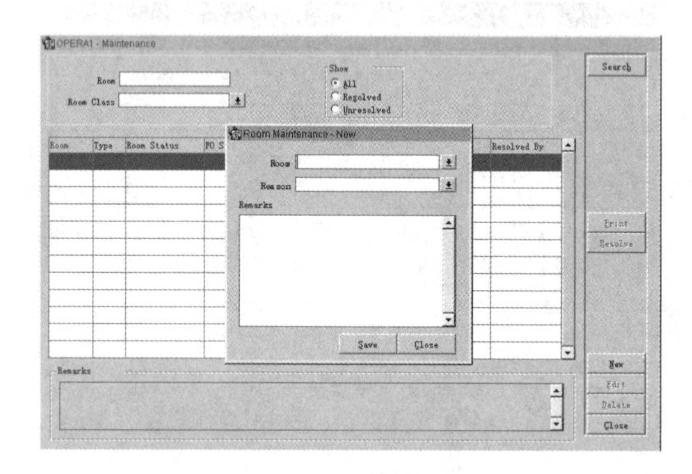

图 18-18　查看和设置维修房

任务二　手机移动端客房管理

一、房态管理

房态管理是客房管家系统的重要内容，做好房态管理对于提高客房利用率和对客服务质量都具有重要意义。移动终端技术的应用使得房态管理更为及时、便利，很多情况下不再需要房务中心文员进行操作，而直接由客房清洁人员以及主管直接在手机上操作就可实现房态的即时转换，前台对客房部的各种指令也不用通过房务中心，而直接发送到客房服务员的手机上，从而大大提高了员工的工作效率。

1. 房态系统

客房管家系统中的房态管理主要针对未住脏房、在住脏房、VIP 房、空房、在住房、维修房、预留房等房间类型进行转换和管理(见图 18-19、图 18-20)。

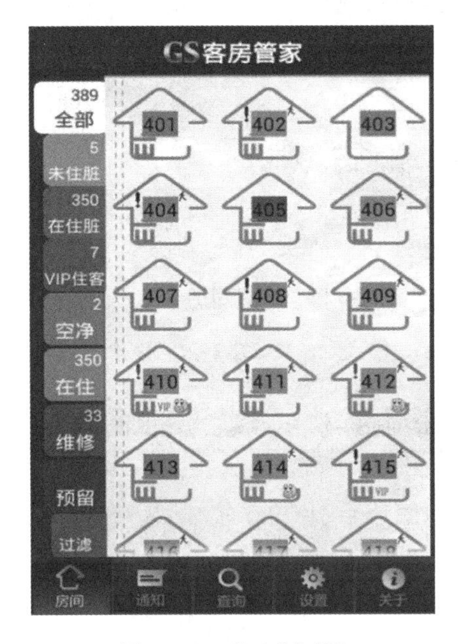

图 18-19 房态(全部)

图 18-20 房态(未住脏)

2. 管家系统

点击上图中任何一个房号，即可进入客房管家系统。主要内容见图 18-21。

(1) 入账。以客房小酒吧的酒水入账为例，服务员补充客房小酒吧酒水时，不需要填写纸质做房报表，只需在手机移动端管家系统中点“+”号即可。这样，系统会自动计入客人账单中，并自动统计酒水消耗情况，而无需人工统计，大大降低了客房管理的人工成本(见图 18-22)。

(2) 设为净房、脏房。领班检查完服务员打扫过的房间，如合格，则按手机上客房管家系统上的“设为净房”，该房就在总台房态表中显示为可出租房(“OK”房)。客人结账时，客房服务员查房后，就可将该房设为脏房(即“离店房”)。另外，尚未清洁的住客房也都属于脏房。

(3) 查房。客人结账离店时，需要查房，此时，服务员只需要点击移动端相关消费项目或赔偿项目及数量，保存后，按“查房完成”键即可，相关查房信息及客人消费信息将即刻进入前台账户(见图 18-23)。

(4) 报修。如做卫生或查房时发现有些项目需要报维修，服务员或主管可直接选需要报修的项目，并对报修项目做补充说明。酒店工程部便可第一时间收到报修申请表(见图 18-24)，安排人员去楼层对所报项目进行维修保养。

图 18-21　客房管家系统

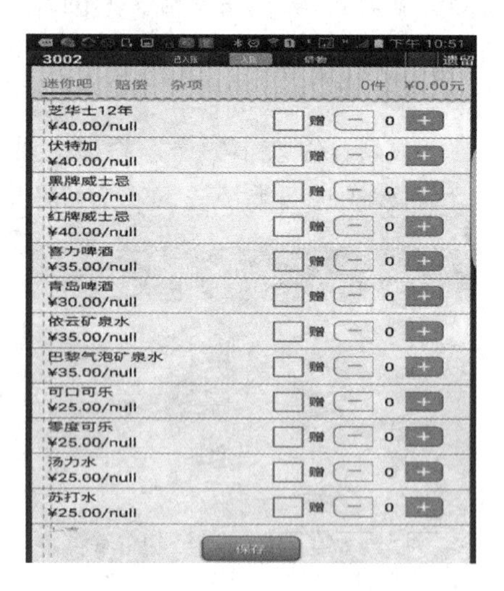

图 18-22　房务入账操作

图 18-23　查房

图 18-24　报修申请单

(5)录入易耗品。采用移动端管家系统，客房清洁员也不用填写纸质“客房用品使用报表”，只需要在移动端直接点击“＋”号即可，不仅方便操作，也方便统计和客房部成本核算(见图 18-25)。

二、服务通知系统

服务通知系统，可由总台或客房服务中心通过移动端向楼层服务员发出服务指令。

1. 离店查房通知

有客人离店时，总台通过移动端通知客房服务中心或直接通知相关区域的楼层服务员查房(见图 18-26)。

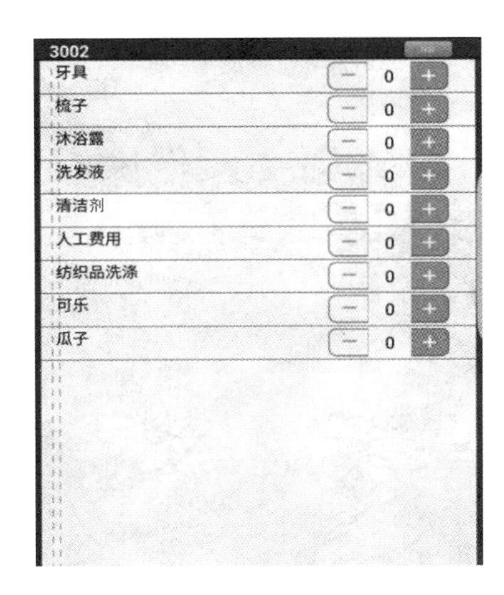

图 18-25　易耗品报表

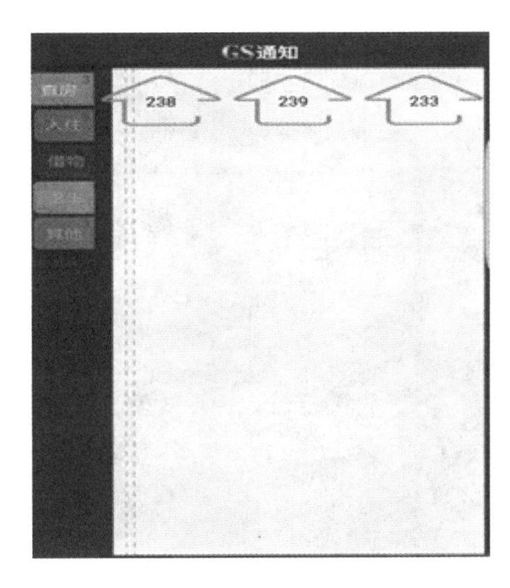

图 18-26　查房通知

2. 客人入住通知

有客人入住时，总台通过移动端直接通知相关区域的楼层服务员(见图 18-27)。

3. 客人借物通知

有客人借用物品时，房务中心可通过移动端通知相关区域的楼层服务员(见图 18-28)。

图 18-27　客人入住通知

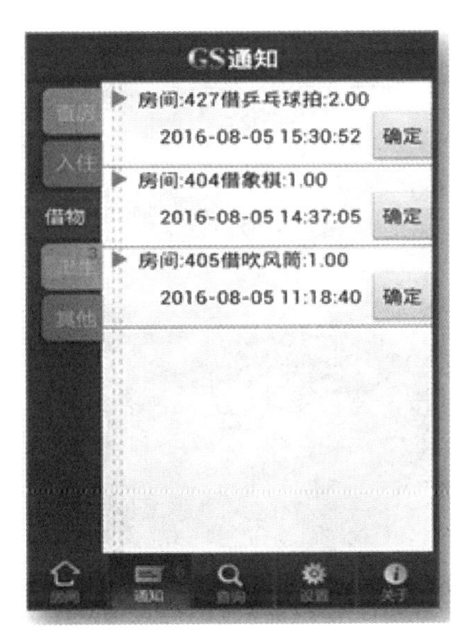

图 18-28　借物通知

4. 卫生通知

需要做房间卫生时，房务中心可通过移动端通知相关区域的楼层服务员直接去相关房间做卫生(见图 18-29)。

5. 其他通知

前厅及客房服务中心有其他通知也可在移动终端显示(见图 18-30)。

图 18-29　卫生通知

图 18-30　其他通知

三、房务查询系统

该系统主要包括入账历史、查房历史、报修历史、房态历史以及免打扰等每个房间历史信息的查询(见图 18-31)。

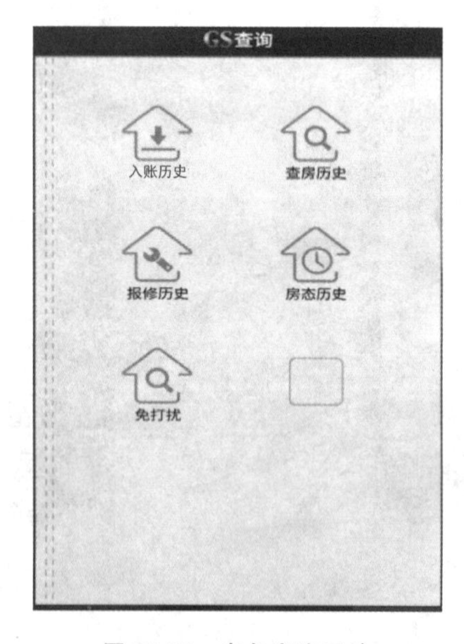

图 18-31　房务查询系统

1. 入账历史查询

客房管理人员或服务员需要查询某个房间的入账历史,可在查询系统中直接点击“入账历史”,接着输入房号,按“查询”键,即可查询该房入账历史(见图 18-32)。

2. 查房历史查询

客房管理人员或服务员需要了解某个房间的查房历史，可在查询系统中直接点击“查房历史”，接着输入房号，按“查询”键，即可查询该房查房历史（见图 18-33）。

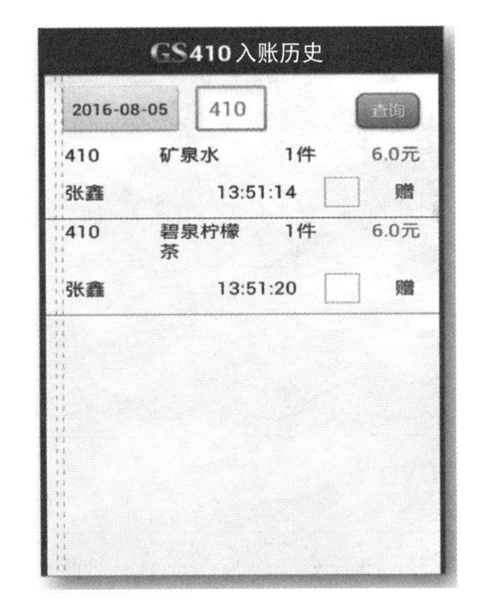

图 18-32　客房入账历史查询

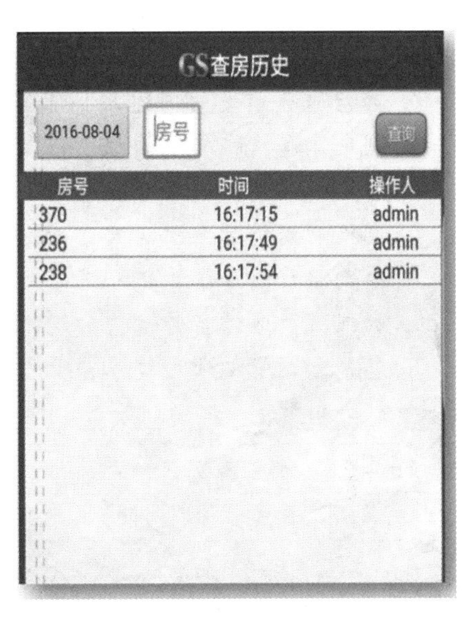

图 18-33　查房历史查询

3. 报修历史查询

如需了解某个房间的报修历史，可在查询系统中直接点击“报修历史”，接着输入房号，按“查询”键，即可查询该房报修历史（见图 18-34）。

4. 房态历史查询

出于管理的需要，管理人员如需查询某个房间的房态操作历史，可在查询系统中直接点击“房态历史”，接着输入房号，按“查询”键，即可查询该房间的房态历史（见图 18-35）。

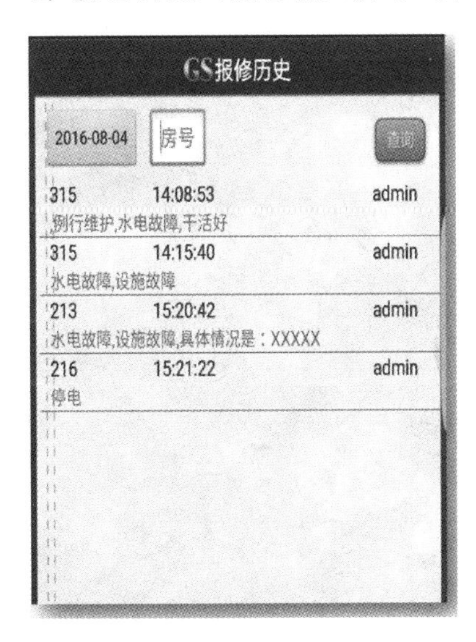

图 18-34　客房报修历史查询

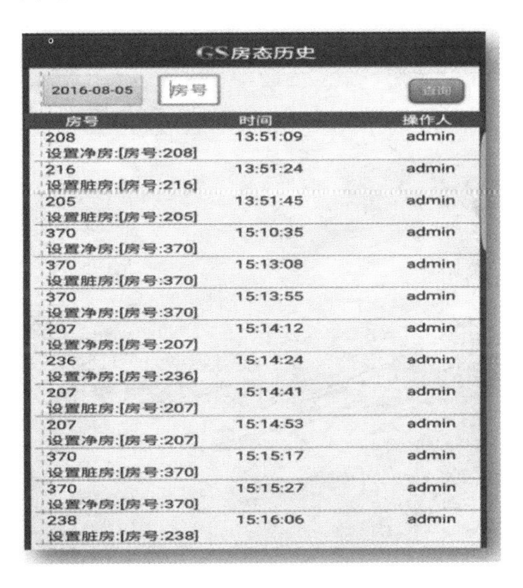

图 18-35　房态历史查询

基础训练

1. 客房服务质量的内容与要求有哪些?
2. 制定客房清扫标准的原则以及应考虑的因素有哪些?
3. 客房部编制定员应考虑哪些因素?
4. 在编制定员时要注意哪些问题?
5. 编制定员的基本步骤和基本方法各是什么?
6. 如何有效地进行劳动力的调配?
7. 怎样制订员工的培训计划?

技能训练

实训项目	制订客房部员工培训计划
实训目的	使学生掌握制订员工培训计划的方法
实训要求	到星级酒店客房部实地调查,听取客房部员工培训情况。分析讨论,总结经验和问题,并设计出员工培训方案
实训方法	□星级酒店参观 □实地调查 □小组讨论 □其他
实训内容	1. 员工培训计划的制订 2. 每人独立完成一份《酒店客房部人员培训方案》
实训总结	
学生签名: 日期:	

参考文献 References

[1] 叶秀霜,沈忠红.客房运行与管理[M].杭州:浙江大学出版社,2009.

[2] 魏洁文.客房服务与管理实训教程[M].北京:科学出版社,2008.

[3] 汝勇健.客房服务与管理实务(修订版)[M].南京:东南大学出版社,2012.

[4] 杨杰.现代酒店客房实务[M].北京:对外经济贸易大学出版社,2012.

[5] 陈平.客房服务与管理[M].北京:机械工业出版社,2011.

[6] 贺湘辉,徐文苑.饭店客房部管理与服务[M].北京:北京交通大学出版社,2005.

[7] 陈润丽.客房部运营管理[M].北京:电子工业出版社,2009.

[8] 麻桃红.客房部运行与管理[M].北京:中国人民大学出版社,2013.

[9] 刘伟.酒店客房管理[M].重庆:重庆大学出版社,2018.

[10] 章勇刚,沙绍举.酒店管理信息系统:Opera 应用教程[M].北京:中国人民大学出版社,2019.

教学支持说明

高等职业教育“十四五”规划旅游大类精品教材系华中科技大学出版社“十四五”规划重点教材。

为了改善教学效果，提高教材的使用效率，满足高校授课教师的教学需求，本套教材备有与纸质教材配套的教学课件（PPT 电子教案）和拓展资源（案例库、习题库、视频等）。

为保证本教学课件及相关教学资料仅为教材使用者所得，我们将向使用本套教材的高校授课教师和学生免费赠送教学课件或者相关教学资料，烦请授课教师通过邮件或加入专家俱乐部 QQ 群等方式与我们联系，获取“教学课件资源申请表”文档并认真准确填写后发给我们，我们的联系方式如下：

E-mail：lyzjjlb@163.com

酒店专家俱乐部 QQ 群号：710568959

酒店专家俱乐部 QQ 群二维码：

群名称：酒店专家俱乐部
群　号：710568959

教学课件资源申请表

填表时间：________年____月____日

1. 以下内容请教师按实际情况写，★为必填项。
2. 根据个人情况如实填写，相关内容可以酌情调整提交。

★姓名		★性别	□男 □女	出生年月		★ 职务	
						★ 职称	□教授 □副教授 □讲师 □助教

★学校		★院/系	
★教研室		★专业	

★办公电话		家庭电话		★移动电话	

★E-mail （请填写清晰）		★QQ 号/微信号	
★联系地址		★邮编	

★现在主授课程情况		学生人数	教材所属出版社	教材满意度
课程一				□满意 □一般 □不满意
课程二				□满意 □一般 □不满意
课程三				□满意 □一般 □不满意
其　他				□满意 □一般 □不满意

教 材 出 版 信 息		
方向一		□准备写 □写作中 □已成稿 □已出版待修订 □有讲义
方向二		□准备写 □写作中 □已成稿 □已出版待修订 □有讲义
方向三		□准备写 □写作中 □已成稿 □已出版待修订 □有讲义

请教师认真填写表格下列内容，提供索取课件配套教材的相关信息，我社根据每位教师/学生填表信息的完整性、授课情况与索取课件的相关性，以及教材使用的情况赠送教材的配套课件及相关教学资源。

ISBN(书号)	书名	作者	索取课件简要说明	学生人数 （如选作教材）
			□教学 □参考	
			□教学 □参考	

★您对与课件配套的纸质教材的意见和建议，希望提供哪些配套教学资源：